VON TANJA KÜRTEN
GOTTES RAMBO
Unterwegs im War Camaro

VON TANJA KÜRTEN

GOTTES RAMBO

Unterwegs im War Camaro

1. AUSZUG
AUS DEM
KRIEGSTAGEBUCH VON
HELGE MEYER

Dieses Buch wurde auf chlor- und säurefreiem Papier gedruckt.

Besuchen Sie uns im Internet:
www.commander-verlag.de

Copyright © 2009 by COMMANDER VERLAG
Alle Rechte vorbehalten. Das Werk darf – auch teilweise – nur mit Genehmigung des Verlages wiedergegeben werden.
Umschlaggestaltung: PR COMMANDER GmbH
ISBN 978-3-981-2923-0-5

Helge
Killer, Hilfsarbeiter

Nicole
Kinderbuchautorin,
Krankenschwester,
Pflegewissenschaftlerin,
Mitbetreiberin eines Kindertheaters

**Alle Personen in diesem Buch haben einen realen Menschen als Vorbild.
Fotos by Helge und Nicole**

JÆGERKORPSET

UDDANNELSES BEVIS

▆▆▆▆▆▆ korporal

HELGE BRITTON NEDERLAND MEYER

har i tiden

8 OKT 1966 - 2o MAR 1969

forrettet tjeneste som jæger ved korpsets operative styrke.

FSN Ålborg 2o MAR 1969.

W. ELSBERG
OL/Chef

Damals im März 1966

März 1966

Ryeå April 1966

Juni 1966

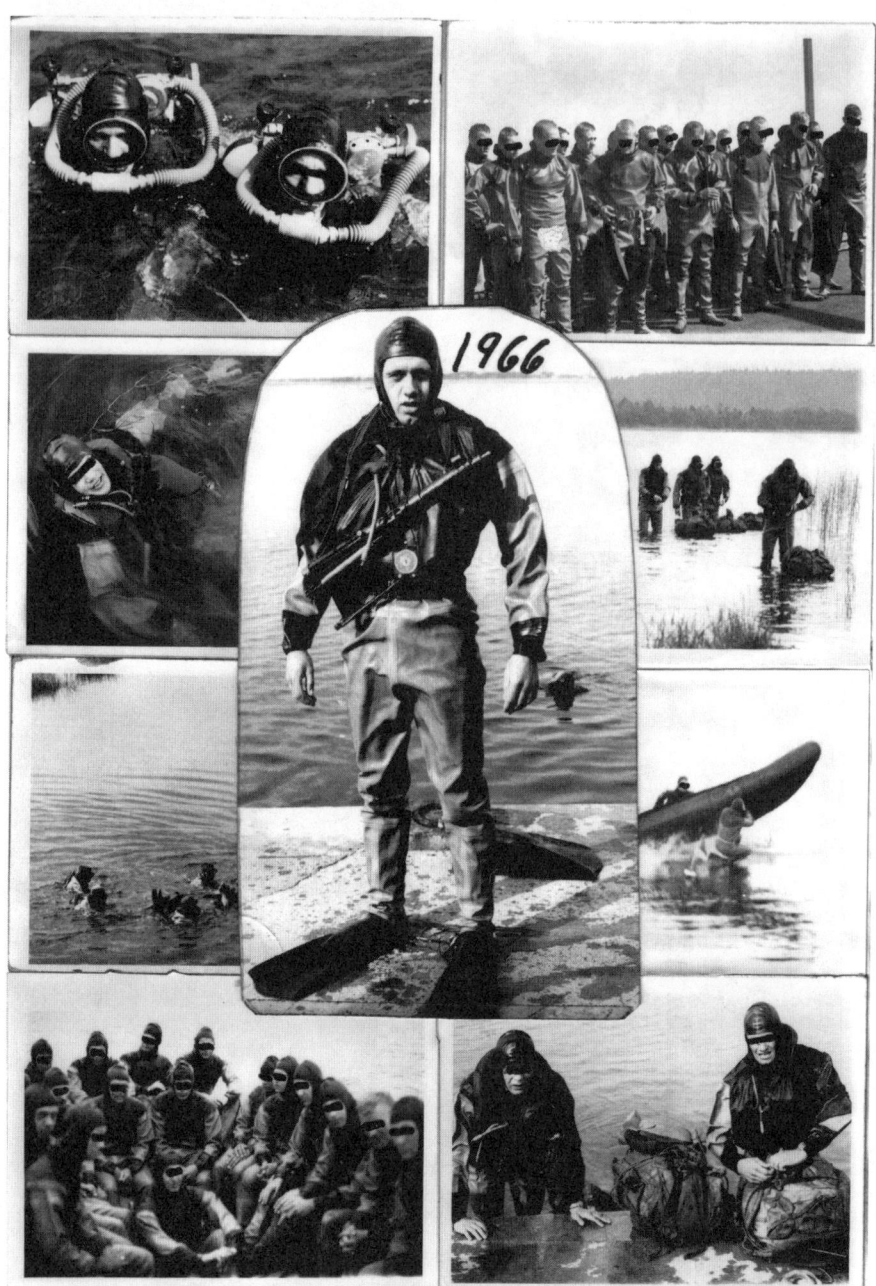

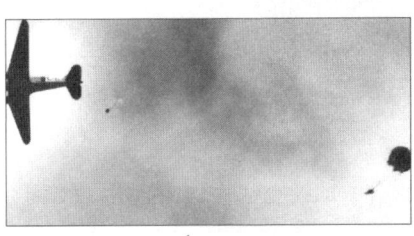

**JGK. Heute
100% Profi**

JGK. Heute

JGK. Heute

Sniper Position und Abstieg & Heute

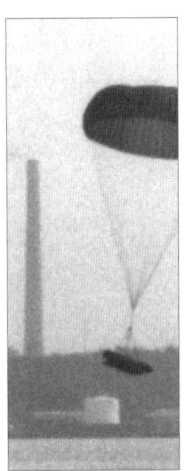

FÜR ANGEHÖRIGE AUSLÄNDISCHER STREITKRÄFTE

OGefr	Helge	Meyer
DIENSTGRAD	VORNAME	NAME

Jaegerkorpset Aalborg
TRUPPENTEIL / DIENSTSTELLE

HAT AM LEHRGANG FÜR FALLSCHIRMSPRINGER

VOM 13.09.1966 **BIS** 05.10.1966 **MIT ERFOLG TEILGENOMMEN**

ALTENSTADT/OBB. DEN 05.10.1966

(DIENSTSIEGEL)

(Genz)	Oberstleutnant	Lehrgruppen-Kommandeur
NAME	DIENSTGRAD	DIENSTSTELLUNG

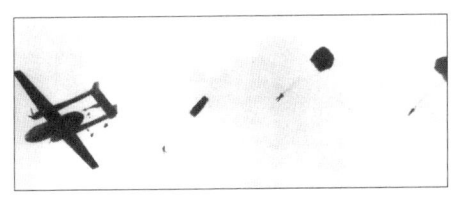

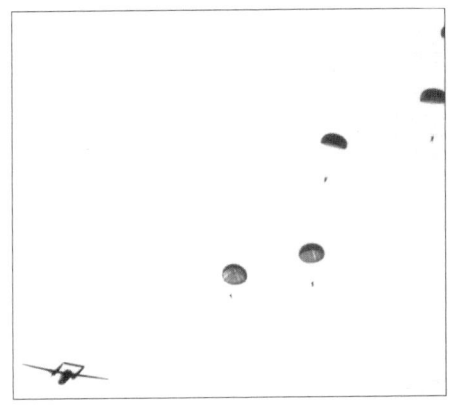

SPECIAL FORCES GREEN BERETS

DÄNISCHE ARMY - US ARMY AFTER WORK PARTY

Ich klopfte. Die Frau öffnete mir die Tür zu dem Verschlag, in dem sie wohnte. Auf dem Arm hielt sie ein kleines Kind, ein Mädchen. Das Mädchen sah mich verschreckt mit ihren großen braunen Augen an. Mir fiel auf, dass die Kleidung des Kindes sehr schmutzig war. Die gesamte Familie wirkte ausgehungert und verdreckt. Sie hatten nichts, kein fließendes Wasser, keine Nahrung, kein Geld und keinen Ernährer. Mitten in Europa herrschte Krieg und die Ärmsten traf es wie immer hart.

DEPARTMENT OF THE AIR FORCE
UNITED STATES AIR FORCES IN EUROPE

25 June 1996

MEMORANDUM FOR Mr. Helge Meyer

FROM: 469 ABS/CC

SUBJECT: Letter of Appreciation

Dear Mr. Meyer

On behalf of the Rhein-Main Air Base community, I extend my heartiest congratulations for your vision to provide humanitarian relief for the children of Tuzla from September 1995 through June 1996. Through your tireless efforts we raised over $12,000 and purchased truckloads of much needed diapers, toys, baby powder, clothes and medicine for the children of Bosnia.

Rhein-Main enjoys a rich legacy of service to those in need: the Berlin Airlift, Provide Promise, Provide Hope, and Operation JOINT ENDEAVOR. This past year has been no exception! You did a superb job of extending to the children of Bosnia-Herzegovina our hope for a better tomorrow.

You are truly a "one-of-a kind" man who is always willing to go the extra mile in service to others. You get things done! I'm very grateful to you for all you have done for the Rhein-Main community and the children of Bosnia. You are the BEST OF THE BEST!

Sincerely

BLAINE W. HYTEN, Lt Col, USAF
Commander

DEPARTMENT OF THE AIR FORCE
UNITED STATES AIR FORCES IN EUROPE

1 July 1996

MEMORANDUM FOR GERMAN/DANISH CHRISTIAN CHURCH

FROM: Chaplain, Major Dwight R. Braswell
     469 Air Base Squadron
     Rhein-Main Air Base, Germany

SUBJECT: Humanitarian Relief - Children of Bosnia

    Mr. Helge Meyer represents the American Christian Church at Rhein-Main Air Base, Germany. He is our point of contact with the children of Bosnia. Last year he led a fund raising campaign at Rhein-Main Air Base, under the guidance of the Base Commander, Colonel Blaine Hyten, and the Chapel Community that raised over $15,000. The money was used to purchase truck loads of much needed goods for the children: diapers, toys, medicine, clothes, etc.

    In September 1996 we will begin a united effort to raise money for the humanitarian relief of the children in Bosnia. We would like to ask for your support. Your help will be greatly appreciated and through our joint endeavor we will be able to do so much more!

    You may direct questions to me at 069-699-7501. Thank you for being a part of such a worthy effort. Your participation will make a difference!

                        Sincerely,

                        DWIGHT R. BRASWELL, Chaplain, Major, USAF
                        Senior Chaplain

Vorwort

Man nennt mich Gottes Rambo. Diesen Namen habe ich mir nicht selbst gegeben, sondern er wurde mir gewissermaßen von der amerikanischen Kirche verliehen. Für meinen Einsatz. Wer einen Job wie meinen macht, kooperiert mit vielen Partnern – der US ARMY, der US AIR FORCE, der DEUTSCHEN BUNDESWEHR und auch mit der amerikanischen Kirche. Pastor Braswell, der viele Jahre auf der RHEIN-MAIN AIR BASE tätig war, hat mich Anfang der 90er Jahre einmal so genannt, und der Name hat sich dann unter den Soldaten und in Militärkreisen herumgesprochen. In Deutschland und später vor allem auf dem Balkan.

Wenn einem solch ein Name vorauseilt, bringt das Vor- aber auch Nachteile mit sich. Denn: Die einen interpretieren zuviel in den Namen und die anderen halten dich für verrückt. Das war das Los, das mir Pastor Braswell unwissentlich auferlegt hatte. Ich habe ihm den „Namen" nie übel genommen, denn er hat mich immer in meinem Tun bestärkt. Vor allem in den Jahren 1991-1996. Ich meine, damit klarzukommen, was ich während meiner Einsätze erlebt und gesehen habe. Die Traumata des Krieges, wie die Psychologen sagen würden. Das Grauen, die Schreie, die Toten und Verletzten, Granaten

Pastor Braswell

und Zerstörung, Ruinen, Hunger, Schmutz, Kälte, Kinder ohne Eltern, untergebracht in notdürftig eingerichteten Waisenhäusern. Und noch vieles andere, was ein Krieg mit sich bringt.

Ein Desaster, ausgelöst durch machtgierige Anführer und Kriegsverbrecher unterschiedlicher Lager im Balkan, die ethnisch motiviert losschlugen ohne Rücksicht auf Verluste, ohne Menschlichkeit. Und unter den Kriegsparteien im zerfallenden Jugoslawien, dem einst aufstrebenden Vielvölkerstaat Titos, gab es ja bekanntlich eine ganze Menge, die aus unterschiedlichen religiösen oder wirtschaftlichen Motiven handelten.

Ich habe meinen Vater (Gott) nie gesehen,
aber ich spüre ihn,
wenn ich in Gefahr bin.
(GOTTES RAMBO)

Und der Herr sagt:
Wer für die Pest bestimmt ist,
den hole die Pest.
Wer zum Tod durch das Schwert bestimmt ist,
der laufe ins Schwert.
Wer für den Hungertod bestimmt ist,
der soll verhungern.
Wer für die Gefangenschaft bestimmt ist,
der zieht in die Gefangenschaft.
(JEREMIA 14,15)

Alles, was auf der Erde geschieht,
hat seine von Gott bestimmte Zeit:
Geboren werden und sterben.
Einpflanzen und ausreißen.
Töten und Leben retten.
Niederreißen und aufbauen.
Weinen und lachen.
Wehklagen und tanzen.
Sich umarmen und sich

aus der Umarmung lösen.
Finden und verlieren.
Aufbewahren und wegwerfen.
Zerreißen und zusammennähen.
Schweigen und reden.
Lieben und hassen.
(KRIEG UND FRIEDEN)

Alles was Gott tut,
geschieht nach einem ewigen Gesetz.
Der Mensch kann nichts hinzufügen
und nichts davon nehmen.
Er kann Gott nur
für sein unbegreifliches Tun verehren,
das ist es, was Gott von ihm will.
Was in Zukunft geschehen wird,
das ist schon da gewesen;
und was in der Vergangenheit geschah,
wird wiederkehren.
Gott lässt alles wiederkehren,
wie ein Kreislauf.
(KOHLET 3)

Ich selbst bin gläubig, aber kein religiöser Fanatiker – ich toleriere andere Glaubensrichtungen und habe mich unter anderem mit dem Islam und mit dem Koran beschäftigt. Wer die Menschen verstehen will, muss ihre Motivation ergründen. Noch heute ist es so, dass ich statt auf Waffen auf die Bibel vertraue. Ob Sie es glauben oder nicht, ich hatte und habe meine Bibel bei jedem Einsatz dabei. Sie ist meine stärkste Waffe, stärker als jede 9mm Pistole. Ich betrachte mich als friedlichen Hilfsgüterlieferanten und verlasse mich allenfalls auf die psychologischen

Effekte meines Auftritts. Wenn ich unterwegs bin, sehe ich nicht aus wie ein netter Onkel. Dafür sorgen schon meine Nietenhandschuhe, die dunkle Sonnenbrille und mein Army-Outfit sowie das Kopftuch. Ach ja, und die Zigarre. Aber lassen Sie sich nicht täuschen und werfen Sie mal einen Blick in meine Bibel. Ich habe sie während all der Jahre auf dem Balkan für Notizen benutzt und viele Erkenntnisse gewonnen, die ich darin handschriftlich vermerkt habe. Die Seiten sind dadurch ziemlich abgenutzt und farbenfroh. Aber was will man auch machen, wenn man auf feindlichem Gebiet zwischen Ruinen getarnt übernachtet und einem nichts bleibt als zu hoffen, dass einen die Kugeln der Tschetniks und zivilen Soldaten verfehlen mögen. Anders als Berufssoldaten sind diese nämlich erstens nervös, zweitens brutal und drittens viel schneller mit der Hand an der Waffe. Hass und Angst sind es, die diese Leute so unberechenbar machen.

Es ist zwar nicht so, dass ich im Falle eines Angriffs nicht in der Lage gewesen wäre, mich zu verteidigen, aber diese Art von Gewalt war für mich nie das Mittel der ersten Wahl. Bevor ich zum Helfer der Ärmsten wurde, hatte ich bereits eine jahrelange Militärausbildung hinter mir – ich bin sozusagen das, was man einen ehemaligen Elite-Soldaten nennt. Meinen Eintritt in die Army hatte ich beim Jägerkorps Dänemark (ich bin gebürtiger Däne und man hört das an meinem Akzent). Ein paar Monate später absolvierte ich eine Kampfschwimmer-Ausbildung beim legendären Froemandskorpset und beim Dänischen Jägerkorpset, danach wurde ich in Altenstadt bei Schongau als Fallschirmjäger bei der Deutschen Bundeswehr ausgebildet. Anschließend ging ich zu den Green Barrets, 10. SPECIAL FORCES der US ARMY in Bad Tölz. Seit dem Jahr 1976 trainiere ich – sozusagen nebenbei und im Auftrag unterschiedlicher Institutionen – Spezial- und Antiterroreinheiten etwa auf psychologischen 100 km Märschen. Mir sind somit sämtliche Tricks und Strategien in einem Bürgerkrieg zu Luft, zu Wasser und am Boden geläufig und bis heute würde ich in einem Zweikampf vermutlich nicht unterliegen. Das Wissen darum reicht mir – ich muss das alles nicht anwenden, um mir zu beweisen, dass ich ein cooler Typ bin. Doch zurück zum eigentlichen Thema: Gott jedenfalls hat auf all meinen unzähligen Touren auf dem Balkan schützend die Hände über mich gehalten und er hat auch in vielen lebensbedrohlichen Situationen meine Gebete erhört, etwa während des Beschusses durch Tschetniks, während der Granatenangriffe oder in der Falle von Wegelagerern. Als Unterhändler der Barmherzigkeit habe ich es immer wieder geschafft, lebend und unversehrt der Hölle zu entkommen. Und viel mehr noch: Ich konnte mit dem Bosnia-Express Hilfsgüter wie Nahrung, Medikamente und Verbandsmittel oder auch Spielzeug und Papier dorthin bringen, wo sie dringend gebraucht oder erwartet wurden. Mein Leitbild war immer simpel, es war schlicht Nächstenliebe, die mich motivierte. Außerdem stellte ich mir die Frage: Wenn man mit einer Militärausbildung wie der meinen Kindern und alten Menschen im Krieg nicht helfen würde, wer sollte es dann tun? Da konnten mir selbst die Minen auf den Straßen nichts anhaben.

Unterstützt haben mich zunächst die US ARMY und die US AIR FORCE, später dann waren es Unternehmen und private Spender, die mir alles in allem Hilfsgüter im Wert von 2,5 Millionen US Dollar mit auf den Weg nach Bosnien gaben, damit ich meine Mission erfüllen konnte. Später waren es auch Angehörige zurückgebliebener Bewohner oder Vertriebener in den Krisengebieten, die zu Beginn oder während des Krieges nach Deutschland geflüchtet waren. Gegenüber der US ARMY und der US AIR FORCE hatte ich mich verpflichtet, die Güter direkt an die Frontlinien zu fahren und diese den Bedürftigen persönlich zukommen zu lassen. Im Gegenzug dafür wurde mein Camaro umgebaut.

Ich arbeitete somit nicht mit offiziellen Hilfsorganisationen zusammen, sondern überzeugte mich vor Ort von den Umständen, unter denen die

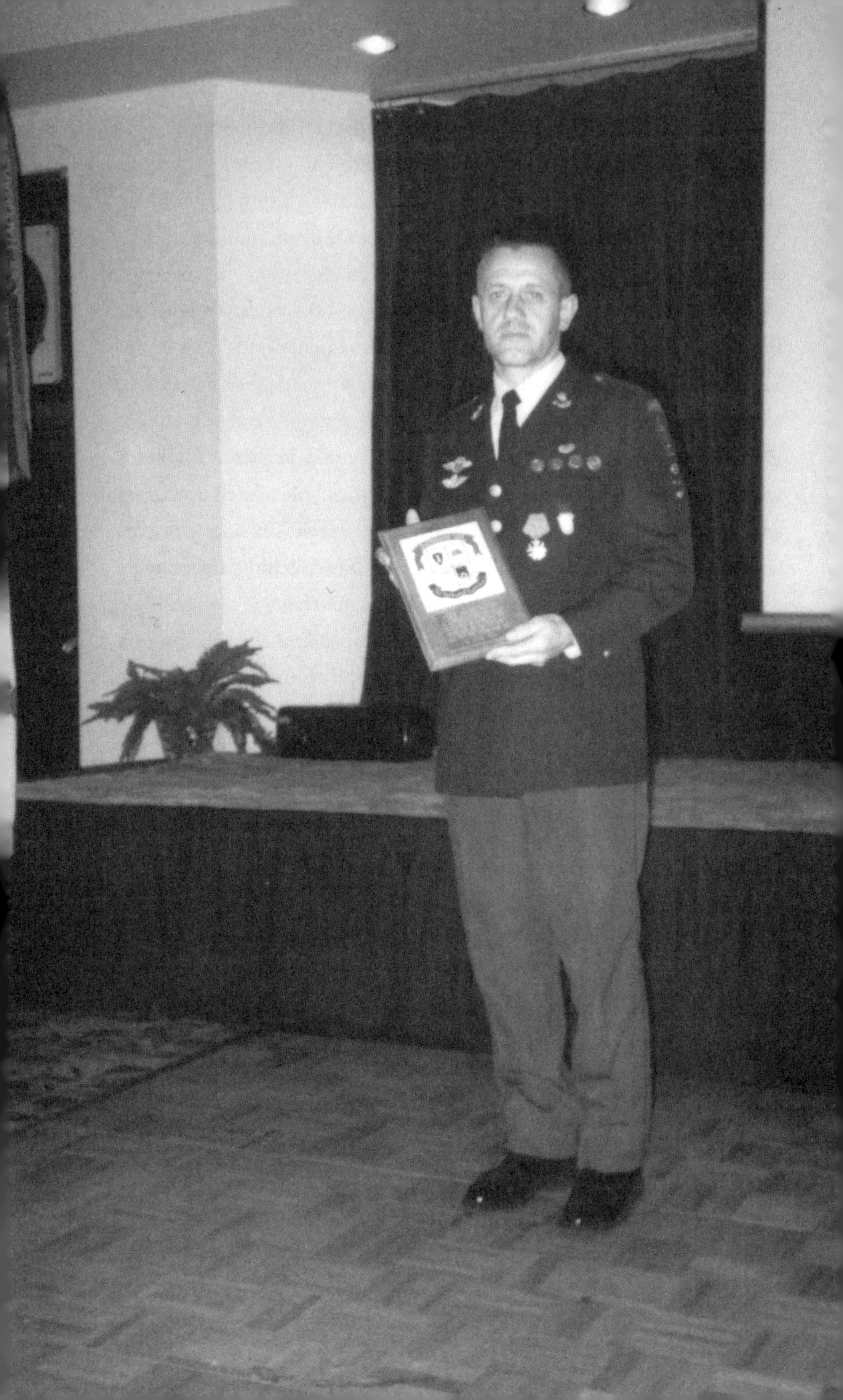

Menschen lebten, dokumentierte die Übergabe und lieferte dann nach meiner Rückkehr jeweils entsprechende Berichte ab. Die Fahrten indes finanzierte ich selbst. Ich weiß nicht genau, wie viel mich die Hilfstransporte persönlich im Auftrag der US ARMY und der Deutschen Bundeswehr bis heute gekostet haben, aber es mögen bis heute knapp 100.000 € sein, die ich dafür aufgebracht habe. Als Sicherheitchef in einem großen deutschen Unternehmen schob ich Überstunden – so lange, bis ich die Kosten für die nächste Fahrt zusammen hatte. Seit dem Jahr 1991 fuhr ich im Monat ein- bis zweimal in die verschiedenen Kriegsgebiete auf den Balkan – meine 155 Touren (bis heute) dauerten im Regelfall zwischen zwei und fünf Tagen, je nachdem wie ich mir frei nehmen konnte und je nachdem wie lange mich die Kriegsparteien an der Front weiterfahren ließen. Urlaub im herkömmlichen Sinne kannte ich in dieser Zeit nicht und meine Familie hatte ich auch anfangs nicht eingeweiht. Trotzdem fühlte ich mich bestärkt in meinem Tun, denn in der Wahl meiner Zielorte und Gebiete war ich prinzipiell frei, ich allein entschied über die Route und den Ort, wohin die Reise gehen sollte. Ich fuhr von 1991 bis 1996 fast immer alleine – abgesehen von der sporadischen Begleitung durch meinen Neffen oder einen US Sergant, dessen Spezialgebiet die Feinjustierung von Waffen war, damit man auch traf. Kam immer ganz darauf an, was anlag.

Dass ich trotz vieler positiver Erlebnisse oftmals frustriert und erledigt von meinen Touren zurückkehrte, liegt auf der Hand. Zum einen waren die Fahrten durch unwegsame Gelände, auf kaputten Straßen und über zerstörte Brücken nicht unbedingt eine Kaffeefahrt und zum anderen macht dich die dauernde Anspannung fertig. Auf der Rückreise aus der Hölle wurde mir spätestens bei der Ankunft im friedlichen und schönen, unversehrten Deutschland bewusst, dass die Hilfsleistungen nur ein Tropfen auf den heißen Stein bleiben würden. Hier der Luxus bei jedem Schritt im Alltag, dort 1.500 Kilometer weiter Krieg, Verderben,

Verfolgung und Armut – das war nicht logisch auf eine Reihe zu kriegen. Ein Betroffener aus Sarajevo jedoch tröstete mich eines Tages mit den Worten, dass jeder Tropfen sehr wohl eine Bedeutung hätte, in Zeiten, in denen geschossen wird.

Dies hat mich angehalten, weiter zu machen. Zumal es ja vergleichsweise wenig Geld war, mit dem man helfen konnte. Mit 50 € (vor der Währungsumstellung 100 DM) beispielsweise konnte man einen Monat lang Lebensmittel für eine 5-köpfige Familie finanzieren, mit 25 € (50 DM) Strom und Wasser für eine Familie und mit 12,50 € (25 DM) die Nahrung für ein Baby. Durch das Geld des Bosnia-Express konnte vielen Familien geholfen werden.

Durch meine guten Kontakte zur US ARMY und US AIR FORCE, wie auch zur DEUTSCHEN BUNDESWEHR, gelang es mir rückblickend mehr als zehn Jahre lang regelmäßig Hilfsgüter zu transportieren. Immer unter dem Einsatz meiner ganzen Kräfte, oft auf Messers Schneide.

Dining-Out Zeremonie

Man hat auf mich geschossen, mich bedroht und was nicht alles – doch letzen Endes konnte ich mein Wissen, meine Beobachtungen und meine Erfahrungen auf dem Balkan immer wieder an den Mann bringen: Ich berichte heute jungen Soldaten von meinen Erlebnissen und gebe ihnen Ratschläge, wie man sich in einem Bürgerkrieg zu bewegen hat. Dass dies allen beteiligten Parteien dient, ist irgendwie logisch.

Eine Begebenheit dazu: Während des Balkankrieges – ich hatte schon mehr als ein Dutzend Touren nach Osijek, Tuzla, Sarajevo, Vukovar, Vinkovci absolviert – wurde in der Offiziersmesse auf der RHEIN-MAIN AIR BASE eine sogenannte Dining-Out Zeremonie abgehalten. Ich war als Ehrengast geladen; die Army wollte mir eine Plakette zukommen lassen für meine Einsätze auf dem Balkan. Der Oberst kannte mich und wusste, dass ich so eine Ehrung gar nicht schätzte. Deshalb erzählte er mir wohl, dass ich in den Veteranen-Verein aufgenommen werden sollte. Das fand ich okay und holte meine Uniform. Zu diesem Zeitpunkt ahnte ich noch nicht, was mich erwartete, denn der Abend hatte einen bestimmten Zweck: es sollte Geld gespendet werden für die Kinder auf dem Balkan. Jeder, der mal bei der Army war, weiß allerdings, dass auf solchen Veranstaltungen nicht mit einem Klingelbeutel gesammelt wird, sondern dass dies auf eine besondere Weise geschieht. Und die ging so: Eine Toilette wurde hereingefahren und ein paar der Soldaten machten sich umgehend daran, die Kloschüssel mit Whisky zu füllen. Flasche um Flasche wurde da reingeleert und dann ging es los mit der Charity. Jedes Glas Whisky kostete 5 US Dollar und je mehr getrunken wurde, desto mehr wurde gespendet. Es kam einiges zusammen an diesem Abend.

An meinem Tisch saßen damals ein Oberstleutnant der US ARMY, ein Major der DEUTSCHEN BUNDESWEHR, der Base-Commander sowie ein Oberstleutnant. Der Major fragte, was ich denn für die Amerikaner mache. Ich erklärte ihm, dass ich nicht nur für die Amerikaner arbeitete, sondern gleichzeitig auch für die Deutsche Bundeswehr. Er starrte mich einige Sekunden an und konnte sich keinen Reim aus meiner Erklärung machen. Was das genau sei, fragte er nach. Darauf hin erklärte ich ihm, dass ich Hilfsgüter direkt an die Front fahre, um Kindern und Notleidenden zu helfen. Seine nächste Frage klang irritiert: „Und wie gelangen Sie durch die Frontlinien?" Ich entgegnete ihm, dass dies bei jeder meiner Missionen das größte Problem sei. Denn ein Durchkommen sei abhängig von der Lage und der Laune der jeweiligen Kriegsparteien. Ich versuchte es mit folgenden Worten: „Manchmal flippe ich einfach aus, dann lässt man mich in der Regel ohne blöde Fragen passieren. Ich habe bis jetzt jedenfalls keinen einzigen Pfennig bezahlt, um weiterfahren zu dürfen." Ungläubig schüttelte der Major den Kopf. Das könne nicht sein, jeder, selbst die UN und jede Hilfsorganisation müsse schließlich Wegegeld zahlen. Ich erklärte ihm, dass es dann wohl an meinem Auftreten und vor allem an meinem Aussehen liegen müsse. An seinem Gesichtausdruck konnte ich sehen, dass er sichtbar mit der Fassung rang. Er glaubte mir nicht. Wie auch, der Major war scheinbar noch nicht im Krieg gewesen. Ich beschloss, erst einmal auszutreten. Ich verspürte keine Lust, mich weiter zu erklären. Sollte er doch denken, was er wollte. Als ich aufstand, registierte ich im Weggehen, wie er seinem Tischnachbarn, dem Oberstleutnant, aufgeregt von unserem Gespräch erzählte. Ich konnte mir das Grinsen nicht verkneifen, der Typ hielt mich für einen durchgeknallten Spinner. Nach meiner Rückkehr an den Tisch hatte sich das Blatt gewendet: Der Oberstleutnant der US ARMY und der Base-Commander hatten den Major offensichtlich unterrichtet, was meine Aufgabe in diesem Spiel war, denn nun wollte sich auch der Major mit Hilfsgütern beteiligen. Er bat mich, in den nächsten Tagen bei ihm vorbeizukommen und ihm einige Fotos zu zeigen. Dann sprach er noch über die Betriebskosten und ob sich die US ARMY und die Bundeswehr diese teilen sollen. Ich erzählte ihm, dass ich die Fahrten selber finanziere. Einige Wochen später war es dann soweit: der Major hatte Wort gehalten und obendrein besaß er hervorragende Kontakte. Darunter auch einige zum Chemie-Unternehmen Merck, das wertvolle Vitaminpräparate spendete. Diese sollten an den von der EU eingesetzten Bürgermeister von Mostar, Hans Koschnick, überbracht werden, ebenso weitere Hilfsgüter. Wieder war ich meinem Ziel näher gekommen und mein Adrenalinspiegel stieg sofort an. Ich war bereit, die nächste Tour stand fest.

Und so machte ich wieder einmal meinen wichtigsten Gefährten, den guten alten War Camaro fit. Dass es sich bei diesem nicht um ein normales Auto handeln kann, dürfte klar sein. Ich hatte mir den Camaro zwar ursprünglich irgendwann in den achtziger Jahren als nettes Freizeitfahrzeug zugelegt. Doch irgendwie hatte dieser Wagen etwas besonderes verdient – und so ließ ich mich darauf ein, dass Mitarbeiter der US AIR FORCE ihn in einem Hangar auf der RHEIN-MAIN AIR BASE entsprechend bis unters Dach mit Hightech ausstatteten – unter anderem mit einer NOS-Anlage (Nitroeinspritzung), die das Gefährt zum

Beispiel in 13 Sekunden von 0 auf 200 Stundenkilometer beschleunigen würde. Denn wer sich in Gefahr begibt, sollte dafür sorgen, dass er schnell wegkommt, wenn es brenzlig wird. Oder um es mit den Worten von Gottes Rambo zu sagen: Vorbeugen ist besser als Nachsorgen. Mit einem normalen Auto in ein Kriegsgebiet zu fahren, wäre so als wenn du mit deinem Motorrad fährst und den Helm nicht aufsetzt, sondern ihn auf dem Gepäckträger fest spannst. Das kann auch tödlich enden.

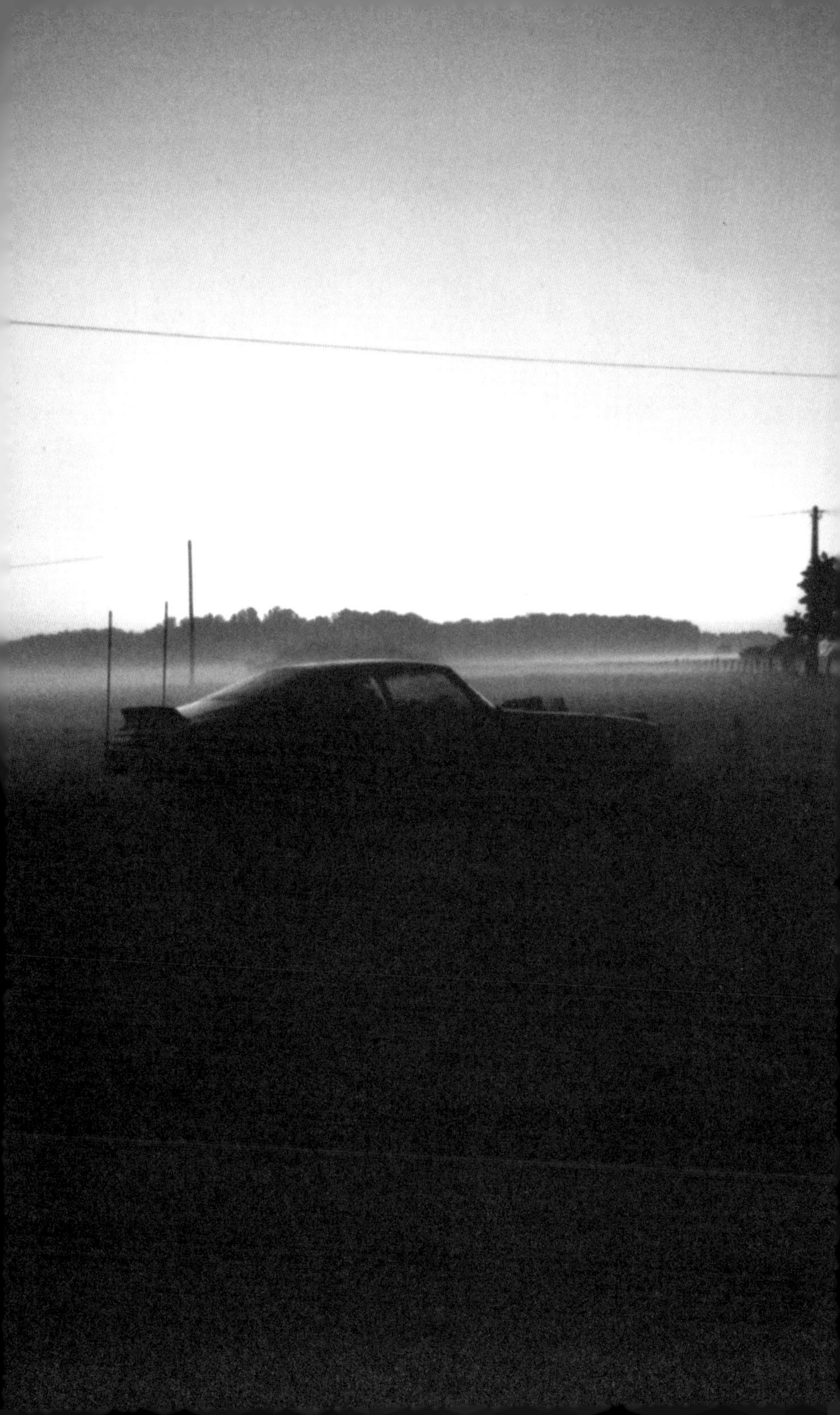

UNITED STATES AIR FORCE
Rhein-Main Air Base
GATEWAY TO EUROPE

Kapitel 1
RHEIN-MAIN AIR BASE

WENN ICH VERSUCHE, die Ereignisse chronologisch zu ordnen, muss ich bis in das Jahr 1976 zurückgehen. Meine Geschichte als „Helfer" begann mit einem Gott sei Dank recht glimpflich verlaufenen Anschlag im Jahr 1976 auf die RHEIN-MAIN AIR BASE – durchgeführt von der RAF, der Roten Armee Fraktion, jener linksextremistischen Terrororganisation, die Deutschland während der kommenden Jahre in Atem halten würde. Ich arbeitete zu diesem Zeitpunkt mit Staff Sergeant Pery zusammen, einem auf der RHEIN-MAIN AIR BASE stationierten Amerikaner, der zur Einheit Security Police der AIR FORCE gehörte. Unsere Aufgabe bestand in der Durchführung eines Security-Checks aller Gebäude. Es war ein grauer Tag, wolkig und trüb, und wir waren gerade „auf Pause" im Freien. Wir schwiegen vor uns hin, wie Männer das meist tun, wenn sie gut miteinander auskommen. Rumquatschen ist was für Weiber. Auf der AIR BASE war es jedenfalls ziemlich ruhig um die Zeit, daran erinnere ich mich. Na ja, es sollte nicht lange so bleiben. Plötzlich war da eine dröhnende Explosion zu hören. Nicht weit von uns entfernt stiegen riesige braun schwarze Qualmwolken auf – sie kamen eindeutig aus Richtung der Tankstelle, die sich auf der RHEIN-MAIN AIR BASE befand. Einen Moment lang dachte ich: „Scheiße, da hat ein Bekloppter die Tankstelle in die Luft gejagt." Doch dann wurde mir schlagartig klar: sie konnte es nicht gewesen sein, die Detonation der Tanks wäre weitaus stärker gewesen. „Der Offiziersclub, was anderes ist da hinten nicht", rief ich Pery zu. Wir sprinteten los – in Richtung Club, der etwa 300 Meter entfernt von uns lag. Chris vom OSI – ein

Däne wie ich und für das Office of Special Investigation tätig – stieß auf dem Weg zur Unglücksstelle zu uns. Mit ihm arbeitete ich in dieser Zeit öfter zusammen, nebenbei gesagt. Denn ich weiß nicht, ob ich es schon erwähnt hatte, offiziell war ich als Lagerarbeiter beim Kommissariat geführt – doch ich war ein Lagerarbeiter mit Spezialaufgaben.

Als wir den Offiziersclub erreichten, kam innerhalb kürzester Zeit auch die Feuerwehr mit heulendem Alarmsignal angerauscht – doch die Jungs konnten nicht mehr viel ausrichten, so sehr sie sich auch bemühten. Es brannte lichterloh, das alte Holzgebäude von früher fackelte in einer rasenden Geschwindigkeit ab. Hilflos standen wir davor und wurden Zeugen, wie ein Verletzter aus dem Club versorgt wurde, er hatte sich einen Arm gebrochen. Weitere Verletzte gab es nicht. Das war erstaunlich, denn zur Zeit der Explosion wurde ein Geburtstag im Gebäude gefeiert. Alle Beteiligten hatten sich in Sicherheit gebracht. Irgendwas war hier gewaltig faul, das roch man förmlich. Das Gebäude war ja schließlich nicht von selbst explodiert – nein, es musste durch einen Anschlag in Brand gesetzt worden sein. Einige Jahre später würde sich herausstellen, dass die RAF eine Gasflasche mit Sprengstoff gezündet hatte, eine Bombe mit fataler Wirkung. Das einzig Gute an dieser Sache war, dass der Sprengstoff in einem rückwärtig gelegenen Teil des Offiziersclubs deponiert worden war – und so blieb die Geburtstagsgesellschaft im vorderen Teil verschont.

Chris und ich berieten uns. Schnell waren wir uns einig, dass ich mit meinem Schäferhund das Gelände in Richtung Walldorf ablaufen sollte. Walldorf ist eine Kleinstadt, die direkt an die RHEIN-MAIN AIR BASE angrenzt. Unser Agreement lautete, dass ich bis zur Nacht das gesamte Gebiet, das bis zum Gateway reichte, kontrollieren und nach Spuren suchen sollte. Weil ich mich dabei außerhalb des Geländes bewegen würde, war das Tragen einer Waffe ein no-go. Das war ein mulmiges Gefühl für mich und obendrein war es ziemlich gefährlich, denn irgendwo konnten diese Terrorbrüder noch stecken. Ohne Gun auf Terroristen zu stoßen war nicht gerade schlau. Die würden nämlich sofort schießen, sobald sie mich riechen würden und der Schäferhund war dann auch nur ein schwacher Schutz.

So what, ich würde schon mit denen fertig. Ich wählte meinen Weg so, dass ich hinter dem nun ehemaligen, in Schutt und Asche liegenden Offiziersclub entlangkam, dessen Reste noch vor sich hin schwelten. Ab und zu zischte es und die Dämmerung machte sich breit. Die Sicht war noch okay. Ich suchte den Zaun ab. Etwa auf der Hälfte der Strecke hinter dem Building klaffte ein Loch im Zaun. Jemand hatte ihn aufgeschnitten, der Durchmesser des Durchschlupfs betrug knapp einen Meter. Eindeutig waren an dieser Stelle tiefe Fußspuren in Richtung Offiziersclub auszumachen. In der Nacht davor hatte es stark geregnet und der Boden war schlammig. Sie schienen von zwei Personen zu stammen, denn ich konnte deutlich die Profile von verschiedenen Schuhen erkennen. Auf der anderen Seite des Zauns waren mit bloßem Auge ebenfalls Abdrücke auszumachen, die sich in Richtung Autobahn verloren. Deutlicher ging es nicht – hier, genau an dieser Stelle, waren die Bombenleger also rein und raus geschlichen. Eine strategisch günstige Wahl, das musste man ihnen lassen, die eine Flucht ohne große Hindernisse ermöglichte. Diese Arschlöcher waren echt gerissen und hatten das Gebiet vorher mit Sicherheit sorgfältig ausgekundschaftet. Die Autobahn A5 Richtung Basel befindet sich an dieser Stelle ungefähr 100 Meter vom Areal der RHEIN-MAIN AIR BASE entfernt und war somit ein perfekter Ort, um ein Auto unauffällig abzustellen und später damit abzuhauen. Ich überlegte kurz, was ich tun sollte. Die Attentäter waren bereits weg, das spürte ich. Mir blieb also nichts anderes übrig, als die Spuren zu sichern, wie mit Chris verabredet. Mittlerweile war es stockfinster. Ich informierte das AIR BASE Team und ging nach Hause.

Schon im Morgengrauen war ich wieder im Einsatz. Die Profis von der Spurensicherung kamen und das OSI erstellte anhand der Ergebnisse ein Täterprofil. Bis heute hat man die eigentlichen Täter nicht gefunden, es wurde nur bekanntgegeben, dass die RAF die Strippen gezogen hat. Es war ihr erster Versuch, wenn man so will. Für mich persönlich hat sich an diesem Tag allerdings eine Menge verändert. Denn von da an war ich mittendrin und wurde zu einem Teil der RHEIN-MAIN AIR BASE, nein, die AIR BASE wurde mein zweites Zuhause. Und dann waren da ja auch noch das OSI und Chris, mit dem ich bald darauf enger zusammenarbeiten sollte.

Chris und ich lernten uns besser kennen. In unseren Gesprächen stellte sich heraus, dass einer inoffiziellen Zusammenarbeit nichts im Wege stand. Unsere Einstellung gegenüber dem Terror war deckungsgleich, ebenso die gegenüber dem Anti-Terror. Chris besuchte mich im folgenden Sommer in meinem Sommerhaus in Sönderविg bei Ringkøbing in Dänemark, das direkt an der Westküste liegt. Dabei erzählte mir Chris, dass mich sein Chef, ein großgewachsener, farbiger Amerikaner kennen lernen wolle. Ich sollte nach meiner Rückkehr nach Deutschland schnellstmöglich beim OSI vorbeikommen. ASAP – as soon as possible. Am Gate der RHEIN-MAIN AIR BASE sollte ich zwei Codewörter sagen: OSI und Chris, und zwar genau in der Reihenfolge, nicht andersrum. Hab ich natürlich gemacht.

Eines guten Tages weihte Chris mich ein, dass sich das OSI mit einem Mann namens Hans Joachim Tiedge beschäftigte. „Kennst Du ihn?" „No", antwortete ich und stellte eine Gegenfrage: „Sollte ich?" Das war eine Antwort, die er offensichtlich gut fand. Denn im nächsten Satz klärte Chris mich auf, dass Tiedge beim Bundesamt für Verfassungsschutz (BFV) tätig war und die Amis nicht besonders gut leiden konnte. Das war einer der Gründe, weswegen man ihn extra vom BND überwachen ließ. Ganz nebenbei fragte Chris mich, ob mir eine Liste mit dem Namen COCOM geläufig wäre. Ich schaute ihn verdutzt an und konterte mit einer saublöden Gegenfrage: „Schreibt man das mit C oder mit K?" Er lachte lauthals. „You are funny, Däne. Mit C." Ja, ja meinte ich, diese Liste kenne ich auswendig, die haben mir gute Freunde beim Elefantenstock geflüstert. Damit konnte Chris nichts anfangen und es erwies sich, dass er ein ähnliches Talent besaß wie ich, nämlich eigenartige Fragen zu stellen. „Was bitte ist der Elefantenstock? Klingt wie ein Zoo in Dänemark. Willst du mich verarschen?" Jetzt war es my turn, wie die Amis sagen, ihn aufzuklären. „Nee Chris, der Elefantenstock ist eine Tierklinik und wie das Wort schon sagt, lernen kranke Elefanten hier das Gehen wieder, zum Beispiel nach einem Unfall. Die gehen dann am Stock. Und ich glaube, du weißt ganz genau, was damit gemeint ist." „Klar", meinte Chris grinsend, „Du Blödmann, ich wollte dich nur auf die Probe stellen und mal sehen, was du so alles verrätst. Aber diesen Test hast du bestanden. Ich werde dir jetzt mal ein bisschen was über Tiedge erzählen." „Wieso?", fragte ich. „Halt doch besser deine Klappe, du Däne!" „Halt selber die Klappe, du dämlicher Däne!"

Chris ließ sich nicht beirren: „Was Tiedge angeht, so wurde er am 24. Juni 1937 um 04.38 geboren. Sein Vater war Bankangestellter mit dem Namen Walter Tiedge, die Mutter hieß Erika." Ich unterbrach ihn: „Willst du mich langweilen? Warum erzählst Du mir das alles, ich habe keinen Bock mir das anzuhören, ich bin keiner von Euch und ich arbeite auch nicht für das OSI." „Okay", sagte Chris, „aber Du weißt, was BFV bedeutet." „Klar, Bund für Verfassungsschutz." Ich verdrehte die Augen, der hielt mich wohl für völlig verblödet. „Korrekt. Und weißt Du auch, wo die ihren Sitz haben?" Gedehnt antwortete ich: „Yes Sir, in Köln." Chris ließ sich nicht bremsen, sein Frage-Antwort-Spielchen schien ihm zu gefallen. „Gut, dann erzähl mir, was die machen!" War ich hier in der Schule, oder was? Aber ich wollte ihm den Spaß nicht verderben und spielte mit. „Die schützen die deutsche Verfassung und ihre Grundrechte durch Spionageabwehr und beugen Angriffen vor." 10 Punkte für eine richtige Antwort, Herr Oberlehrer. „Hast Du eine Ahnung, aus welcher Ecke die Angriffe kommen?" Ah, noch mal eine Chance auf Punkte. „Glaub schon." 20 Punkte. Wen hatten wir denn da alles? Den Rechtsextremismus, den Linksextremismus, beide vertreten durch verschiedene Terrororganisationen in Deutschland und natürlich seitens der arabischen Welt. Ich sage nur München, Olympische Spiele 1972, die Bader-Meinhof-Gruppe und spätere RAF, nicht zu verwechseln mit der ROYAL AIR FORCE, die haben nämlich genau die gleiche Abkürzung, witzig, oder? Der Kerl gab nicht auf. „Was weißt du über den Intelligence Club?" „Du meinst die verschiedenen Geheimdienste?" „Yes, correct", erwiderte Chris, „nenn sie mir!" CIA – USA, KGB – Russland, MIG – Großbritannien, SIS – Großbritannien, GRU – Russland, Sowjetunion, DGSE – Frankreich, MAD – Deutschland, BVD – Niederlande, PET – Dänemark, FET – Dänemark und AET. „Stimmt, aber was bitte schön ist AET?", runzelte Chris die Stirn, „die kenne ich nicht." Ich fing an zu lachen und machte einen auf Rapper, in dem ich mit den Abkürzungen spielte. CIA, KGB … Chris wirkte ungehalten. „Na dann",

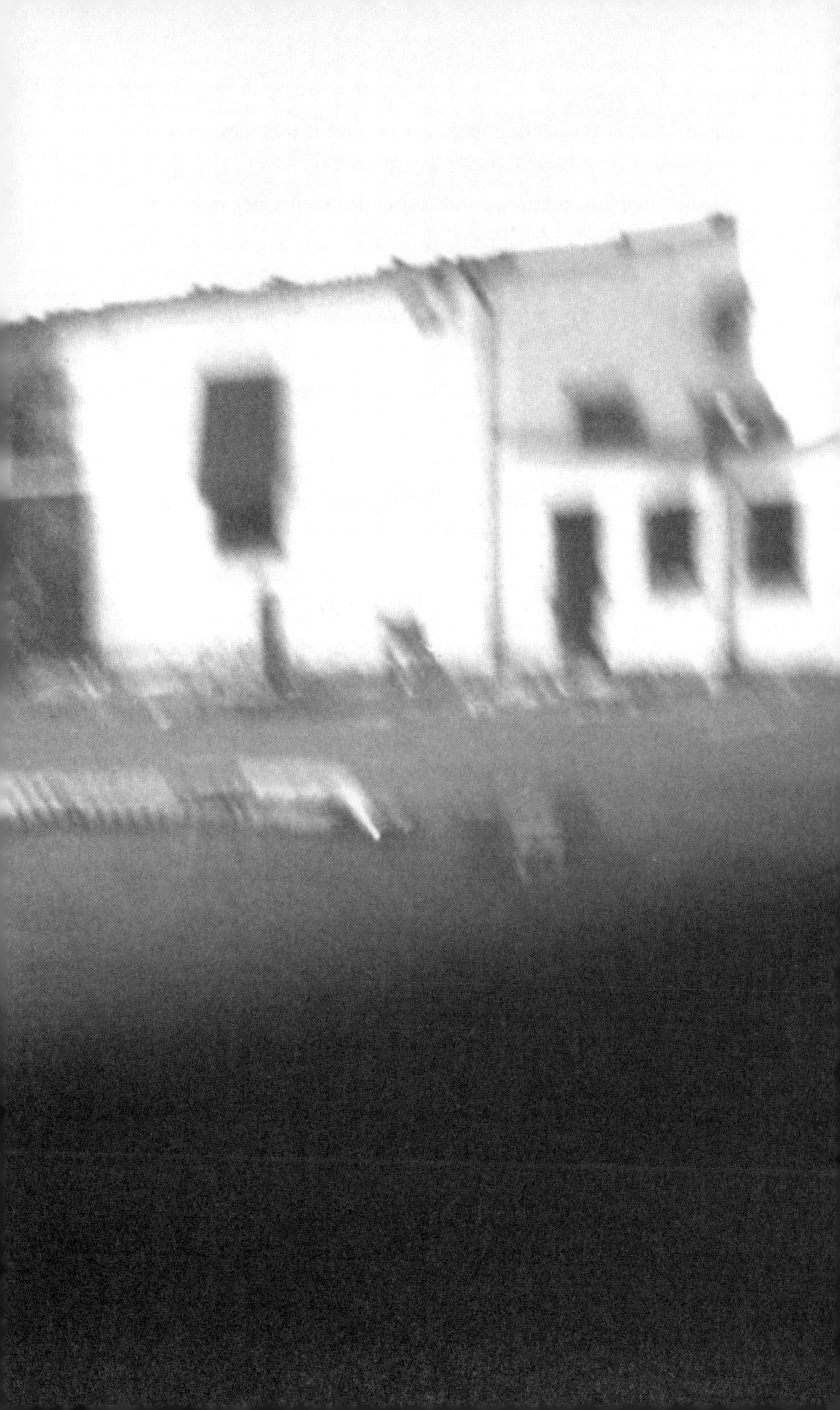

sagte ich, „werde ich dir das mal schön in Dänisch übersetzen." *AND er en forkortelse af Andeby og AET betyder direkte oversat Andeby efterretnings jeneste.* Die Übersetzung von Dänisch ins Deutsche ging so: Anti-Ente, Entenhausener Nachrichtendienst, ha ha. „Du bist genauso arrogant wie Tiedge. Der macht auch Witze über schwarze CIA-Leute in Russland, die sich als Weiße ausgeben." Chris war nicht wirklich sauer, denn er fragte mich einen Moment später, ob wir einen Kaffee trinken wollten. Wollten wir. Während wir dann da saßen, fing er sein Spielchen mit den Fragen wieder an. Mann, war das müßig. Ein paar davon waren gar nicht so ohne, sondern gezielte Nachrichtendienstfragen. Sie dienten dazu, eine Person auszufragen, ohne dass diese es bemerkt. Die Fragen klingen für einen Normalsterblichen harmlos, aber die Antworten verraten die persönliche Gesinnung. Das Spielchen fing an, mich zu langweilen, was ich Chris aber noch nicht spüren ließ. Er wusste scheinbar nicht, dass ich eine ähnliche Ausbildung hatte wie er selbst, nur nicht so intensiv, da es nicht mein Hauptjob war, Leute auszuhorchen. Chris gab sich echt alle Mühe: „Sag mir, was ist der Eiserne Vorhang?" Ich tat so, als müsste ich überlegen. „ Auf diese Frage habe ich zwei Antworten. Erstens, der Eiserne Vorhang geht weit zurück in die Geschichte des Kinos und Theaters. Warte mal, bei Gefahren wie Feuer wird er zum Publikum hin runtergelassen." Ich musste grinsen, als ich sein fassungsloses Gesicht sah. „Nee, halt, da fällt mir noch was ein: Die Grenze zwischen Ost und West nennt man auch Eiserner Vorhang." Chris eröffnete die nächste Fragerunde: „Was versteht man unter Esperanto?" Echt Bingo, und wenn ich den Preis gewinnen wollte, musste ich mich beeilen. Ich tat, als müsste ich überlegen. Um ihn auf die Folter zu spannen, spielte ich mit meiner Kaffeetasse. Dann blickte ich ihn lange von der Seite an. „Esperanto ist eine einheitliche Sprache, die der weltweiten Verständigung dient." Ich richtete mich auf und blickte ihm unvermittelt in die Augen. „Und jetzt hör endlich auf, so beschissene Fragen zu stellen. Ich weiß worauf du hinaus willst." „Ach, ja". Leute, war der Typ süffisant.

Ich fragte mich allen Ernstes, was Chris von mir wollte. Was sollte ich für das OSI tun? „Rück endlich raus damit." Chris ließ sich nicht zweimal bitten. Als unbeschriebenes Blatt sollte ich außerhalb der RHEIN-MAIN AIR BASE in einem bestimmten Restaurant ein paar Leute observieren. „Stopp, Chris! Ist das NATO-relevant? „Das kannst du aber annehmen." Okay, dachte ich, also die NATO, wenn es weiter nichts ist. Bei dem Gedanken konnte ich ein Grinsen nicht unterdrücken. „Was muss ich genau tun?" „Du beobachtest für uns auf Anweisung verschiedene politische Gruppierungen, die gegen die NATO arbeiten." Ich hatte mich wohl verhört, langsam wurde es mir zu bunt. „Entschuldige bitte mal, Chris, ich bin doch kein Detektiv." Ich begann zu kichern. Diesen Ausbruch fand Chris nicht witzig, er war sogar ein bisschen sauer auf mich. „Wir wissen alles über dich und deine militärische Ausbildung, wir sind nicht so dumm und wir sind auch nicht der BFV." „Komm runter Chris, dann wisst ihr wohl auch, dass ich in Kopenhagen mit einer Mutter und ihrer erwachsenen Tochter im Bett war." Chris schnappte nach Luft und sein Kinn bewegte sich sichtbar nach oben und unten. Sein Gesicht war ein großes Fragezeichen. „Stimmt das?" „Ja", antwortete ich, „es hat nicht viel gefehlt, nur ca. 18,5 Zentimeter." Ich lachte laut auf. Schon wieder hatte ich ihn auf den Arm genommen, aber er gewann seine Fassung schnell zurück – er war eben eine coole Sau, wie man so schön sagt.

„Okay, mach´s kurz und sag mir endlich, was und wen ich für euren Laden beobachten soll!" Darauf hatte er nur gewartet, denn jetzt spulte er eine Liste runter, die aus lauter Abkürzungen bestand: DKP, DFU, SDAJ, VDJ. Jetzt spielte ich mein Spiel. „Hey Chris, das sagt mir nichts." Er schüttelte den Kopf, zum Zeichen, dass er mich durchschaut hatte. Denn ich wusste genau: Die DKP, das war die Deutsche Kommunistische Partei. Bei der DFU handelte es sich um die Deutsche Friedensunion. Die SDAJ war die Sozialistische Deutsche Arbeiter-Jugend und die VDJ die Vereinigung demokratischer Juristen. Das alles zusammen stank nach einer kommunistischen Müllhalde. „Genauso sehen die NATO und der BFV das auch", verkündete mir Chris. „Du wirst also einen Mann vom BFV treffen, in einem Bierkeller in Bensheim-Auerbach an der Bergstraße. „Und was soll ich mit der Person machen?" Das ließ Chris seelenruhig offen. „Was weiß ich? Es ist so, dass wir innerhalb der Base für das OSI arbeiten. Aber außerhalb, da ist Deutschland."

So kam eines zum anderen damals, 1976. Was ich zu diesem Zeitpunkt noch nicht wusste war, dass ich bald darauf Ärger mit einer kommunistischen Politikerin im Fernsehen bekommen sollte. Die Gute wollte ein neues Gesetz erwirken, das Firmen, wie die, in der ich arbeitete, verbieten sollte. Ich sollte als Mitarbeiter im Fernsehen Stellung beziehen. Kurz vor dem Fernsehauftritt rief mich die Kommunistin an und erklärte mir kackfrech, dass ich nicht in meiner schwarzen Lederjacke erscheinen sollte. Die trug ich immer, aber ihr war die wohl nicht seriös genug. Die kam mir gerade recht an diesem Tag. In genau drei Sätzen bot ich der guten Frau Paroli und die waren nicht lang: 1.) Wir sind hier nicht in Russland. 2.) Sie drohen mir nicht und außerdem habe ich keine Angst vor den Kommunisten, Scheiße noch mal, und 3.) Good bye. Dann knallte ich den Hörer auf die Gabel, dass es sich gewaschen hatte. War ein schönes Gefühl, ging runter wie Öl. Später erzählte ich Chris davon, der bei meiner Schilderung in schallendes Gelächter verfiel. „Da kannst du mal sehen Chris, ich bin kein Detektiv, sondern ein Mann im Feld." Das sah Chris genauso, denn er sagte: „War mir klar. Soll ich Dir jetzt mal einen Vorschlag machen, oder hast du einen?" Den hatte ich. „Ich werde für Euch und die anderen NATO-Partner eine Antiterror-Informationskette aufbauen. Allerdings zu meinen Bedingungen." „In Ordnung." „Gut, aber ich hätte noch eine Bitte: Bringt mich nie mehr in Verbindung mit diesem unsympathischen Tiedge." „Okay." Unsere Zusammenarbeit war nun fast hundertprozentig und ich tat, was ich versprochen hatte. Im Herbst 1979 war es wieder einmal Zeit für

eine Kontaktaufnahme. Ich erhielt einen der roten Briefumschläge mit einem aufgeklebten weißen Herz. Echt kitschig. Es war mal wieder an der Zeit, um in der Gaststätte in Zeppelinheim einzukehren, die etwa einen Kilometer von der RHEIN-MAIN AIR BASE entfernt lag. Chris war schon da, zusammen mit einem deutschen Kollegen vom BFV. Sympathischer junger Typ mit dem richtigen Blick und einer Körperhaltung, die von großem Selbstvertrauen zeugte. Wir sahen uns an wie zwei Löwen, lauernd, hinter der gleichen Beute her. Chris bemerkte die Spannung, die in der Luft lag sofort und bemerkte beiläufig, dass wir ja alle die Guten seien und unsere Energie und das Pulver in Richtung Feind konzentrieren sollten. In einem intensiven Gespräch und einigen freundlichen Gesten stellten der BFV-Mann und ich einige Gemeinsamkeiten fest: Wir waren beide ausgebildete deutsche Fallschirmjäger und das von der gleichen Ausbildungsstätte in Altenstadt im Schongau. Und das war auch der Moment, in dem wir begannen, alte Geschichten zum Besten zu geben. Die Dänen seien in Altenstadt keine Unbekannten, erzählte der Deutsche. Eines Nachts hätten die Altenstädter sogar einmal die Polizei gerufen, weil besoffene Dänen im Jesusbrunnen auf dem Marktplatz getanzt hätten. „Klar", unterbrach ich ihn, „Und dabei haben sie Yellow Submarine von den Beatles gesungen." Der Deutsche sah mich erstaunt an und fragte: „Woher weißt du das?" „Weil ich dabei war." „Wie klein die Welt doch ist."

Doch genug der puscheligen Atmosphäre, meine nächste Aufgabe in der Spielrunde war schon definiert. Ich sollte zwei russische Militärattache-Offiziere beschatten, die am nächsten Tag um 10 Uhr vormittags nach Berlin fahren würden. Die Mission startete um 8 Uhr vormittags in Frankfurt Niederrad, wo die beiden Russen stationiert waren. Das ganze Gebiet wurde von US Wachposten kontrolliert, allerdings nur von außen. Ich sollte in einer Parallelstraße auf die Beiden warten und sie dann verfolgen, maximal bis nach Kassel von der A5 bis zur A7. Take a nice photo. Ich fand es blöde, da herum zu stehen und zu warten und erst auf der Autobahn ein Foto zu schießen. Den Job hätte ich nämlich gleich vor Ort zu Ende bringen können, aber die Bürokratie macht keinen Halt, auch nicht in Geheimdienst-Angelegenheiten. Job ist Job und damit Basta. Punkt 10 Uhr rollte ein blauer Ford Granada vom russischen Gelände. Das Auto war im Vergleich zu meinem Dienstwagen, einem Mercedes 350 SE, ein glatter Witz. Mein Auto war okay, beknackt war allerdings die Kamera, die man mir zur Verfügung gestellt hatte. Es war eine Pocket der billigsten Sorte. Eine beschissenere Ausstattung gibt es kaum, die meisten Touristen haben bessere Kameras dabei, wenn sie nur mal zum Vergnügen in eine andere Stadt fahren. Diese Operation stank hinunter bis zum Teufel. Aber was soll das Gejammer, jemand musste das Ding erledigen. Und dieser Jemand war ich. Angekommen auf der A7 gaben die Russen Gas. Haha, der Granada war für den 350 SE kein Problem. Doch die waren nicht blöd, denn als sie mich bemerkten, scherten sie zwischen zwei Brummis ein, um sich zu verstecken. Hide and seek mit den Russen. Give me shelter... jaulten die Rolling Stones im Radio, was für ein lustiger Zufall. Aber nicht mehr lange, dachte ich, denn ich würde bald meine Chance bekommen. Ich schaltete meine Warnblinkanlage ein, zog hinüber auf die linke Spur und bremste. Hinter mir war jetzt kein Auto mehr, sonst hätte ich mir die Notbremsung verkniffen. Während dessen schoss ich den Fahrer ab, als ich auf der gleichen Höhe wie der Granada war. Klick klick, machte meine Pocket. Der erste Teil des Auftrags war „done", nun brauchte ich nur noch ein nettes Portraitbildchen vom Beifahrer. Meine Kreativität war gefordert. Also gab ich erst einmal kräftig Gas, überholte und zog dann rechts vor dem ersten Brummi erst auf die rechte Spur und dann auf den Standstreifen hinüber. Hier verlangsamte ich mein Tempo, gleich würden die Russen kommen. Ich zuckelte auf der Standspur vor mich her, eingekeilt zwischen der Leitplanke und dem Anhänger des LKW, hinter dem sie herfuhren. Ich war nur noch ein paar Meter vor ihnen, der Jäger wurde zum Gejagten. Und dann, nach ein paar Sekunden, waren wir wieder auf Augenhöhe, diesmal von der anderen Seite aus betrachtet. Der Beifahrer wandte sich mir zu, und schnapp, das gab ein hübsches Foto. Der Auftrag war durch, problemlos. Kurz vor Kassel ließen die Russen dann die Fenster runter und winkten. Ich winkte zurück. Bye, bye, Jungs, gute Reise noch. Mit dem Gefühl, dass alles in bester Ordnung sei, fuhr ich zurück. Aber Pustekuchen, ich hatte mich geirrt. Gar nichts war in Ordnung. Denn kurz darauf tauchte der Granada wieder auf. Vor meinem Privathaus, einem Reihenhaus, am Ottokemper Ring 2i in Dreieich-Buchschlag. Es handelte sich bei dem Haus um ein Reiheneckhaus und schräg rechts davon befand sich ein Parkplatz. Und da stand er nun, der russische Militär Diplomaten-Granada in blau, mit zwei Insassen. Meine Frau hatte die Typen sofort entdeckt, wegen des eigenartigen Kennzeichens. Ich beruhigte sie kurzfristig damit, dass dies Ausländer seien, die irgendwo einen Besuch machten. Ich konnte ihr ja schlecht verklickern, dass die mich wegen meines Hobbys als Fotograf plötzlich so sehr mochten. Nach 14 Tagen, in denen sie mir und meiner Familie dann auf Schritt und Tritt folgten, wurden meine Beruhigungsversuche nutzlos. Wo immer wir in dieser Zeit hingingen, sie klebten an uns fest wie lästige Kletten. Hilfe von meinen Freunden vom OSI war Fehlanzeige. Ich wusste ab diesem Zeitpunkt, dass ich in einer anderen Welt angekommen war.

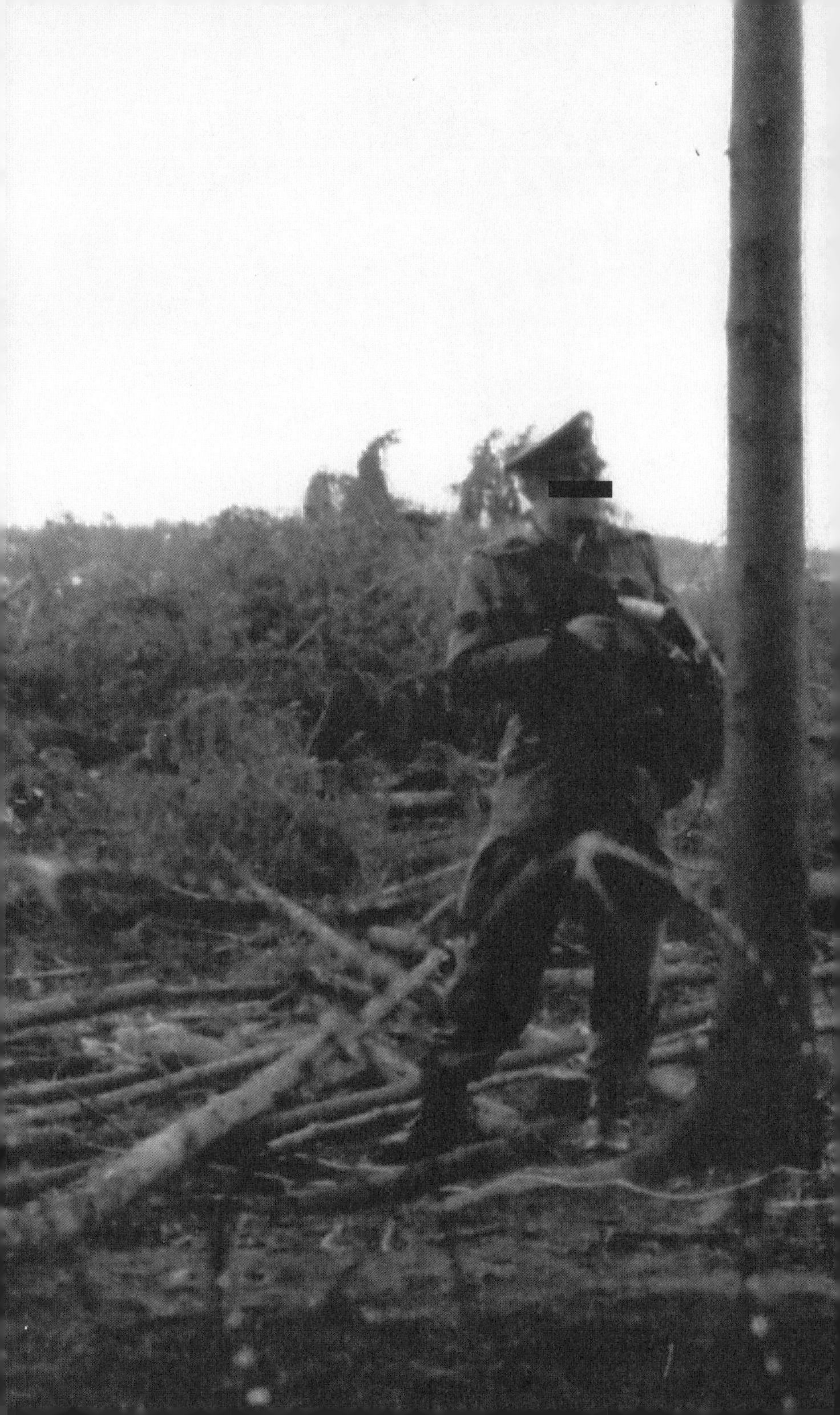

Kapitel 2
STARTBAHN WEST

Auch auf der AIR BASE gab es unerwartete Schwierigkeiten. Direkt neben dem Gelände war mit der Rodung für den Bau der Startbahn 18 West begonnen worden. Ein Freund von Chris, Joe, kam auf mich zu und fragte, ob ich ihm in einer Angelegenheit, die Startbahn betreffend, helfen könnte. „Klar, worum geht es?", fragte ich. „Es gibt die Order, die Startbahngegner zu unterwandern, aber my Deutsch is very bad." Die Gegner des Startbahnbaus hatten auf dem Gebiet, wo demnächst Flugzeuge starten und landen sollten, ein provisorisches Hüttendorf installiert, um von hier aus die Bauarbeiten behindern zu können. Soviel war klar, uns stand eine knifflige Aufgabe bevor.

„Ich freue mich, wenn ich dir helfen kann." Das war glatt untertrieben, denn die Infiltration von Feinden war mein Spezialgebiet – und ich war Feuer und Flamme, versuchte aber, mir das nicht anmerken zu lassen. „Ich hatte gehofft, dass du das sagst. Chris hat mich zu dir geschickt, wegen deiner Ausbildung und deiner Deutschkenntnisse, aber auch wegen deines Nachnamens." Der war urdeutsch und es gab ihn wie Sand am Meer. Für die Operation richteten wir in einem Flugzeughangar 500 Meter entfernt vom „Tor zu Europa" – so nannte man damals die Eingangsarea zur RHEIN-MAIN AIR BASE – unser Headquarter ein. Joe war nicht gerade ein athletischer Typ und das würde sich in unserem Fall vielleicht noch als Vorteil erweisen. Mein Vorteil war, dass in meiner „Firma" mehrere Startbahn 18 West-Gegner arbeiteten. Na ja, Vorteil ist zuviel gesagt, diese Brüder konnten mich nicht besonders gut leiden, wegen meiner positiven Einstellung gegenüber der ARMY, der NATO und der BILD-Zeitung. Im Gegensatz zu mir war Joe ein sehr gläubiger Mensch und verhielt sich auch entsprechend. Ich hingegen stand Verführungen – besonders dem anderen Geschlecht gegenüber – geradezu aufgeschlossen gegenüber. Her mit den Weibern – ich war eben kein Softie, sondern ein verheirateter Mann, der viele Prüfungen zu bestehen hatte, bis ich auch nur annähernd als guter Christ durchgehen würde.

Ich liebte Frauen und nicht immer nur meine eigene – und damit war ich nach Joe´s Meinung eher in Richtung Teufel unterwegs. Wir waren schon ein ungleiches Paar – Joe, der Mormone und ich, der Däne zu 100 Prozent mit Wikingerblut. Ich gebe zu, dass es mir schon immer einen Riesenspaß bereitet hat, andere zu verführen. Joe jedenfalls lieferte dafür mit seinem immerwährenden Mormonen-Umkehr-Gequatsche eines Tages eine echte Steilvorlage. Ich hatte genug davon. An einem Abend lud er mich zu einer Grillparty auf die AIR BASE ein und bequatschte mich anschließend wieder einmal, ich solle endlich Mormone werden. Na warte, dachte ich, das werde ich dir abgewöhnen. Zudem konnte und wollte ich nicht glauben, dass Männer wie Joe keine Lust verspürten, wenn sie auf eine attraktive Frau trafen, Glauben hin, Glauben her. Gott hat die Frauen doch nicht erschaffen, damit wir im Zölibat versauern! Frauen waren Beute und die galt es zu erlegen. Als ich das zu Joe sagte, konnte ich an seinen Augen ablesen, dass er mich langsam aber sicher für ein Sexmonster hielt. Ich amüsierte mich köstlich. „Ja, Joe, sicher werde ich zu Gott umkehren, aber erst morgen." Morgen war das Barbecue. Als ich bei der Grillparty ankam, traf mich fast der

Fridolin

Schlag. Das war kein Grillfest! Es gab kein Fleisch, sondern Kuchen. Und es gab Tee! Tee! Mann, ich war ein Wikinger, und die tranken keine Pisse, sondern Kaffee. War ich bedient! Bier gab es auch nicht, dafür literweise Brause. Na gut, auf Bier konnte man verzichten, trinke ich sowieso nicht so gerne, also das ging ja noch. Was auch ging, war die Frau, die plötzlich neben Joe stand. Sie hatte ein echt scharfes Gestell, ähnlich wie meine Frau, nur war sie blond. Joe machte Anstalten, uns miteinander bekannt zu machen. Ich schielte auf ihre Hände, kein Ring, weit und breit. Das ließ den Schluss zu, dass sie nicht verheiratet und scheinbar auch nicht verlobt war. Mein Blick wanderte von oben nach unten und zeichnete ihre Kurven nach. Ein echter Leckerbissen. Unsere Augen begegneten sich für einen Moment. Sie stand noch immer vor mir und fuhr sich mit der Zunge über die Oberlippe. Mir lief es kalt den Rücken runter. Heißkalt. Joe ergriff das Wort und stellte uns endlich einander vor. Als sie meine Hand nahm, spürte ich ihre Haut, sie war weich, aber ihr Händedruck war der einer Schraubzange. *Skrälling*, sagen wir Wikinger dazu. Sie hielt meine Hand eine Spur zu lange und schaute mir wieder in die Augen. Mir war klar: Vor dir steht eine sichere Beute, ich würde nur aufpassen müssen, dass sie mich nicht in die Knie zwang. Dazu sagen die Winkinger übrigens: *besärk gehen*. Joe schien unsere lüsternen Gedanken zu erraten und drängte uns auseinander, indem er sie quasi abführte. Während sie mit ihm ging, blickte sie kurz über die Schulter zu mir zurück. Sie hatte einen Flatterrock an, der ihre Figur durchscheinen ließ. Ich sah ihr nach und ließ meinen Blick auf ihren wohlgeformten Beinen und einem klasse Arsch ruhen, der sich durch den Stoff deutlich abzeichnete.

Dann kam Joe nach ein paar Minuten zurück und fragte mich, was ich mitgebracht hätte für das Barbecue, das keines war. „Es wäre super, wenn du die Sachen holen könntest, sie liegen auf dem Rücksitz", sagte ich zu ihm statt einer Erklärung und drückte ihm die Wagenschlüssel in die Hand. „Ich muss mal kurz austreten." Joe ging los und war auf dem Weg, in meine teuflische Testfalle zu tappen. Ich folgte ihm unbemerkt zum Wagen. Aus einiger Entfernung beobachtete ich, wie Joe regungslos vor dem Wagen stand und fassungslos auf den Rücksitz stierte. Ich ging zu ihm. „Joe, das Wasser liegt im Kofferraum." Joe drehte sich zu mir um, sein Gesicht war knallrot angelaufen und er hatte eine sichtbare Beule in der Hose. Ach Quatsch, der Typ hatte einen Ständer, den man kilometerweit sehen konnte. Und das alles, weil auf dem Rücksitz die Utensilien für eine ordentliche Sexorgie lagen. Aufgeschlagene Pornohefte, schön garniert mit drei durchsichtigen Slips, die von meiner Frau stammten. Mein Arrangement war gewagt, das muss ich zugeben. Denn auf der AIR BASE ist Pornografie ein Grund, um ins Gefängnis zu wandern oder sogar, um unehrenhaft aus der ARMY entlassen zu werden. Joe sagte nichts. Ich auch nicht. Wir gingen zurück zu den anderen. Am Ende des Abends lud mich die Frau mit dem Flatterrock zu einer Tanzparty am Samstag ein und ich sagte zu. Den Rest kann man sich vorstellen.

Doch zurück zum Dienst. Die Mitglieder der Friedensbewegung in meiner „Firma" hatten beschlossen, im Rahmen eines Happenings in Egelsbach bei Langen öffentlich Wehrpässe zu verbrennen. Dies teilte ich meinen Freunden beim Sondereinsatzkommando Frankfurt-Hausen mit und natürlich auch Chris und Joe. Letzteren nahm ich mit nach Egelsbach, damit er mal erleben würde, wie ein Friedenshappening abläuft. Als wir ankamen, hatte die Abteilung IV B2 des BFV bereits Stellung bezogen. Das Kürzel steht für die Abteilung Politische Spionage Abwehr, Spionage hauptsächlich aus der DDR. Die Friedensbewegung in der BRD galt als gefundenes Fressen für die Stasi. Ein Typ aus meiner „Firma", nennen wir ihn Fridolin, konnte sich beispielsweise nach dem er sich ein Spendenkonto für seine Friedensbewegung zugelegt hatte, plötzlich teure Klamotten und ein Auto leisten. Ich fragte mich, ob die Abteilung IV Spionageabwehr auch tatsächlich für die Friedensbewegung zuständig sei, denn es gab Gerüchten zufolge einen internen Streit zwischen dem Präsidenten des Bundesamtes für Verfassungsschutz und dem für die Abteilung IV zuständigen Leiter. Als Däne war ich sowieso immer ein bisschen über die deutsche Mentalität verwundert, denn ich lebte in einem Land, das eine genormte Thermoskanne besaß, die in jede Aktentasche passte. Andere Länder, andere Sitten.

Fridolin jedenfalls war auch bei diesem Happening und als er mich entdeckte, kam er schurstracks auf mich zu. Ich stieß Joe mit dem Ellenbogen in die Seite, zum Zeichen, dass er sich dünn machen sollte.

Beginn der Protestbewegung mit der Errichtung zunächst einer Hütte.

Das hatten wir vorher so vereinbart, denn die Peace-Anhänger sollten nicht mitbekommen, dass wir hier zusammen „herum hingen". Joe reagierte professionell und war sofort verschwunden. Fridolin schien überrascht, mich zu sehen: „Was, du hier?" „Ja, weißt du, ich spioniere ein bisschen herum nach DDR-Leuten, denn seit du das Spendenkonto eröffnet hast, besteht die Gefahr, dass du Geld von denen bekommst." Fridolin fand, ich sei auch außerhalb der Firma ein lustiger Däne. Dem würde das Lachen aber noch vergehen. „Jetzt sag schon, warum bist du hergekommen?" „Okay, ich verrat es dir: wegen all dieser hübschen Frauen. Ihr Männer bekommt beim Verbrennen der Wehrpässe doch schon einen Orgasmus, wie ist das bei euren Frauen? Du kennst doch das Sprichwort: Wenn du als Friedensmann deine Frau nicht befriedigen kannst, ruf den Wikinger an. Du weißt ja, dass ich meinen Freunden immer helfe." „Seit wann sind wir Freunde, Däne?" "Ab jetzt, komm schon, ich wollte dich schon immer zu einer Sexorgie einladen. Wenn du deine Frau mitnimmst, sind wir schon drei!" „Du bist vielleicht ein Arschloch." Ich fand es an der Zeit, zu gehen. Joe stand in der Nähe und ich gab ihm das Zeichen zum Aufbruch. Im Auto meinte er dann ganz trocken, dass denen wohl allen der Draht aus der Mütze gesprungen wäre. „Tja, das ist Demokratie, Joe." Ich erinnerte mich daran, dass Joe ein Teefreund war und lud ihn auf eine Tasse bei mir zu Hause ein. Dort würde ich ihm meine hübsche Frau, meine beiden Söhne im Alter von sechs und eineinhalb Jahren und den Schäferhund vorstellen. Joe nahm meine Einladung an und erzählte mir, dass er noch nie in einem deutschen Reihenhaus zu Gast gewesen sei. Als wir ankamen, zeigte ich

> Zur Hölle mit Karrys Himmel=fahrtskommando
> Rettet den Wald!!
> Gewalltlos gegen Startbahn West!

ihm zuerst das Haus. Wir hatten zu der Zeit an jeder Tür einen Spruch angebracht. Das Schlafzimmer vor dem wir nun standen hieß beispielsweise „Kinderfabrik". Joe fragte, was das Wort zu bedeuten hätte. „Da werden die Kinder gezeugt" und zeigte auf das riesige amerikanische Bett, das dort stand. Ich schubste ihn unvermittelt so, dass er daraufffiel. Wieder bekam er einen roten Kopf. „Nichts für ungut, Joe, ich bin eben ein Wikinger und wir haben einen derben Humor", beschwichtigte ich ihn. „Auch du wirst eines Tages zu Gott finden", erwiderte er. Oder auch nicht, dachte ich. Wir gingen ins Wohnzimmer und es gab dort Tee und Kaffee. Wie schon so oft diskutierten wir über verschiedene Kulturen und die Kriminalität in den USA im Vergleich zu Deutschland. Meine Frau kam dazu und erzählte eine aktuelle Begebenheit. Irgendjemand hatte von der Wäscheleine in unserem Garten drei Damenslips gestohlen. Ich beobachtete Joe, dessen Teetasse plötzlich auf der Untertasse zitterte, bevor sie ihm ganz aus der Hand fiel. Es war nämlich so gewesen, dass ich im Auto die drei Slips als Falle für Joe deponiert hatte, später hatten dort aber nur noch zwei Slips gelegen. Joe räusperte sich mehrfach und entschuldigte sich für den verschütteten Tee. Meine Frau, die ihm zu Hilfe eilte, bemerkte die Röte in seinem Gesicht. Später fragte sie mich in der Küche danach. Ich sagte ihr, dass Joe ein gläubiger Mormone sei und dass man in deren Gegenwart nicht über weibliche Unterwäsche sprechen dürfte. Für uns Dänen sei das zwar normal, nicht aber für die Amerikaner. Ich fuhr Joe zur AIR BASE zurück. Als wir dort ankamen, empfahl ich Joe, dass er für unseren Einsatz auf der Startbahn 18 West hart trainieren solle. Er wusste, was ich damit meinte. Vor dem PX-Shop bat er mich, kurz anzuhalten, er wolle schnell noch etwas kaufen. Als er aus den Laden kam, hatte er einen Blumenstrauß für meine Frau gekauft.

Am folgenden Montag um 8 Uhr morgens trafen wir uns im Hangar wieder. Joe war überpünktlich und ich war wie üblich ein paar Minuten zu spät. Also hatte Joe bereits Kaffee gekocht und ein paar belegte Brötchen mit Peanutbutter und Erdbeermarmelade samt Ham and Egg bereitgestellt. Auf den Mann war Verlass. Nach dem Frühstück erteilte ich ihm die ersten Instruktionen für die Infiltrationsphase an der Startbahn 18 West. Dazu verwendete ich Fotos, die ich angefertigt und in A4 vergrößert hatte. Ich legte die Bilder auf dem Boden des Hangars nach dem Kompass aus – das ganze Hüttendorf war zu sehen. In dieser Woche würden wir also immer die Lage vor Augen haben, wohin wir uns im Hangar auch bewegten – zur Toilette, in die Küche oder wenn wir raus ins Gelände gingen. Etwa zu unserem speziellen Lauftraining, einem sogenannten süß-sauer-Training. Süß-sauer heißt: 25 Meter gehen, 25 Meter laufen, 25 Meter spurten und dann das Ganze wieder von vorne – über eine Distanz von insgesamt 1.500 Meter ohne Zeiterfassung. Dieser Rhythmus ist wichtig für den Aufbau einer körperlichen Kondition, denn er führt zu einer erhöhten Durchblutung der aktivierten Muskulatur. Der Kreislauf erlernt dabei außerdem die Blutdruckregulation, wobei der arterielle Blutdruck durch das vegetative Nervensystem aus dem Hirnstamm gesteuert wird. Beim süß-sauer-Training steigt das Herzzeitvolumen, was dazu führt, dass der Blutdruck nicht so schnell absackt. Nach einer Strecke von 500 Metern war Joe restlos fertig. Der Montag war schneller zu Ende, als er begonnen hatte.

Am Dienstag begannen wir wieder mit dem Lauftraining, Joe schaffte eine weitere Strecke und anschließend unterrichtete ich ihn in Kompasslehre. Joe wusste zwar, was ein Kompass war, aber umgehen konnte er nicht wirklich damit. Außerdem unterrichtete ich Joe in Dänisch.

Am Mittwoch setzen wir das Pensum fort, Joes Lauftraining nahm Formen an. Nach einer weiteren Stunde Kompasslehre malten wir Plakate mit dem Text „Keine Startbahn 18 West." Dann unterrichtete ich ihn wieder in Dänisch.

Am Donnerstag steigerten wir den Einsatz. Zuerst das obligatorische Lauftraining (1.500 Meter), dann folgte wieder Kompasslehre und im Anschluss studierten wir die Fotos. Um uns Details einzuprägen, malten wir diese auf Papier aus dem Gedächtnis. Wir übten Schuhe binden mit offenen Augen und dann mit geschlossenen Augen. Das ist gar nicht so leicht, probieren Sie das mal. Was das bringt? Die Übung fördert das Gleichgewicht. Wir rasierten anschließend Joes Kopf und passten unsere Perücken und die falschen Oberlippenbärte an. Dann lernten wir noch ein bisschen Dänisch.

Der hessische Minister für Wirtschaft und Verkehr, Heinz-Herbert Karry (FDP), ordnete den „Sofortvollzug" für den Bau der Startbahn an.

Freitag war unser Haupttrainingstag. Um 16 Uhr wollten wir aufbrechen nach Walldorf über Mörfelden und uns einer großen Gruppe von Startbahn-West-Gegnern anschließen, ohne aufzufallen. Das war der Grund, weswegen ich Joe Dänisch beigebracht hatte. Als Amerikaner hatte sein Deutsch unweigerlich einen amerikanischen Akzent, den die Anti-Startbahn-Fraktion sofort entlarvt hätte. Da die wenigsten von ihnen aber Dänisch sprachen oder verstanden, war das Risiko für Joe, entdeckt zu werden, gering. Das hofften wir wenigstens. Joe war ein smarter Typ, intelligent und mit einer schnellen Auffassungsgabe und so erwies er sich auch als lernfähig, als wir vor dem Spiegel Mimik und Rollenspiele einstudierten. Wir kamen uns dabei saublöd vor, auf der Hangartoilette herumzuhängen und dabei in den Spiegel zu glotzen, denn wir waren ja keine professionellen Schauspieler. Was aber nicht bedeutete, dass wir es nicht hinbekommen hätten, schließlich gehörte das zu unserer Standardausbildung. Als wir uns auf den Weg machten, stießen wir gleich auf eine Gruppe von Startbahn-West-Gegnern, die so mannstark war, dass wir darin unterschlüpfen konnten. Auf dem Weg redeten wir „Kinderdänisch". Joe sagte beispielsweise Sachen wie „Schönes Wetter" und ich antwortete „Rote Grütze mit Sahne". Wäre ein Däne in der Nähe gewesen, hätte er angenommen, wir seien gerade aus einer Irrenanstalt entlaufen. Die nennt man in Dänemark übrigens Koldbötte fabrik. Aus heiterem Himmel tauchte Fridolin in der Menge auf, er war höchstens 50 Meter von uns entfernt. Er hatte uns nicht gesehen, weil Joe schnell sein Plakat mit „Keine Startbahn 18 West" nach oben gehalten hatte. Ich atmete auf und murmelte in Joe´s Richtung: „That was too close, man!" Nach diesem Zwischenfall ohne Folgen war uns klar, dass wir den Samstag auch als Infiltration-Day nutzen würden. Um 20 Uhr kehrten wir den Gegnern den Rücken. Morgen würden wir wiederkommen. Unsere Aufgabe war schließlich, Gefahren für die AIR BASE im Voraus auszumachen und Personen zu scouten, die antiamerika-

Ein 2,50 Meter hoher Betonzaun wurde errichtet, damit der Bau von den Demonstranten nicht mehr gestört werden kann.

nisch eingestellt waren. Dazu sollten wir die jeweiligen Personen auch fotografieren. Theoretisch hieß das, dass wir die ganze Meute unter die Linse nehmen mussten. Samstagmorgen um 7 Uhr trafen wir uns im Hangar und Joe brachte zwei alte Fahrräder mit. Diese behängten wir mit unseren Plakaten und zurrten diese so fest, dass sie bei schnellerem Fahren nicht herunterfallen würden. Unsere Verkleidung checkten wir „once again". Nach diesem Test waren wir äußerst zufrieden mit unserer Arbeit der letzten Woche. Jetzt brauchte es nur noch einen kurzen Kameracheck, ohne Blitzeinstellung. Wir waren bereit und verkleideten uns endgültig.

Als wir schließlich auf den Fahrrädern saßen und losradelten, wurden wir nach ein paar Metern bereits von weiteren Fahrradfahrern eingeholt und schlossen uns diesen wie selbstverständlich an. Angekommen an der Startbahn 18 West stellten wir unsere Räder ab, ohne abzuschließen, versteht sich. Wir erkundeten das Hüttendorf. Mitten im Getümmel trafen wir auf Fridolin. Ich wollte sehen, ob meine Verkleidung hielt, was ich erwartete und fragte ihn, ob ich ein Foto von ihm machen dürfe. „Sicher Leute, wir sitzen doch alle im selben Boot." Es war einfach: Wenn man diesen Leuten nur ein wenig schmeichelte, platzten sie vor Selbstgefälligkeit und Stolz und vergaßen jede Vorsicht. Am Ende des Tages waren 72 Fotos das Ergebnis von ein bisschen Psychologie. Wir beschlossen, zur Base zurückzukehren und Bericht abzuliefern. Aufgrund unserer Erfahrung wurden wir darauf hin immer wieder eingesetzt, um im Umfeld der Startbahn 18 West Gegner zu ermitteln, zur Sicherheit der RHEIN-MAIN AIR BASE. Joe und ich arbeiteten zwei Jahre zusammen, dann wurde er versetzt, zurück in die Staaten, nach Langly.

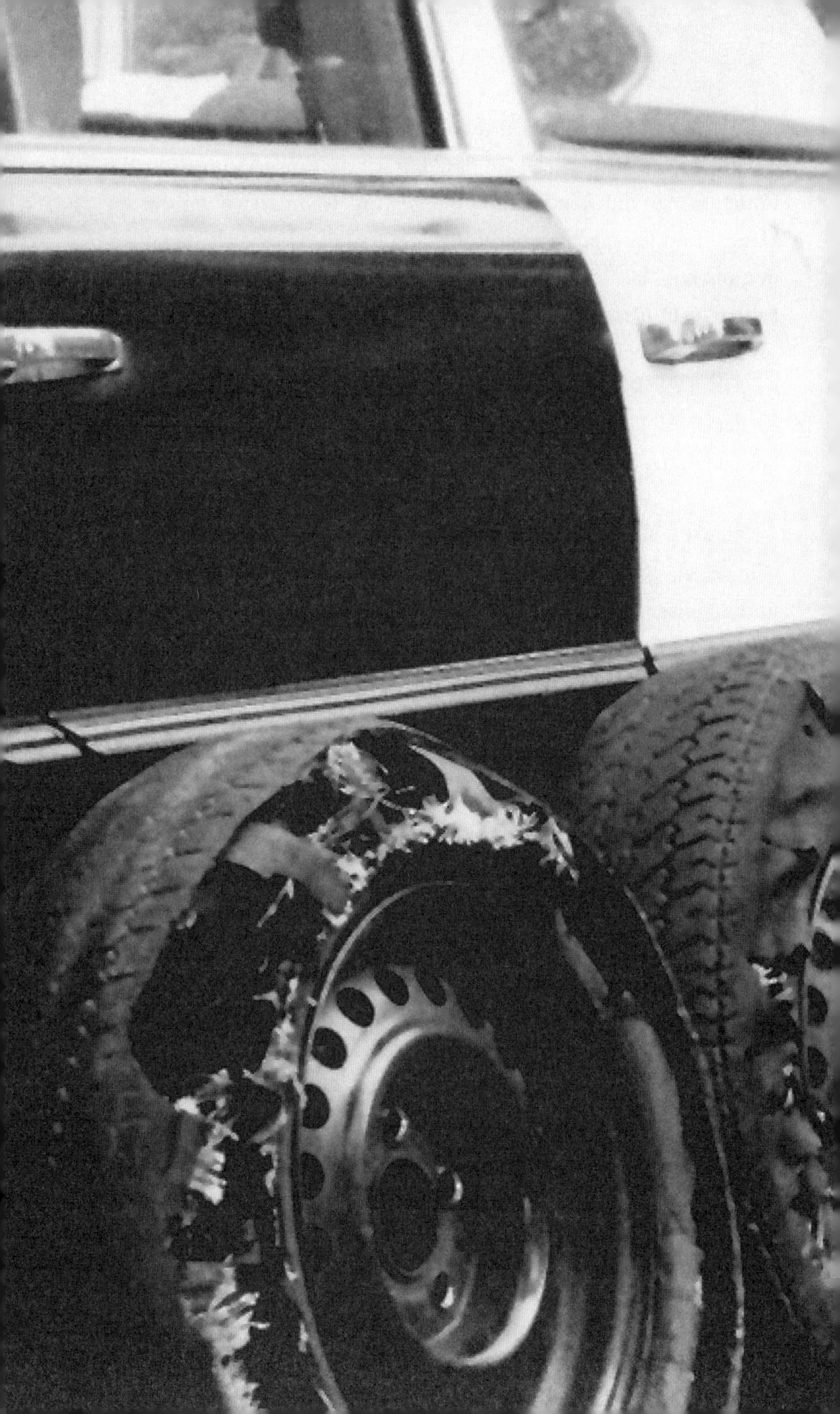

Kapitel 3
STARSKY & HUTCH VON OFFENBACH

Mein Neffe Miguel Mendez

Ich blieb und machte weiter – auf einem anderen Gebiet. Wie ich Chris seinerzeit versprochen hatte, baute ich weiter einen kleinen Kreis von Informanten im Umfeld der AIR BASE auf, der von Frankfurt bis nach Darmstadt reichte. Präsent war ich zu jener Zeit auch in der Neu-Salzer-Straße 75/77 in Offenbach. Dort bewachte ich zwei Hochhäuser und eine Tiefgarage, wobei mir mein Neffe Miguel Mendez half. Um diesen Job erledigen zu können, musste er die eine oder andere Ausbildung absolvieren, darunter ein Civil Military Training. Dies hatte Chris vorgeschlagen, der Miguel später bei der Military Police unterbringen wollte. Er wurde im Januar 1986 bei der AIR FORCE Security Police eingestellt. Miguel zählte zu meinen engeren Vertrauten, ebenso wie eine handvoll anderer Personen. Einer davon besaß eine freie Tankstelle in der Nähe meines Wohnorts in Buchschlag, 100 Meter vom Ortseingang entfernt. Am 13. August 1986 klingelte vormittags um 10.48 Uhr bei mir zu Hause das Telefon. Mein Informant war dran, seine Stimme klang aufgeregt. „Komm vorbei und bring das Fahndungsplakat des BKA mit, auf dem die Terroristen abgebildet sind. Ich bin mir hundertprozentig sicher, dass Henning Beer gerade hier war." Henning Beer war einer der Gesuchten und stand ziemlich weit oben auf der Liste. „Er kommt wieder, heute Nachmittag." „Warum?", fragte ich. „Hat vor einer Viertelstunde bei mir einen Gebrauchtwagen gekauft und 10.000 Mark angezahlt. Das Auto holt er kurz vor 16 Uhr ab." Klang ja ganz spannend, die Sache. Aber bevor ich mich in Bewegung setzen würde, wollte ich noch mehr hören. Ich fragte nach der Größe und Besonderheiten. Es stellte sich heraus, dass viele Merkmale des Käufers auf Henning Beer passten. Der Typ, der den Wagen gekauft hatte, trug eine Brille, war 1,80 Meter groß und Linkshänder (er hatte den Vertrag mit links unterschrieben), das alles traf auch auf den Gesuchten zu. Drei übereinstimmende Merkmale, das überzeugte mich. „Okay, wir sind auf dem Weg." „Wir, was heißt das?", fragte mein Informant. „Ich und Miguel." „Okay, aber keine Polizei, das verursacht nur Chaos." „Ich komme", antwortete ich und legte auf. Auf diese Weise musste ich nicht weiter am Telefon herumdiskutieren, denn eines war sicher: Die Polizei würde kommen, allerdings in Zivil. Ich würde meine Freunde vom SEK in Frankfurt-Hausen anrufen, wenn mir die Ehefrau und die Mitarbeiterin des Tankstellenpächters bestätigen würden, dass auch sie Henning Beer erkannt hätten – anhand des Fahndungsplakats.

Als Miguel und ich ankamen, warteten die drei schon auf uns, der Pächter, seine Frau und seine Mitarbeiterin, letztere Ende 20 mit hübschem braunen Haar, ein wirklich knuspriger Hase. Jedes Mal, wenn ich auf die Tankstelle kam, sah sie mich so süß an. Außerdem roch sie gut. Ich tankte schon seit etwa 2 Jahren hier – und da kannte man sich eben schon. Ich küsste ihr die Hand, das tat ich immer und sie erwiderte wie stets darauf: „Das zieht bei mir nicht, Däne." „Ich weiß, aber ich gebe nie auf. Irgendwann bist du fällig." Sie lachte. Miguel beobachtete uns amüsiert und meinte trocken: „Können wir jetzt arbeiten?" „Klar, du Spielverderber." Wir gingen ins Hinterzimmer der Tankstelle, ein schmuckloser Raum, in dem ein Tisch und drei Stühle standen. Ich breitete auf dem Tisch das Fahnungsplakat aus und ohne zu zögern deutete der Tankstellenpächter auf das Bild von Henning Beer. Kein Zweifel, das war er. Das bestätigte auch seine Frau. Ich dankte den beiden und Miguel und ich gingen gerade hinaus, als mir der Hase auf den Hintern klatschte. „Bis zum nächsten Mal", grinste sie frech. „Du hast Glück, dass wir nicht alleine sind", raunte ich meiner Beute zu. Die war nicht auf den Mund gefallen: „Heute abend bin ich alleine." Das war ja mal interessant. Jetzt aber hatten Miguel und ich es erst einmal eilig und fuhren ohne Umweg zum OSI auf die AIR BASE. Dort angekommen, rief ich von einem abhörsicheren Telefon beim SEK an. Meine beiden Freunde dort, Chefs von verschiedenen Abteilungen, waren nicht da. Super. Ich rief eine weitere Einheit an, die in Offenbach stationiert war. Wir verabredeten einen Treffpunkt am „Gateway to Europe", der Einfahrt zur RHEIN-MAIN AIR BASE und einen Zeitpunkt. Was ich nicht wusste, ich hatte mich mit Starsky und Hutch von Offenbach eingelassen. Zwei Typen, das Gegenteil von diskret und anders als meine Freunde vom SEK Frankfurt-Hausen. Das konnte ja nur schief gehen. Schon als die beiden aus ihrem Auto stiegen sagte ich zu Miguel, dass ich den roten Ford mit den weißen Streifen vermisse. Dafür hatten sie ihre Kanonen schön sichtbar dabei. Dem einen verrutschte beim Aussteigen das Sakko und die Pistole blitzte kilometerweit sichtbar am Hosenbund. Na ja, der Typ hatte bemerkt, dass ihm ein Fehler unterlaufen war, denn schnell drapierte er sein Jacket zurecht. Zu spät, denn die umstehenden, zufällig anwesenden Passanten wichen ängstlich zurück. Echter Anfängerfehler.

Die beiden Beamten blickten sich suchend um, nach uns. Ich rief einmal laut: „Hallo Starsky und Hutch, hier sind wir!" Kaum zu glauben, die beiden drehten jetzt ihre Köpfe in unsere Richtung und hatten sogar reagiert auf die Namen, was aber sicher an der Lautstärke meines

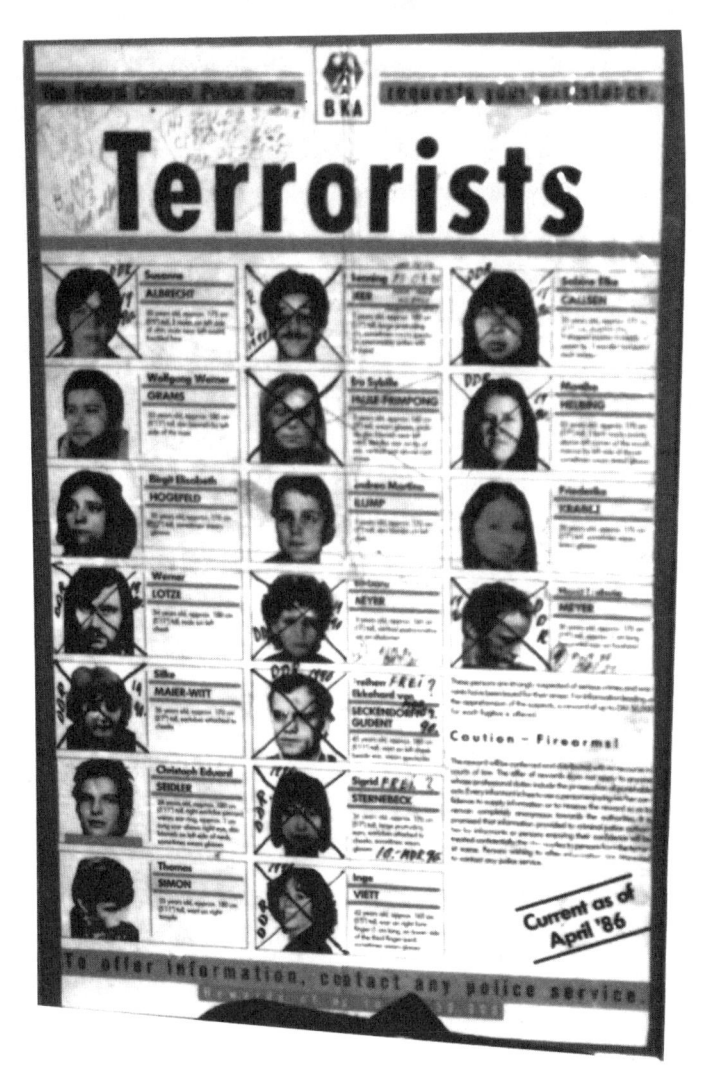

Rufens lag. Ich saß auf der Motorhaube meines 350 SE und winkte ihnen lässig zu. Miguel stand neben mir und sah cool aus, mit seinem dunklen zurückgegeltem Haar wirkte er wie ein Kolumbianer. Im Vergleich zu den beiden wirkten wir so kalt und gelassen wie Crockett und Tubbs von Miami Vice. Allerdings auf dänisch, denn Miguel war trotz seines spanischen Namens Däne wie ich. Es folgte die übliche Vorstellungsrunde. Die beiden SEKler fragten allen Ernstes, wie wir sie erkannt hätten. Das war ja nicht schwer, dachte ich, aber ich antwortete nur kurz: „Meine Herren, ich schlage vor, wir fahren nach Buchschlag und ich erzähle ihnen alles, was ich weiß und weswegen wir hier sind." Sie folgten uns artig. Während wir auf dem Weg zehn Minuten an einer Bahnschranke warten mussten, berichtete ich ihnen, was vorgefallen war. Ich erzählte ihnen allerdings aus Gründen der Vorsicht nicht, auf welcher Seite die Tankstelle lag. Nun muss man wissen, dass es in Buchschlag zwei Tankstellen gab, eine von BP und die freie Tankstelle. Ich ließ also die Frage offen, um welche Tankstelle es sich genau handelte und erklärte Starsky und Hutch, dass ich zunächst den besagten Autokäufer abchecken würde, ob es sich bei der Person auch tatsächlich um den gesuchten Terroristen handelte. Nach dem Check würde ich ihnen ein Zeichen geben und wenn dieser mit seinem Auto wegfahren würde, sollten sie ihn dann etwas entfernt von der Tankstelle stoppen und verhaften, ohne dass Unschuldige zu Schaden kommen würden. „Klar", nickte der Starsky aus Offenbach, als hätte er verstanden. Ich bat die beiden außerdem noch, dass sie keine weitere Polizei mitbringen sollten, um Probleme an der Tankstelle zu vermeiden. Ich hatte meinem Informanten ja schließlich mein Wort gegeben, dass die Verhaftung nicht auf der Tankstelle stattfinden würde und daran wollte ich mich halten. Dann ging es los. Ich zog meine Joggingklamotten an und gab mich als Läufer aus. In der Hosentasche hatte ich etwas Geld, um mir, an der Tankstelle angekommen, ein Wasser kaufen zu können. Mein Auftritt sollte unauffällig durchgeführt werden und als Jogger lag ich da goldrichtig. Als ich ankam, war auch der vermeintliche Terrorist schon da. Mit Entsetzen stellte ich allerdings fest, dass der Mann ganz sicher nicht Henning Beer war. Scheiße, ich musste die Aktion stoppen und zwar subito. Ich versuchte, Miguel vom Telefon der Tankstelle aus zu erreichen, doch es klappte nicht. Ich rannte nach Hause, wo er auf mich wartete. Doch das Unvermeidliche hatte schon stattgefunden: Starsky und Hutch waren bereits unterwegs, um die Tankstelle zu stürmen und den vermeintlichen Terroristen Henning Beer festzunehmen. Sie leisteten ganze Arbeit, obwohl sie hätten erkennen müssen, dass der Mann nicht die Zielperson war. Aber der Erfolgswillen hatte den beiden aufstiegswilligen Ninjas den Blick vernebelt, der Rest war...

Ich stand neben dem Telefon, fassungslos. Das Telefon begann erneut zu klingeln. Miguel hob den Hörer ab. Es war der Tankstellen-Hase, der aufgeregt berichtete, was passiert war. Der Tankstellenpächter ließ mir ausrichten, dass ich mich nicht mehr blicken lassen sollte. So, nun musste ich also auf BP ausweichen, das war ja noch nicht weiter schlimm. Schlimmer war, dass Starsky und Hutch mit gezogenen Waffen in das Tankstellenhäuschen gerannt waren und dabei eine ältere Dame so erschreckt hatten, dass diese mit dem Rettungswagen ins Krankenhaus gebracht werden musste. Einer von mehreren Kollateralschäden, wie sich herausstellen sollte. Ein weiterer war: Der arme Typ, der Henning Beer sein sollte, aber nicht war, wurde von Starsky und Hutch festgenommen und überprüft. Der Arbeitgeber des unschuldigen Autokäufers hat ihm daraufhin sofort den Job gekündigt. Vor meinen Augen baute sich im Geiste ein Trümmerhaufen auf. Ich war so mitgenommen, dass ich der verspannten Tankstellen-Verkäuferin sogar versprach, ihr abends eine Massage zu verpassen inklusive Akkupunktur. Ach was rede ich, Akkupressur wäre passender. Mein Gott, die war doch gar nicht mein Kaliber, Ende 20 und schon so fordernd. Stopp, schrie etwas in mir. Doch bevor ich mich artikulieren konnte, hörte ich: „... bin um kurz nach 22 Uhr bei dir. Klick" Da hatte sie auch schon den Hörer aufgelegt. Ich sah auf die Uhr, in drei Stunden würde sie in mein Zimmer kommen und das würde Lust pur bedeuten. Ich musste Miguel loswerden, was leicht war, denn er wollte sowieso nach Hause. Ich ging ins Bad und ließ Wasser in die Wanne. Dann holte ich mir ein Buch, Kaffee und eine Flasche Sekt, zündete Kerzen an. Wie immer war meine gelbe Quietscheente bei

mir. Ich sank ins Wasser. Was für ein beschissener Tag! Während ich im Wasser vor mich hin sinnierte, öffnete sich die Tür zum Badezimmer und der Tankstellenhase schlich herein. Sie trug ein sehr kurzes, verheißungsvolles Kleid, und stand einfach nur da. Sah mich an. Wie immer hatte sie einen aufreizend frechen Ausdruck in ihren haselnussbraunen Augen. Mann, war die Frau sexy und das genau war ihr Fehler. Denn ehe sie sich versah, hatte ich sie gepackt und zog sie zu mir in die Wanne. Samt Kleid. Sie war überrascht, aber protestierte kein bisschen. Ich platzierte sie mit dem Rücken zu mir, sodass ich ihr selbigen massieren konnte. Meine Hände glitten über ihre Brüste. Sie trug keinen BH. Mit einem Ruck riss ich ihr Kleid auf, sodass sie bis auf ein durchsichtiges Höschen nackt war. Ich packte sie am Nacken und bog ihren Kopf zurück. Dann öffnete ich ihren Mund und schüttete ihr den Sekt hinein, aber sie konnte nicht so schnell trinken. Perlender Sekt tropfte auf ihre süßen Brüste, ein Anblick zum verrückt werden. Ihr Körper war fest und durchtrainiert. Ich riss mich los und stand auf. War sie es nicht, die mir immer gesagt hatte, sie könnte jeden Mann haben, den sie wollte. Sie hatte recht, aber ich war eben nicht jeder Mann. Jetzt war sie irritiert. Ich genoss ihren verdutzten Gesichtsausdruck. Sie stand auf. „Trockne mich bitte ab", bat sie. Das tat ich nur zu gerne, doch zuvor musste ich sie ganz entkleiden. Während ich das tat, redete ich mir ein, dass ich ganz cool wäre. So cool, dass selbst ein Vulkan in meiner Gegenwart gefrieren würde. Das war nicht leicht, in einem warmen Bad, mit einer weichen, anschmiegsamen Frau und so wurde ich doch noch weich bis zum nächsten Morgen. Als ich beim Frühstück saß, musste ich mir eingestehen, dass der vergangene Tag zwar beschissen begonnen hatte, aber am Ende doch noch ganz passabel verlaufen war.

Ich machte mich wieder auf den Weg zur RHEIN-MAIN AIR BASE. Auf der Fahrt dorthin unternahm ich eine Zeitreise durch die Geschichte dieses denkwürdigen Ortes, an dem so vieles passiert war, was größtenteils durch das Weltgeschehen initiiert wurde. Die RHEIN-MAIN AIR BASE spielte seit ihrer Einrichtung im Jahr 1948 eine international bedeutende Rolle, angefangen bei der Blockade durch die Sowjets, die Berlin vom Rest der Welt abgeschnitten hatten. Dort in der Hauptstadt hungerten die Menschen – und ohne den Einsatz der Amerikaner hätten sie keine Chance gehabt, durchzuhalten und den Sowjets Paroli zu bieten. Allein durch die US-Luftwaffe wurden von hier aus zwei Drittel der 2,3 Millionen Tonnen Versorgungsgüter nach Berlin geschafft. Ich denke, es ist zutreffend, wenn ich sage, dass die Luftbrücke in den Zeiten des Kalten Kriegs fortwährend funktioniert hat.

Doch es gab immer wieder Unterbrechungen der Routine. Im Jahr 1983 ereignete sich auf der RHEIN-MAIN AIR BASE ein tragisches Unglück während einer Flugschau der AIR FORCE. In 200 Meter Höhe geriet ein kanadischer Starfighter in schwere Motorprobleme und dem Piloten blieb letzten Endes nichts anderes übrig, als das Flugzeug über den Schleudersitz zu verlassen. Unglücklicherweise stürzten in der Folge Teile der brennenden Maschine auf die Bundesstraße, die am Frankfurter Waldstadion vorbeiführt. Dabei wurde das Auto einer vorbeifahrenden Pastorenfamilie getroffen und alle Insassen verbrannten. Zwei Jahre später – es war im Jahre 1985 – fand die feierliche Einweihung des Luftbrückendenkmals statt. Es befindet sich am Rande der AIR BASE und ist von der A5 aus gut sichtbar. Ein Pendant dazu befindet sich übrigens in Berlin. Doch auch andere planten, sich ein entsprechendes Denkmal zu setzen und nahmen die Einrichtung zu dieser Zeit ins Visier. Ich spreche von den Terroristen der RAF und ihrem zweiten Anschlag. Innerhalb der RAF war man der Auffassung, dass die Amerikaner ihren Kampf gegen den internationalen Terrorismus nutzen würden, um imperialistische Machtinteressen durchsetzen zu können. Die RHEIN-MAIN AIR BASE als Drehscheibe für Einsätze der AIR FORCE in Richtung Mittelmeer und Nahen Osten war das gefundene Fressen für die selbsternannten Kämpfer, die vor nichts und niemandem Halt machten. Bei ihrem zweiten Anschlag ging die RAF weitaus brutaler vor, als beim ersten Mal. In der Nacht zum 8. August 1985 wurde zunächst ein amerikanischer Soldat, sein Name war Edward Pimental, Opfer des Terrors. In einer Wiesbadener Diskothek wurde er mutmaßlich von Birgit Hogefeld umgarnt und später mit der Aussicht auf ein Liebesabenteuer in ein Waldstück gelockt. Dort erledigten die Täter den Mann mit einem Schuss in den Hinterkopf. Es ist mir nicht bekannt, wie viele Leute der RAF beteiligt waren, doch sie entwendeten im Anschluss an den Mord die Identification Card (US-ID Card) Pimentals – und gelangten mit dieser unentdeckt auf die RHEIN-MAIN AIR

BASE, wobei sie einen mit Sprengstoff präparierten VW-Passat durch die Kontrollen schleusten und ihn auf einem Parkplatz auf dem Gelände des Flughafens abstellten. Das präparierte Fahrzeug detonierte morgens, kurz nach 7 Uhr, als viele der Bediensteten der RHEIN-MAIN AIR BASE auf dem Weg zur Arbeit waren. Diesmal gab es einige Opfer: Die Autobombe tötete den zwanzigjährigen US-Soldaten Frank H. Scarton und eine Zivilangestellte namens Becky Jo Bristol, die sich in der Nähe des Wagens befunden hatten. Elf weitere Menschen wurden zum Teil schwer verletzt. Den entstandenen Sachschaden bezifferte man auf eine Million DM. Bereits einen Tag später, es war der 9. August 1985, gingen bei zwei Presseagenturen sowie der linksliberalen Frankfurter Rundschau Bekennerschreiben mit den Emblemen der RAF und Action Directe ein. In diesen Pamphleten bekannte sich das „Kommando George Jackson" zum Anschlag der vergangenen Nacht. Die ganze Welt horchte auf. Weitere vier Tage später wurde der Nachrichtenagentur Reuters in Frankfurt am Main eine Durchschrift des Bekennerschreibens sowie die US-ID Card Pimentals zugestellt. Es schien, als wäre die RAF versessen darauf, sich als Monopolist in Sachen Terror zu positionieren. Doch den Terroristen in Deutschland blieb nicht mehr viel Zeit zur Profilierung, denn größere Krisenherde von internationalem Interesse und die Lage in der Golfregion lenkten wieder die Weltaufmerksamkeit auf sich.

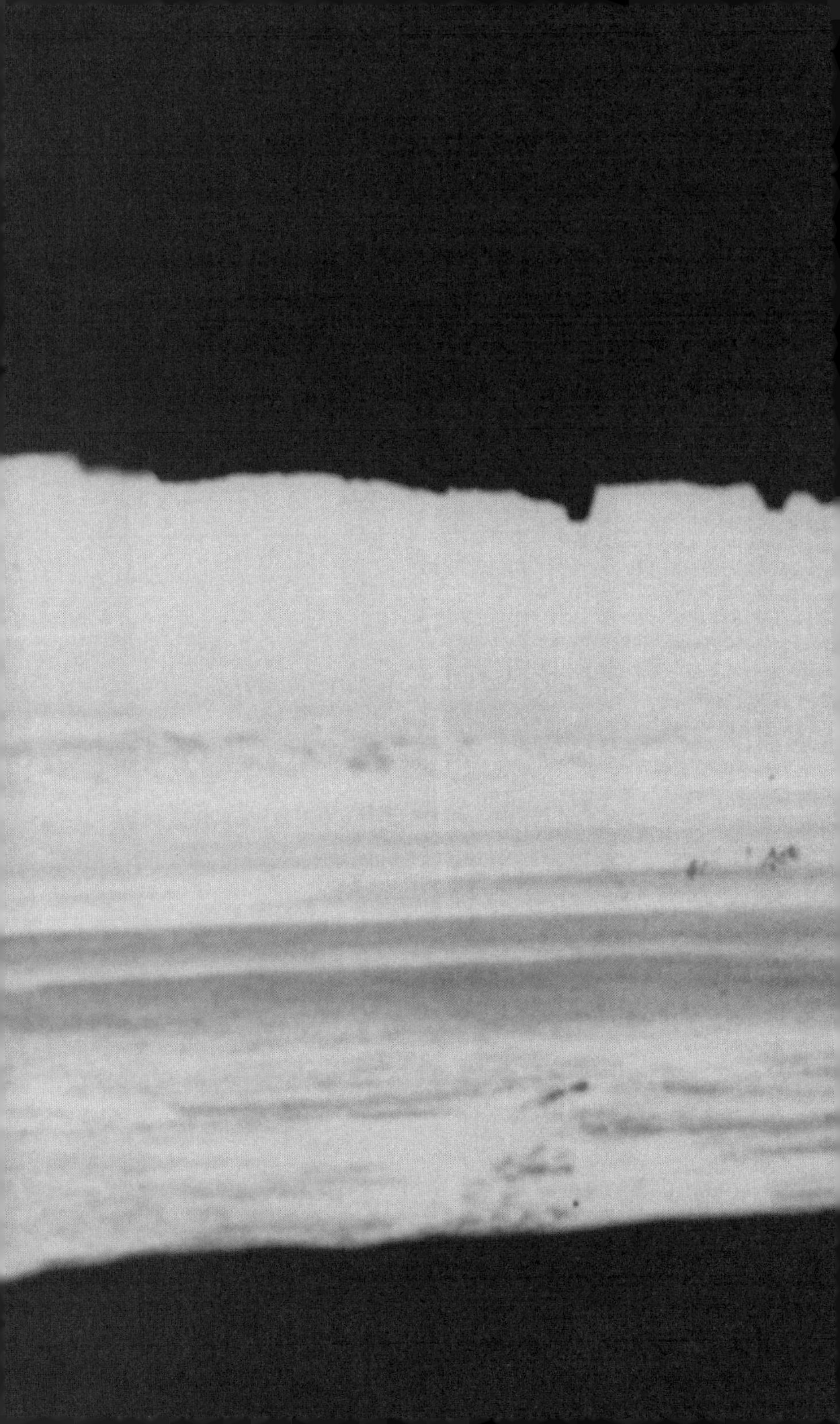

Kapitel 4
DER ERSTE GOLFKRIEG

Der Erste Golfkrieg in den Jahren 1980 bis 1988 war in vollem Gange und die bewaffnete Auseinandersetzung zwischen dem Iran und dem Irak wäre beinahe in einem Ost-West-Konflikt geendet. Am 22. September 1980 marschierten irakische Truppen über die Grenze, den Schatt Al Arab, in den Iran ein – und der Iran war von der Invasion wohl genauso überrascht wie die restliche Welt. Man kann sagen, dass der irakische Diktator Saddam Hussein im Grunde die Unruhen der islamischen Revolution nutzte, um ein von ihm seit langem angestrebtes Territorium zu erobern. Doch es waren nicht nur territoriale Aspekte, die Hussein zu Beginn der achtziger Jahre motivierten, sondern auch nationale, religiöse, ethnische und ideologische Differenzen mit dem Nachbarland. Durch den Überraschungseffekt feierten die Iraker anfangs erste Kriegserfolge und waren überzeugt, dass es ein schnelles Kriegsende zu ihren Gunsten geben würde – doch die anfängliche Euphorie war bald verflogen, da der Iran kein einfacher Gegner war. Und so zog sich der Krieg bis in das Jahr 1988.

Man muss wissen, dass im Gebiet des Schatt Al Arab die beiden Flüsse Euphrat und Tigris zusammenfließen und genau an dieser Stelle verläuft auch die Grenze zwischen dem Irak und dem Iran. Streng genommen lag die Grenze bis zum Jahre 1975 auf der Seite des iranischen Ufers, was zur Folge hatte, dass der untere Teil des Schatt Al Arab vor dem Übergang in den Persischen Golf zum Irak gehörte. Deshalb konnte der wichtigste iranische Hafen Abadan beispielsweise nur über eine vom Irak beherrschte Wasserstrasse erreicht werden. Dies konnte für den Iran langfristig keine zufriedenstellende Lösung sein. Anfang der siebziger Jahre forderte die Regierung des Irans unter Androhung eines Krieges die Verlängerung der Grenze in die Flussmitte. Bei dieser Forderung wurde der Iran von den Amerikanern unterstützt – und unter dem Druck des Westens und des Irans musste der Irak zu dieser Zeit klein beigeben. Durch den Vertrag von Algier wurde der neue Grenzverlauf festgelegt. Zwar hatte man die

Nichteinmischung der beiden Länder in die inneren Angelegenheiten des jeweiligen anderen Staates vereinbart, doch die unterschiedlichen Auffassungen der Staatsoberhäupter Ayatollah Khomeini und Saddam Hussein waren purer Sprengstoff. Vielleicht sollte ich sagen, sie waren der „Sand im Getriebe". Hussein war ein Sunnit, Khomeini ein strenggläubiger Shiit, der vom Westen keine große Meinung hatte. Hussein strebte die Gleichstellung von Frau und Mann an, was Khomeini ein Dorn im Auge war. Zudem war Hussein für die strikte Trennung von Staat und Religion, was Khomeini als religiöser Führer natürlich ablehnte.

Es gab aber noch einen weiteren wichtigen Faktor und zugleich Kriegstreiber in der Golfregion: Das Erdöl. Wirtschaftlich war das „schwarze Gold" für Hussein das Ziel und darüber hinaus der Garant für die Sicherung des Wohlstands und der Macht am Persischen Golf. Und so erwies sich der Waffenstillstand in der Region als von kurzer Dauer – doch beim zweiten Golfkrieg lieferte nicht der Iran, sondern Kuwait den Zündstoff. Dem Irak war die Unabhängigkeit Kuwaits schon immer ein Dorn im Auge, aber bis zum Jahre 1990 ergriff der Irak keine Maßnahmen, um den faktischen Status eines unabhängigen Kuwaits in Frage zu stellen. Leider wurde die Grenze zwischen dem Irak und Kuwait nie eindeutig genug festgelegt. Seit der Entstehung Kuwaits schwelten deshalb Grenzstreitigkeiten zwischen beiden Ländern. Um die Lage im Griff zu halten, wurde eine „neutrale Zone" ausgerufen, die allerdings nur auf der Landkarte existierte.

Nach dem ersten Golfkrieg war der Irak bei einigen arabischen Ländern stark verschuldet und stand unter anderem mit einem Kredit von 80 Milliarden US-Dollar bei den Kuwaitis in der Kreide. Hussein hoffte, durch eine Senkung der Ölförderquote eine internationale Steigerung des Ölpreises zu erzielen, um die Schulden begleichen zu können. Doch er hatte seine Rechnung ohne den Wirt gemacht. Denn im Gegenzug

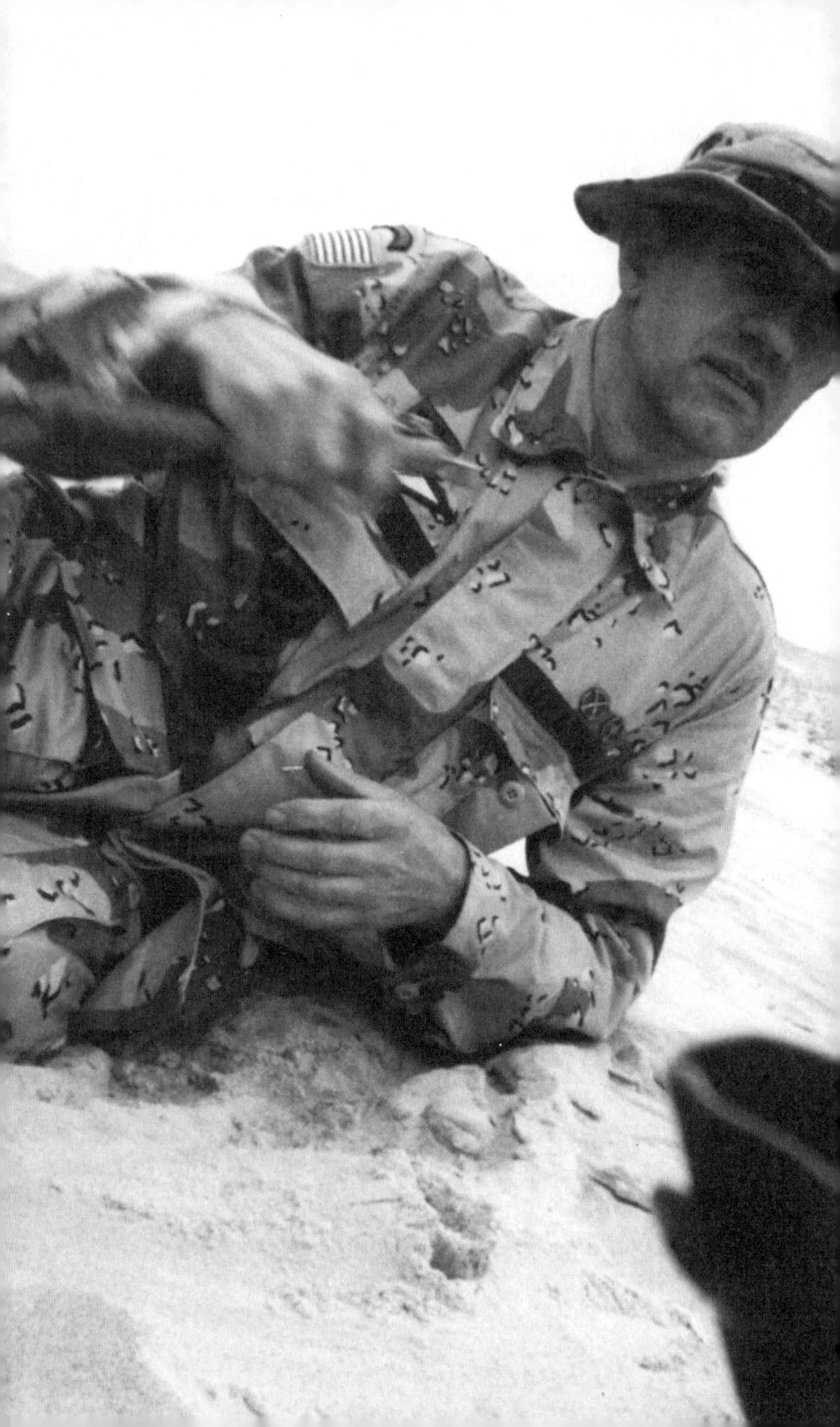

erhöhten die Kuwaitis ihre Förderquoten und sorgten so für eine Senkung der Ölpreise in Erwartung einer Gelegenheit, die Grenzstreitigkeiten zu ihren eigenen Gunsten zu lösen.

Das wiederum löste im Irak Proteste aus: Im Juli des Jahres 1990 warf die Führung Kuwait und den Vereinigten Arabischen Emiraten vor, Vorteile aus dem Iran-Irak-Krieg gezogen zu haben, etwa durch Ölbohrungen im Ölfeld Rumailah oder den Bau militärischer Posten auf irakischem Boden. Desweiteren war die Rede davon, dass der Irak der „arabischen Sache" gedient habe, indem er wie ein Puffer gegen den Iran wirkte. Immer lauter wurden deshalb die Forderungen, dass insbesondere Kuwait und Saudi-Arabien die Kriegsschulden des Iraks annullieren oder zumindest teilweise erlassen müssten. Die Saudis und Kuwaitis reagierten ablehnend, was das Fass zum Überlaufen brachte.

Der Irak konnte sich auf eine Unterstützung seines Anliegens aus der westlichen Welt verlassen: Schon während des ersten Golfkriegs hatten zwischen dem Irak, Europa und den USA gute Beziehungen existiert, die nun genutzt wurden. Hier waren es vor allem Länder wie Frankreich und Deutschland, die dem Irak ihre militärische Unterstützung andienten, indem sie ihm Flugzeuge und Spezialwaffen sowie kritische Technologien (Chemie- und Atomanlagen) lieferten – möglicherweise motiviert durch die Angst vor einem steigenden sowjetischen Einfluss, vorrangig aber aus der Befürchtung heraus, dass sich die islamische Revolution im Iran auf die Arabische Halbinsel ausweiten könnte.

Waffenlieferungen erhielt der Irak aber auch von den Chinesen und den Sowjets. Die Vereinigten Staaten belieferten den Irak außerdem mit Aufklärungsdaten über iranische Stellungen und zusätzlich mit Biowaffen. Die Welt gab sich ein Stelldichein bei der Erweiterung des irakischen Waffenarsenals, wenn man den Beobachtern Glauben schenkt. Auch

Polen, die damalige Tschechoslowakei, Ägypten, Brasilien, Dänemark, Österreich und weitere Staaten karrten Kriegsmaterial in den Irak. Die arabischen Nachbarstaaten leisteten darüber hinaus wirtschaftliche Hilfestellung.

Sadams Armee bestand im Detail betrachtet aus insgesamt 975.000 Soldaten, aufgeteilt in 7 Armeecorps und 7 Panzerdivisionen, 40 Infanterie-Divisionen. In weiteren 6 Divisionen der republikanischen Garde waren Soldaten zusammengefasst, die eine Spezialausbildung genossen hatten.

Die Artillerie umfasste 3.000 gezogene Kanonen, 500 Einheiten selbstfahrende Artillerie, 400 Raketenwerfer und 11.000 Raketen. Unter letzteren befanden sich 60 Frog 7 und 40 Schubraketen mit einer Reichweite von 70 bis 950 Kilometern, 4.100 Luftabwehrraketen und 575 Fernlenkwaffen. Die Raketen an sich waren bereits ein wahrlich mörderisches Portfolio. Doch auch die Marine war gut ausgerüstet. 4.800 Mann waren stationiert in Bassa und TummQuasr. In der Luftwaffe verfügte der Diktator über 38.000 Mann und 590 Kampfflugzeuge.

Bei Mosul im Nordirak wurde in den Bereichen militärische Nukleartechnik und militärische Raketentechnik geforscht, ebenso in der Stadt Arbil. In Samana war die Chemiewaffen-Forschung angesiedelt, ebenso wie in Falludscha, wo man zudem Untersuchungen im Bereich bakteriologische Waffen durchführte. Die verschiedenen Chemie-Anlagen hatten folgende Bezeichnungen: AHMED, ANI, MOHAMED, IESA, MEDA, GHASI.

An keinem der Orte wurden Pestizide hergestellt, anders als in den offiziellen Papieren deklariert war. Eingebunden in das Geschehen war zu diesem Zeitpunkt übrigens eine deutsche Firma aus Dreieich-Buchschlag, die Karl Kolb GmbH & Co KG. Sie lag ungefähr 4 Kilometer von der RHEIN-MAIN AIR BASE entfernt und war auf die Ausstattung von Laboratorien zur Herstellung von Nervengas spezialisiert. Bei der Tochtergesellschaft Pilot Plan wurde die Ausstattung von 6 Fabriken für den Standort Samana bestellt – wie erwähnt, angeblich zur Herstellung von Pestiziden. Der sogenannte Giftgas-Skandal war somit auch ein deutsches Problem, denn in den genannten irakischen Chemieanlagen war es durchaus möglich, Tabun und Sarin herzustellen. Beim Einatmen dieser Gase (sie wurden im Jahr 1937 von Chemikern der IG Farben entwickelt) verliert ein Mensch die Kontrolle über die gesamte Muskulatur. Krämpfe, Zuckungen und spontane Darm- und Blasenentleerung sind die Folge, bis hin zu einem qualvollen Erstickungstod.

Weiterhin war es in den Chemiefabriken gesicherten Erkenntnissen zu Folge möglich, hochkonzentrierte Blausäure herzustellen. Der US-Geheimdienst hatte die Regierung in Bonn gewarnt, doch hierauf erfolgte keine Reaktion. Eigentlich hätte der BND der CIA mitteilen müssen, dass die hochkonzentrierte Blausäure die Filter in den Gasmasken zerstören konnte, was den Tod der alliierten Soldaten verursacht hätte – die Information wurde nicht weitergegeben. Das wiederum führte zu einer diplomatischen Kälte zwischen den USA und Deutschland.

Auch das OSI nahm die Firma Karl Kolb und deren Tochtergesellschaft unter die Lupe und ich war mit von der Partie. Mein Auftrag bestand zu dieser Zeit darin, Personen und Fahrzeugbewegungen zu observieren. Die Informationen leitete ich an ein Postfach in Buchschlag weiter. Auch ich hatte dort ein Postfach, ich erinnere mich noch genau an die Nummer, sie lautete damals 301227. Damit es nicht auffiel, wurden ständig irgendwelche Briefe an das Postfach gesendet. Diese wurden nur punktmäßig zugeklebt und nie auf herkömmlichem Wege geöffnet. Geöffnet wurden diese Sendungen mit Wasserdampf, der Inhalt wurde entnommen, ersetzt, ordentlich zugeklebt und dann zurückgesandt. Allerdings wurden die Briefe dazu nicht in einen offiziellen Briefkasten geworfen, sondern in eine Klappe für fehlgeleitete Postsendungen. Bei einer falsch eingeworfenen Sendung muss die Postfachnummer stimmen, der Name aber nicht. Wenn die Sendung wieder auftaucht, wird die alte Nummer überschrieben und die neue Postfachnummer und der Name eingetragen, so dass die Daten mit der neuen Postfachnummer übereinstimmen. Diese Vorgehensweise sorgt dafür, dass die Briefe weder von Postbeamten, noch vom Geheimdienst kontrolliert werden können. Kein toter Briefkasten, der die Gefahr von Entdeckung birgt, sondern ein gesteuerter Informationskreislauf. So einfach geht das, die Methode habe ich entwickelt, um eine fast hundertprozentig sichere Nachrichtenübergabe zu gewährleisten. Meine Informationen jedenfalls kamen immer an.

Unterdessen spitzte sich die Lage im Krisengebiet weiter zu. Zwar wurde immer wieder verhandelt, doch am 31. Juli 1990 war der Karren buchstäblich festgefahren. In der Folge ließ der Irak seine Streitkräfte an den Grenzen Kuwaits aufmarschieren. Husseins Ziel war die Besetzung Kuwaits, dessen Annexion für den Irak nicht nur neue Ölvorkommen, sondern auch einen erheblichen Gewinn an Küste bedeutete. Trotz seiner geringen Fläche verfügt Kuwait über fast 500 Kilometer Küstenlinie, im Vergleich dazu besaß der Irak nur 58 Kilometer. Der Irak war somit gegenüber anderen Golfanrainern deutlich im Nachteil. Durch die Besetzung Kuwaits hätte sich die Küstenlinie auf einen Schlag verzehnfacht, von den zusätzlichen Häfen ganz zu schweigen.

Am 2. August 1990 setzte der Irak zum Schlag an und ließ Panzertruppen und Infanterie in Kuwait einmarschieren. Dort eroberten die Invasoren die wichtigsten strategischen Einrichtungen des Landes – unter anderem den Palast des Emirs. Der Scheich floh mit seiner Familie nach Saudi-Arabien. Die Irakis plünderten unterdessen medizinische Versorgungseinrichtungen und bemächtigten sich der Medien. Westliche Touristen, die sich zu dieser Zeit in Kuwait aufhielten, wurden als Geiseln genommen. Später würde Hussein versuchen, diese als „Verhandlungsmasse" einzusetzen.

Der Einmarsch in Kuwait sorgte weltweit für Empörung und wurde scharf verurteilt. Binnen weniger Stunden nach der Invasion verabschiedete der UN-Sicherheitsrat die Resolution 660. Sie verurteilte die Invasion und forderte den sofortigen Rückzug der irakischen Truppen. Einige Tage später verabschiedete der Sicherheitsrat die Resolution 661 und verhängte Wirtschaftssanktionen gegen den Irak – und das damit einhergehende Wirtschafts- und Finanzembargo brachte den irakischen Rohölexport zum Erliegen.

Am 8. August – nur 6 Tage nach dem Einmarsch – ordnete US-Präsident George H. W. Bush eine „defensive" Militäraktion an. Die Operation Desert Shield (Wüstenschild) sollte in erster Linie den Irak am Eindringen nach Saudi-Arabien hindern. Zu diesem Zeitpunkt lagen dem amerikanischen Verteidigungsministerium Satellitenfotos deutlicher Truppenkonzentrationen auf kuwaitischem Boden entlang der Saudischen Grenze vor. Die USA fürchteten einen weiteren Übergriff, doch sie hatten vorgesorgt: Zwei Flugzeugträger, die USS Eisenhower und USS Independence waren zu diesem Zeitpunkt bereits in der Region in Stellung gebracht worden. Doch nicht die USA allein, sondern die Vereinigten Nationen bildeten das Militärbündnis gegen den Irak. Afghanistan, Argentinien, Australien, Ägypten, Bahrain, Bangladesch, Dänemark, Frankreich, Griechenland, Großbritannien, Honduras, Italien, Kanada, Katar, Kuwait, Marokko, Niederlande, Niger, Norwegen, Oman, Pakistan, Polen, Portugal, Saudi-Arabien, Senegal, Südkorea, Spanien, Syrien, Tschechoslowakei, Türkei, Ungarn, die Vereinigten

Arabischen Emirate und die Vereinigten Staaten entsandten insgesamt 660.000 Soldaten ins Krisengebiet, wobei fast Dreiviertel davon aus den USA stammten. Deutschland und Japan leisteten im Gegenzug erhebliche finanzielle Beiträge und lieferten militärisches Material.

Die Entsendung der US-Soldaten erfolgte im Rahmen der Operation Desert Storm (Wüstensturm) im September 1990 – von der RHEIN-MAIN AIR BASE aus. Und genau das war der Zeitpunkt, an dem ich mit einer neuen Spezialaufgabe betraut wurde.

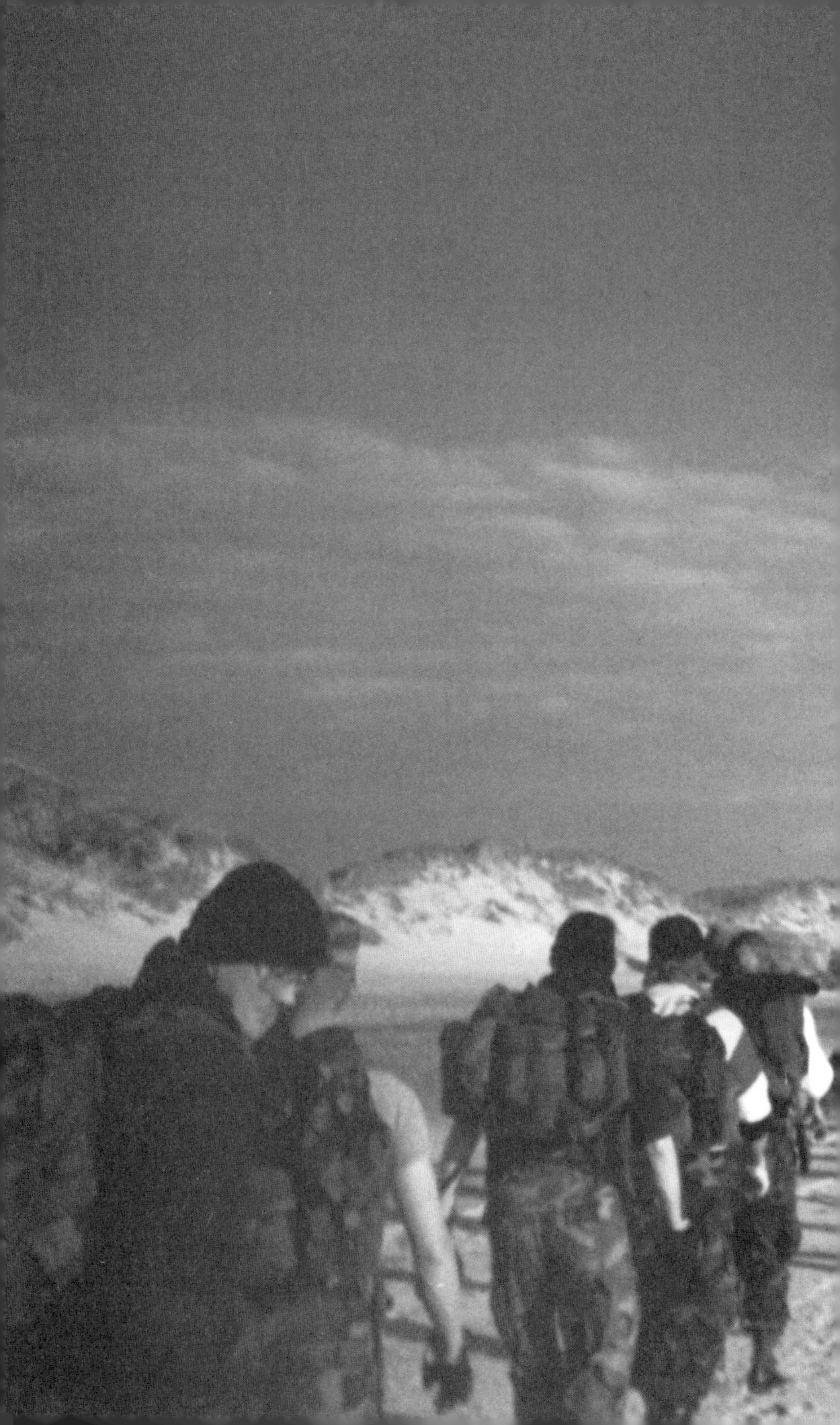

Kapitel 5
HUNDERT KILOMETER

September 1990 Als Soldat musst du leidensfähig sein. Das hatte ich schon während meiner Ausbildung am eigenen Leib gespürt. Wie willst du etwas Besonderes leisten, wenn du bei jeder Kleinigkeit die Hosen voll hast? Jedenfalls formierte sich auf der RHEIN-MAIN AIR BASE eine neue, kleine Eliteeinheit. Sie bestand aus Männern, die nachweislich harte Typen waren und viel aushalten konnten. Es handelte sich um Mitglieder der US ARMY, der US AIR FORCE und der US NAVY. Dazu gesellte sich ein Däne, der beim JägerKorpset in Dänemark gedient hatte, also ich selbst. Das war meine Stammeinheit, nachdem ich mich beim FrömandsKorpset als Kampfschwimmer ausbilden hatte lassen. Beide Einheiten sind das, was man eine Eliteeinheit nennt. Diese werden weltweit eingesetzt und übernehmen Aufgaben bei der militärischen Aufklärung, im Kampf gegen den Terror, sichern Bohranlagen, befreien Geiseln und haben sich im direkten Kampfeinsatz bewährt. Der Eignungstest für die Aufnahme im FrömandsKorpset ist knochenhart – und vergleichbar mit dem bei den Navy Seals. Diejenigen, die den Test bestehen, laufen 2,8 Kilometer in 12 Minuten, absolvieren einen 70 Kilometermarsch mit 10 Kilo Gepäck und schwimmen 300 Meter in weniger als 8 Minuten. Weitere Schwerpunkte der Ausbildung sind – neben einer absoluten körperlichen Fittness – Orientierung und Navigation in fremder Umgebung.

Die kleine Truppe jedenfalls war eine Spezialeinheit, die sich Desert Dogs Cross Force nannte. Die Mitglieder stammten aus verschiedenen Einheiten, beispielsweise den Special Forces, Combat Controllern, der Delta Force, der Seal Force und der Cross Force. Der Vorteil jedes Einzelnen bestand darin, dass sie durch den Austausch die gleiche Ausbildung hatten. Was die Soldaten zu diesem Zeitpunkt aber noch nicht wussten war, dass sie ab dem Zeitpunkt des Zusammentreffens (es war Donnerstagabend 19 Uhr) bis Montag um 7 Uhr keinen, beziehungsweise wenig Schlaf und kaum zu Essen bekommen würden. Beim Zusammentreffen jedenfalls zollten mir die Soldaten spürbaren Respekt – wegen meines Alters und wegen meiner Erfahrung. Ich merkte es daran, dass sie mich Sir nannten. Die Anrede mit Sir gilt in der „Militärfamilie" international als Ausdruck dafür. Viele Kinder in echten Militärfamilien nennen übrigens ihren Vater Sir. Ich habe das für mich persönlich so ausgelegt, dass die Einheit nun eine kleine Familie war und ich war der Vater. Ich fand den Gedanken lustig, als ich mit den Jungs beisammen

„Guten Morgen Soldiers, gut geschlafen? „Schlaffe Muskeln, müde?"
„Yes, Sir!" „Sehr gut, dann geht es euch nicht besser als mir!"

stand – allerdings dachte ich bei mir, dass mir nun in den nächsten Tagen für gewisse Übungen die Mutter fehlen würde. Na ja, vielleicht würden meine Kinder die Mutter ja später in Kuwait treffen, sozusagen ersatzweise für die Schläge. Ich grinste vor mich hin. Wobei ich jetzt nicht so verstanden werden möchte, dass Mütter ihre Kinder schlagen sollten – ich bin absolut gegen Gewalt in der Familie.

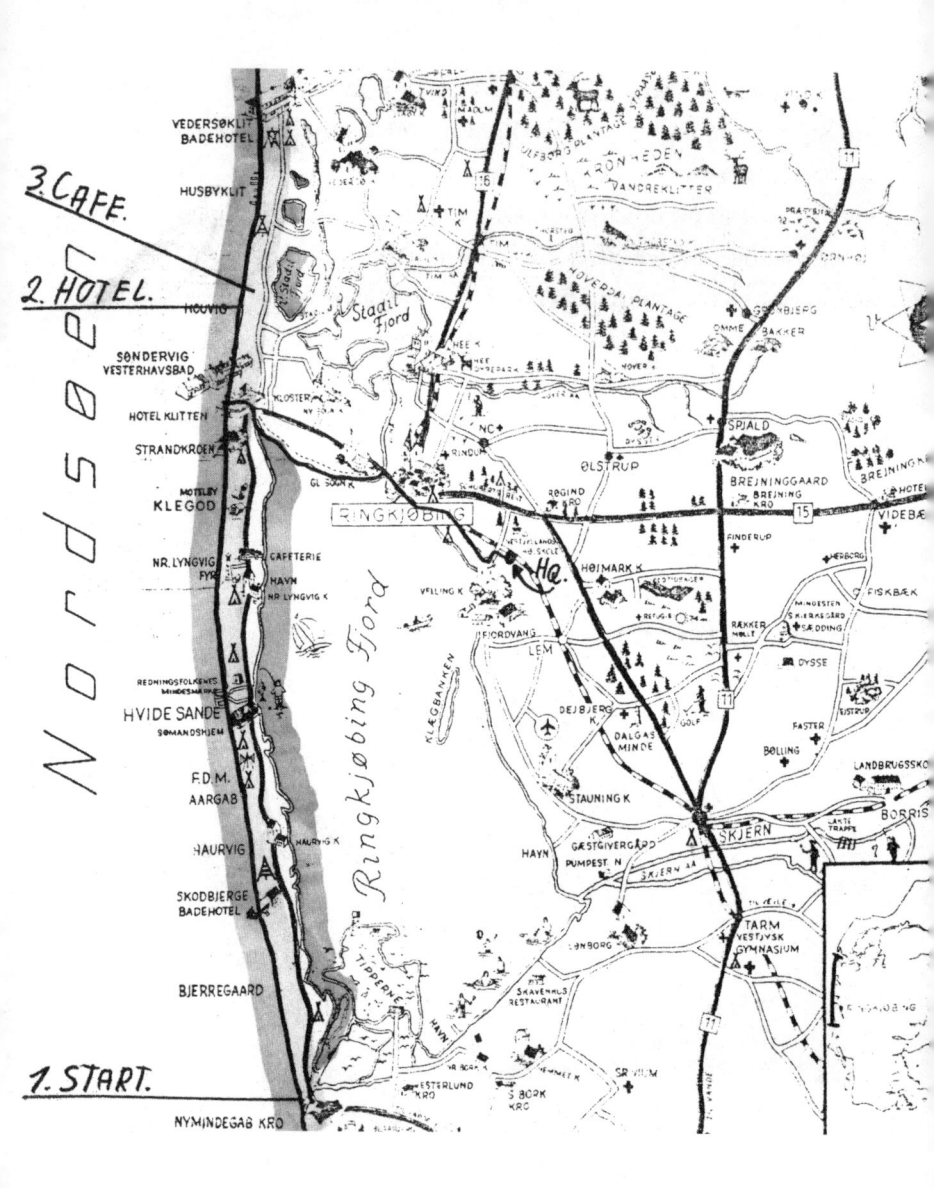

Ich blickte in die Runde und die Gesichter der mir Anvertrauten, die noch nicht wussten, was sie als nächstes erwartete. Meine Aufgabe bestand jetzt darin, ihnen zu verklickern, dass uns ein psychologischer 100 Kilometermarsch bevorstand, von jetzt auf gleich. Nun wussten sie also Bescheid. „100 Kilometer – und jetzt zu den Regeln", fuhr ich fort. Die Regeln waren das eigentlich Harte an der Sache: Kein Schlaf. Wer einschläft, wird einmal gewarnt, beim nächsten Mal fliegt er raus. Essen würde es in den nächsten Tagen genau zweimal geben – zum ersten Mal in meinem Haus in Norddeutschland, von wo aus wir starten würden. Ich erklärte den Männern die Route und den Ablauf. Ca. um 4 Uhr morgens – je nach Autobahnverkehr – würden wir also an unserem ersten Stopp ankommen. Dort würden wir frühstücken – nachdem wir bereits ca. 650 Kilometer in einem Bus hinter uns gebracht hätten. Der Bussfahrer würde nicht am Marsch teilnehmen, dies hatte ich aus Gründen der Verkehrsicherheit beschlossen. Schließlich hatte ich das Kommando übernommen, was bedeutete, dass ich verantwortlich für die Sicherheit aller Beteiligten war.

Nachdem wir die RHEIN-MAIN AIR BASE verlassen hatten, war die Stimmung relaxed, die Soldaten rauchten im Bus, was das Zeug hielt und vor lauter Nebel sah man kaum mehr die Hand vor Augen. Ihr werdet euch noch wundern, dachte ich. Euch wird die Brise der nächsten Tage gut bekommen, ihr werdet vollkommen ausgelüftet zurückkehren. Wir aßen während einer Pinkelpause bei McDonald´s. Im Gegensatz zum Rauchen war Alkohol verboten – und nicht einer der Männer unternahm auch nur den leisesten Versuch während der Fahrt zu schlafen. Soldaten in Eliteeinheiten sind Profis und keine Weicheier.

Als wir in meinem Haus in Norddeutschland ankamen, hatte meine Frau ein deftiges Frühstück für alle zubereitet. Eine kurze Pause, bevor wir wieder in den Bus steigen würden. Die letzten 300 Kilometer lagen vor uns, unser Ziel war das Headquarter in Ringköbing an der Westküste Dänemarks. Die Müdigkeit erwischte uns während des Frühstücks alle, einschließlich meiner Person, doch keiner schlief ein. Nur der Busfahrer schnarchte laut, aber das störte uns nicht. Wir sahen uns an und verstanden uns ohne Worte. Männer können so etwas. In unserem Blick konnte man lesen: „Wir sind doch alle Menschen." Deshalb ließen wir den Fahrer noch eine kurze Weile weiterdösen – war ja für unsere Sicherheit. An der Grenze von Deutschland zu Dänemark gab es keine Probleme. Als wir im Headquarter von Ringköbing ankamen, machten wir alle erst mal einen Striptease. Na ja, sexy war der nicht, denn eigentlich rannten wir

Nur noch 9,5 km mit der Gasmaske

bei 1 Grad draußen herum, in Unterhosen bei nettem Nieselregen und einem Wind mit einer sehr hübschen Stärke Nord/Nord-West. Was will man mehr als Driller, als diese optimalen Bedingungen? Zumal ich jetzt gleich mit den wahren Regeln rausrücken würde, denn auf der AIR BASE hatte ich das Ganze zugegebenermaßen ein wenig geschönt dargestellt. Nun musste ich die Katze aus dem Sack lassen, wie die Deutschen so schön zu sagen pflegen. Okay, dann mal los: 100 Kilometer in zwei Tagen. Und dann hatten wir ja auch noch die Frage des Proviants zu klären. 2 Tage, 100 Gramm Schokolade oder 20 Zigaretten. Wer die Kippen wählte, bekam schon mal pauschal Punkteabzug. Dazu gab es 1 Liter Wasser, was definitiv zu wenig war, für diese harte Tour. Durst ist ein echter Stimmungskiller. War nicht schlimm, denn beim Gehen galt sowieso pauschal Redeverbot.

Ich klärte die Soldiers auf, dass nur in Pausen geraucht und gegessen werden dürfte, vorausgesetzt, man schaffte das überhaupt. Denn die Pausen variierten in ihrer Länge von 10 Sekunden bis zu einer Stunde. Scheiße noch mal, es lag in meinem Ermessen als launischer Driller und sie würden mich noch hassen lernen. Ich spielte eine Rolle, soviel war klar und diese Rolle würde mir für die Dauer der nächsten Tage Spass machen. Ich würde an meine eigenen Grenzen gehen und damit die Grenzen aller Beteiligten neu stecken, das war ein geiles Gefühl. Ach ja und dann gab es ja auch noch die „good news" für die Looser, die aufgeben wollten: Sie erhielten eine wasserdichte Karte, auf deren Vorderseite der Rückweg abgebildet war, sozusagen als Orientierungshilfe. Auf der Rückseite der Karte konnte der Betreffende dann auch noch nachlesen, dass er ein Verlierer und Schwächling sei, der nicht geeignet ist, in einer Spezialeinheit zu dienen. Also alles klar, Männer: „Wer die Segel streicht, muss alleine klarkommen mit dieser Karte", das war meine Botschaft.

Nachdem wir das alles geklärt hatten, fuhr ich fort: Die ersten 15 Kilometer würden wir erst einmal mit Gasmaske laufen. Das dauerte ungefähr vier Stunden und wir würden dabei in der kalten Nordsee marschieren. Alle wussten: Wenn du in kaltem Wasser läufst, hast du unentwegt das Gefühl, pinkeln zu müssen. Und zwar dringend. Leider war es aber nicht gestattet, außerhalb der Pausen pissen zu gehen. Es war einfach nicht zulässig. Wenn schon pissen, dann in der Pause. Man stelle sich vor, der Feind lauert hinter einem und ein Soldat stellt sich hin und pinkelt an einen Baum. Wie lange dauert es wohl, bis der erledigt ist? Richtig, nur den Bruchteil einer Sekunde, so viel Zeit eben wie das Geschoss einer MP braucht, um in einen Rücken einzuschlagen. Und das ist, weiß Gott, nicht sehr lange. Wer den Drang nicht aufhalten kann, kann ja in seine Uniform pinkeln. Wer zur Army geht, darf eben nicht zimperlich sein.

Es gab aber noch weitere Regeln: Wer 600 Meter hinter dem letzten Mann zurückbleibt, wird disqualifiziert. Alle Teilnehmer einer Eliteeinheit wissen vor allem eines: Bleibt einer zurück, aus welchen Gründen auch immer, dann würde ich als Driller schon dafür sorgen, dass dieser Mann die Truppe niemals mehr aufholen konnte. Es war eigentlich ganz einfach: Wer während der Übung aus der Reihe tanzte, hatte die Arschkarte gezogen. Wir anderen würden laufen, so schnell wir konnten.

Im Kriegsfall allerdings verhielt sich das anders: Da würden wir keinen Mann zurücklassen.

Nachdem die Fronten restlos geklärt waren, fuhren wir los: Zum Startpunkt einige Kilometer südlich von Nymindegab zum Sandstrand von Hvide Sande City. Nymindegab, muss man wissen, ist eine alte Kaserne, die immer noch von der Army genutzt wird. Vorsorglich war ich vorher bei der Polizei von Ringköbing aufgeschlagen, um dort unsere Übung anzumelden. Ich hatte dies sicherheitshalber erst unmittelbar vor dem Start getan, denn man weiß ja nie. Ich will nicht zu viel aus dem Nähkästchen plaudern, aber in Kopenhagen gab es zu der damaligen Zeit ein Büro von Arafat und seinen Terroristen und ich wollte nicht, dass die von unserer Aktion erfuhren. Wir waren eine unbewaffnete US Truppe auf einer Übung – und ich war verantwortlich. Da war die Geheimhaltung oberste Priorität.

Okay, soviel zum Hintergrund, aber jetzt werfen wir einen Blick auf Hvide Sande City, dem eigentlichen Ausgangspunkt. Die Tour beginnt beim Fischereihafen – hübscher Ort an der Westküste Dänemarks und beliebt bei den Touristen. An klaren Tagen hat man von hier aus eine Sicht von bis zu 40 Kilometern und der Blick auf die Landschaft ist klasse. Du siehst Dünen und die Nordsee und den Ringköbinger Fjord. Im Hafen stehen Molen auf Beton und dann kommt erst mal ein kurzer Sandstrand mit Kieselsteinen unter einer dünnen Sandschicht. Das wiederum ist mittelprächtig zum Laufen, weil man jeden Schritt in den Gelenken spürt.

Alles verlief anfangs nach Plan, doch dann kam es zu einem kleinen Zwischenfall, was dazu führte, dass sich unsere Übung doch nicht geheim halten ließ: Zwischen Kilometer zehn und 15 geriet einer der mir anvertrauten US-Soldaten, nennen wir es „kurzfristig außer Tritt" und wurde dabei von einem Angestellten einer lokalen Bank in Ringköbing, der sich offensichtlich auf einer Betriebsfeier in einem Sommerhaus befand, entdeckt. Der US-Soldat war ein Farbiger, was an und für sich in der Gegend schon auffällig war. Was der Banker allerdings dachte, als er auf einen dunkelhäutigen US-Soldaten mit Gasmaske traf, konnte man später in der Ausgabe vom 29.12.1990 im Ringköbinger Amts Dagblad nachlesen – es klang jedenfalls so, als hätte er angenommen, die Amis marschierten zu diesem Zeitpunkt in Dänemark ein.

Na ja, vergessen wir das. Das Team marschierte weiter nach Norden. Es war dunkel, es regnete und es war – das muss selbst ich als Driller zugeben – verdammt kalt. Diese fiese Art von Kälte, die dir bis zum

Fünf Minuten Pause

Hals hochkriecht, eine Kälte, die Knochen lahm legt und dir das Gefühl gibt, dass dein Körper kurz vor dem Aufgeben ist. Unsere Uniformen waren bereits durchnässt – und nach weiteren fünf Kilometern arbeiteten unsere Körper auf Hochtouren, damit sie die Wärme halten konnten. Uns fror buchstäblich der Arsch ein, er ging auf Grundeis. Es war Zeit für eine taktische Pause, daran erinnere ich mich genau. Wir holten unsere Spritkocher raus und dazu unseren Ponzoliner, den Regenschutz mit einem Loch für den Kopf. Die „taktische" Pause fand hinter einer zwanzig Meter hohen Sanddüne statt. Ich zeigte den Soldaten einen Trick, wie man die Uniform schneller trocken beziehungsweise halbtrocken bekommt. Das ging ganz einfach: Wir rollten uns im Sand, wie die Hunde. Während wir das taten, kam das Kind im Mann in uns zum Vorschein und wir lieferten uns eine gepflegte Sandschlacht. Nach einer viel zu langen Pause von 15 Minuten brachen wir wieder auf, mit fast trockenen Uniformen. Was dann kam, ist das, was ich als Driller nun wirklich nicht brauchte: es hatte aufgehört zu regnen. „What a shit!", sagte ich laut auf Englisch und die Soldaten fingen an zu lachen. Freuen könne ich mich ja trotzdem, sagten einige, „denn immerhin seien die Stiefel ja noch nass." Meine waren es auch und deshalb hatten wir irgendwie alle das gleiche Problem. Die Haut rieb gegen die Socken, die Socken gegen das Leder – das gab Schmerzen und noch schmerzlichere Blasen. Auch bei mir. Ich versuchte dennoch, die Soldaten aufzumuntern. Nach weiteren acht Kilometern würden wir in einem Hotel ankommen. (Das war eine glatte Lüge.) Dort würden wir zwei Stunden schlafen. (Das war die nächste Lüge.) Die Soldaten starrten mich ungläubig an, als würden sie mein Täuschungsmanöver durchschauen. Ich beschrieb weiter, dass sich das Hotel direkt am Strand befände – mit fantastischem Meeresblick und Meeresrauschen. Mit idealem Schutz vor Wind und der Aussicht auf einen heißen Kaffee. Natürlich dürften sie dort auch rauchen und essen. Okay, das Essen beschränkte sich auf die Schokolade. Die Soldaten, die sich für die Mitnahme von Zigaretten entschieden hatten,

hatten allerdings die Arschkarte gezogen. Denn die Glimmstengel, die sie nur in der linken Brusttasche mit sich tragen durften, waren nass bis auf den letzten Krümmel. Das teilte ich ihnen mit, so nebenbei und für den Fall, dass sie es noch nicht bemerkt hatten. Als Driller war ich eben echt ein perverses Arschloch und ich muss zugeben, dass ich mir in diesem Moment Sorgen um meine Psyche machte. Ich fragte mich allen Ernstes, ob ich normal in der Birne bin.

Während ich so vor mich hinmarschierte, vorneweg und beschwert vom Grübeln, begann es wieder zu schütten. Der Sand wurde nass und etwas anderes lenkte mich ab. Wer schon mal über den nassen Sand in Dänemark marschiert ist, weiß, dass man bei nassem Sand jeden Stein, der unter dem Sand liegt, spürt. Man spürt die Steine als Erschütterung im Unterleib und das ist alles andere als ein schönes Gefühl. Der Fuß knickt um, wenn man auf einen großen Stein tritt, und das wiederum fühlt sich ziemlich beschissen an. Ich hörte keinen Ton von den Soldaten, was ein gutes Zeichen war und somit fühlte ich mich bemüßigt, sie für ihre bisherige Leistung zu loben. In ihren Gesichtern glomm ein leichter Stolz auf – doch für dieses Gefühl war es noch zu früh. Und so bremste ich das Ganze, in dem ich einfach am Ende sagte: „Das kann man von Elitesoldaten auch erwarten." Ich muss schon sagen, ich bin ein Schwein. Doch die Reaktion, die ich darauf erwartet hatte, traf nicht ein. Alle Soldaten – und wirklich alle – ließen ein vernehmliches „Yes Sir, Yes Sir" hören. So blöd waren die Kerle schließlich auch nicht und sie hatten es drauf, zu parieren. Trotzdem ließ ich sie länger marschieren, als angekündigt.

Und das ging so: Das von mir in Aussicht gestellte Hotel war ein zu diesem Zeitpunkt etwa zwei Kilometer entfernter Betonbunker aus dem Zweiten Weltkrieg, ein Überbleibsel des sogenannten Westwalls. Ich rief eine Pause aus und ich erklärte den Soldaten währenddessen,

„Meine Herren, hier ist ihr Hotel mit Meerblick! Und das Beste ist, es kostet nichts."

dass es nur noch zwei Kilometer bis zum Hotel wären. Wir brachen erneut auf, bis wir nicht mehr weit vom Bunker entfernt waren. Wieder läutete ich eine Pause ein, an einer Stelle am Fuße einer Sanddüne, an dem kein Strand mehr war, sondern nur Wasser. Nichts als Wasser. Alle waren wieder durch den unablässigen Regen nass geworden und nach 800 Metern Fußmarsch erschien der Sandstrand wieder ewig weit, locker reichte er einen Kilometer von der Nordsee bis zur Sanddüne. Um sie mürbe zu machen, gab es wieder eine Pause, ein psychologischer Trick. Ich brachte es fertig ihnen vorzugaukeln, dass 200 Meter wie zwei Kilometer wirkten. Wir standen in der Mitte des einen Kilometer breiten Sandstrandes – und liefen 500 Meter entfernt vom Meer und 500 Meter entfernt von der Düne im Grunde vor und zurück, das waren summa summarum zwei gelaufene Kilometer bei einer Entfernung von 200 Metern. Was ich außerdem vergessen hatte zu erzählen war, dass der psychologische Marsch und die Entfernung nur nach der Kompassrichtung berechnet wurden, also von Süd nach Nord. Das Besteigen von zehn bis zwanzig Meter hohen Sanddünen mit und ohne Gasmaske zählte also nur nach der Länge der Sanddüne und nicht nach der Höhe oder der verwendeten Kraft, die Sanddüne zu besteigen. Doch den Soldaten war das jetzt schon fast egal, wir waren kurz davor, das „Bunker-Hotel" zu erreichen. Oder auch nicht. Noch nicht.

Okay, also noch nicht. An dieser Stelle halte ich es für angebracht, den Leser einmal aufzuklären: 100 Kilometer – diese Strecke entspricht der Kompassrichtung von Süd nach Nord. Tatsächlich beläuft sich der Weg auf 150 bis 180 Kilometer, je nach meiner Lust und Laune als Driller. In der Urkunde, die die Soldaten nach dem 100 km-Marsch erhalten, sind nur 100 KM attestiert. Es regnet immer noch kräftig und ich erklärte den Soldaten unablässig, dass wir bald beim Hotel

„Man sollte eigentlich schwimmen gehen."
„Schnauze."

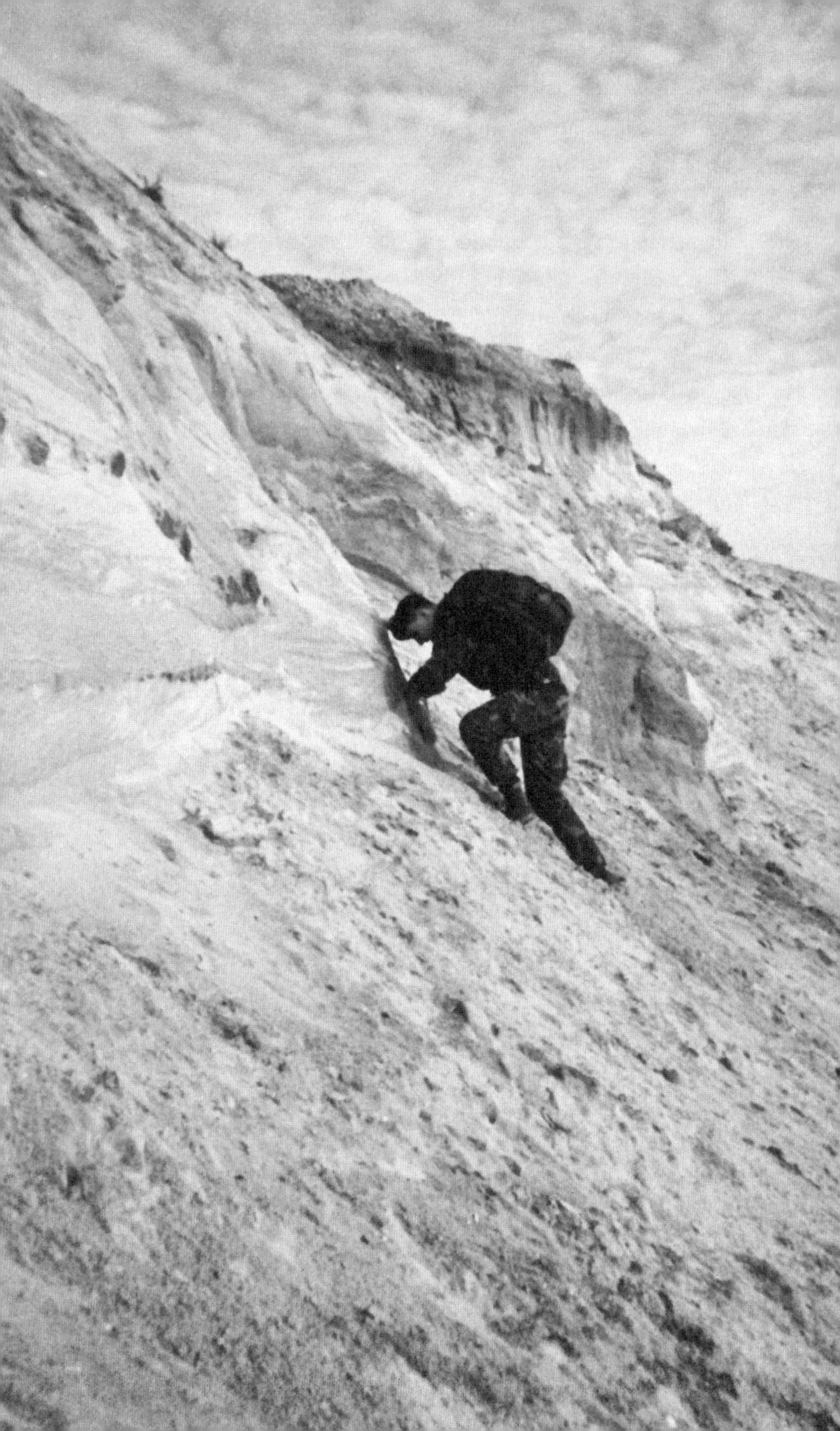

ankommen würden. Das ist Motivation. Im Hotel würde alles warm sein, kein Wind und Regen mehr, das Paradies auf Erden, greifbar nah. Unsere nassen Uniformen und Stiefel würden trocknen. Duschen und Badewannen Fehlanzeige, aber wer braucht schon so etwas? Wer baden wollte, konnte dies in der Nordsee erledigen. Ich bekam mit, wie die Männer das erste Mal in der Pause über den Marsch redeten. Bis dahin hatte ich nur Böses über mich gehört und ich antwortete ihnen jetzt mit meinen Worten: *„der löber meget vand igennen andeby"*. Das war dänisch und das verstanden sie nicht. Sie sahen mich alle an. Verstehen allerdings sollten sie das auch nicht. Was ich sagte war: „Es läuft viel Wasser durch Entenhausen", eine Verarsche, ein blöder Scherz. Als wir weitergingen, konnte man nach kurzer Zeit die Umrisse vom „Hotel" erkennen. Wir näherten uns dem Bunker, Modell Zweiter Weltkrieg. Alle waren nass bis auf die Knochen, es gab keine trockene Stelle mehr am Körper und alle fingen ausnahmslos langsam zu zittern an. Diese Reaktion macht der Körper übrigens aus Selbsterhaltungstrieb, um nicht auszukühlen. Um schneller anzukommen, fingen wir an zu rennen. Ich trieb sie an. Nach 200 Metern im Schweinsgalopp fängt das Herz an, schneller zu schlagen. Trotzdem und auch wenn du rennst, die Uniform klebt an deinem Körper. Fühlt sich mies an. Der Regen hatte nicht nachgelassen. Als wir im Bunker ankamen, waren meine Männer froh, dass der Wind und der Regen abgehalten wurden. Dumm nur, dass ich vergessen hatte, ihnen mitzuteilen, dass dies unser „Hotel" war. Um es noch weiter auf die Spitze zu treiben sagte ich nach einer halben Stunde: „Break is off. Wir marschieren weiter zum Hotel." „How far is it?", fragte einer der Männer. Nicht so weit. „Vielleicht fünf Kilometer", lautete meine Antwort. „Denkt daran, Männer: Uns erwartet eine warme Dusche und ein warmes Bett. Am Ende." Die Jungs freuten sich sichtlich und die Moral war top. Wenn wir jetzt an der Front wären, hätte ich hochmotivierte Soldaten gehabt. Wir waren alle marschbereit. Meine Füße waren die Hölle, ich hatte wahnsinnige Schmerzen, aber das durfte ich unter keinen

Umständen zeigen. Wie würde ich dann dastehen? Ich ging voraus und drehte von der Küste ab, in Richtung Landesinneres. Circa 500 Meter von uns entfernt befand sich ein Hotel, ein echtes, und circa 200 Meter von uns entfernt sah man ein Sommerhaus. Ich erklärte meinen Männern, dass dies eine feindliche Stellung war. Aus der feindlichen Stellung drang laute Musik, der imaginäre Feind feierte wohl eine Party. Unsere Aufgabe war es also, die feindliche Stellung zu umgehen, ohne entdeckt zu werden. Alle waren einverstanden. Aber trotzdem erlitten wir einen Fehlschlag, denn am Ende entdeckte uns der Feind. Er war weiblich und bestand aus einer Gruppe von fünf nackten Weibern, die in der Schwimmhalle,

die zur Feindesbastion gehörte, badeten. Ich meine mitten in der Nacht baden ist ja lustig, aber nackt und genau vor unserer Nase war für die prüden Amerikaner in meiner Mannschaft ein Novum. Wir schlichen also an der Schwimmhalle vorbei und ich flüsterte den Männern zu, dass es bei uns Dänen Usus wäre, nackt zu schwimmen, wenn sich eine

Möglichkeit böte. Wir linsten natürlich durch das Fenster und da manche von uns nah an der Scheibe atmeten, entdeckten die Frauen plötzlich die beschlagenen Stellen an den Fenstern. Eine fing an zu kreischen wie am Spieß und plötzlich rannten auch die Männer der Nacktbaderinnen herum. Die waren auch nackt, um Himmelswillen, waren wir gerade in eine Orgie hineingeplatzt, oder was? Wir hatten keine Zeit, das näher zu untersuchen, denn wir gaben alle Fersengeld, was das Zeug hielt. Hätte uns gefehlt, entdeckt zu werden. Es gab keine Kommentare oder Fragen von den Männern. Gehen wir jetzt zum Hotel? Diese Frage stand in den Gesichtern der Männer geschrieben. Mutig geworden, fragte einer

der Soldaten in die Runde: Sagt mal, wem ist denn beim Anblick der barocken Beauties noch kalt? Eigentlich bräuchten wir doch alle eine kalte statt einer warmen Dusche. Alle fangen an zu lachen, nur ich nicht. „Okay", sage ich, "die kalte Dusche sollt ihr haben. Wir gehen jetzt in die Nordsee." Alle Gesichter um mich herum erstarrten. Jetzt lachte ich, ein wenig laut und in jedem Fall gehässig. „Jetzt wo wir junge, dänische nackte Frauen gesehen haben, sind unsere Nacken steif. Deshalb werden wir unseren Körper im zwei Grad kalten Wasser der Nordsee abkühlen. „Lasst mal nicht die Köpfe hängen", ermunterte ich die Burschen. Den Witz fanden sie nicht lustig. Nach dem Bad in der Nordsee waren alle bedient, ich auch. „Männer, jetzt gehen wir ins Hotel. Seid ihr einverstanden?" Das waren sie, ihre Gesichter ließen keinen Zweifel aufkommen, aber sie gaben keine Antwort. Genau diese Reaktion hatte ich erwartet, denn wenn auch nur einer von Ihnen den Mund aufgemacht hätte, wäre er disqualifiziert gewesen. Remember, reden war ja nur während der Pausen erlaubt! Und ich hatte nicht „Break" gesagt.

Nach einer Viertelstunde, die endlos lang erschien, waren wir wieder am Bunker angekommen. Zwei Stunden Irreführung durch die Dünen lagen hinter uns. Pause für zwei Stunden, rief ich. Meine Füsse schmerzten, es war unerträglich. Ebenso wie die Gesamtsituation: Alle nass bis auf die Haut, eine Außentemperatur von vier Grad und ein unangenehmer Nord/Nordwest-Wind. „Haben wir jetzt ein Break?" Einer der Soldaten konnte sein Glück nicht fassen. „Ja, denn sonst wärst du jetzt disqualifiziert." „Do you understand, soldier?" „Yes, Sir." Dann wieder eine Frage: „Gehen wir danach zum Hotel?" Und aus einer anderen Richtung kam die Feststellung: „Eine Dusche wäre jetzt super." Alle Augenpaare waren auf mich gerichtet. „Das hier ist das Hotel", sagte ich leise. Wir waren schon da, im Dunkel starrte uns der Bunker entgegen. Einsam, verlassen und trostlos. Ungläubiges Staunen. Ich wiederholte: „Wir sind da. Es gibt kein anderes Hotel hier weit und breit." Die Männer schwiegen. Ich wiederholte es, diesmal lauter: „This is our hotel. Do you unterstant?" „Yes Sir, nice hotel, Sir."

Drinnen im Bunker zogen wir unsere nassen Uniformen und die Unterwäsche aus. Wir holten aus unseren Rucksäcken die trockenen

Sachen, Unterwäsche und Socken zum Wechseln. Die Sachen hatten wir in Mülltüten verpackt, so dass die Wechselklamotten wirklich trocken geblieben waren. Einzig die mitgebrachte Schokolade und die Zigaretten waren nass geworden, die durften ja nicht im Rucksack transportiert werden. Ich glaube, alle fühlten den Schmerz in den Knochen, in allen immerhin 200 Knochen, die ein Mensch so hat. Das Skelett und die Muskeln schmerzten. Doch solange man kein Problem mit der großen Kniescheibe bekommt, kann man weitergehen. Während einem meiner längeren Übungsmärsche über 300 Kilometer hatte ich mal einen Soldaten dabei, der nach 150 Kilometern aufgeben musste, da sein Knie buchstäblich im Arsch war. Er wollte nicht aufgeben, aber sein Körper hat ihn dazu gezwungen. Mein Körper wollte mich jetzt aber auch in die Knie zwingen, zumindest versuchten meine Füße das. Ich hatte an beiden Füßen an der Ferse riesengroße offene Löcher und das rohe Fleisch war zu sehen. Tat höllisch weh. Die Blicke der Männer um mich herum

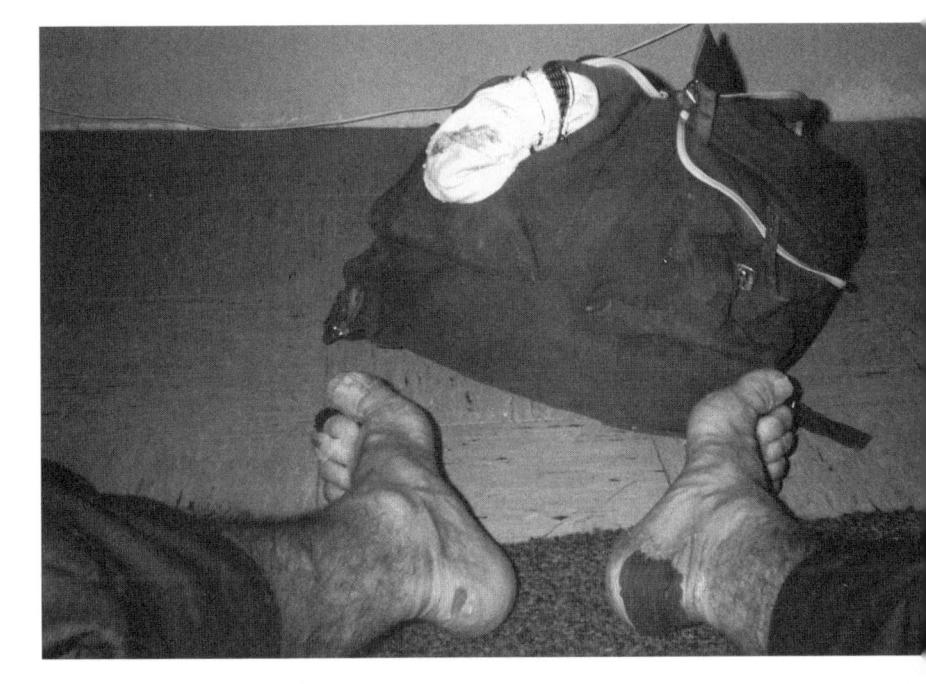

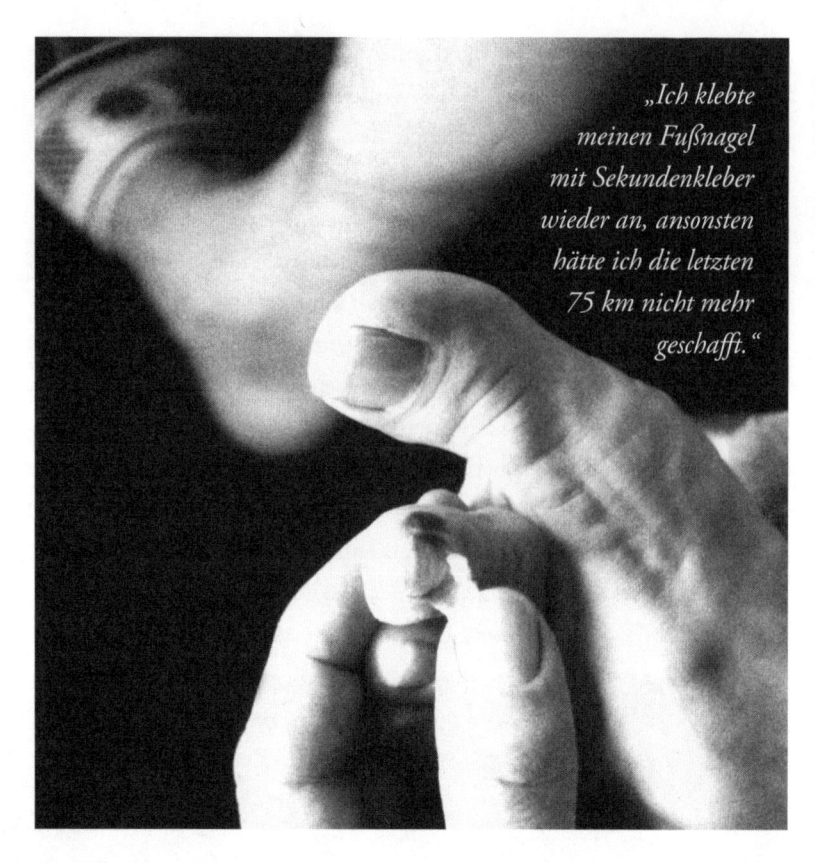

„Ich klebte meinen Fußnagel mit Sekundenkleber wieder an, ansonsten hätte ich die letzten 75 km nicht mehr geschafft."

sprachen Bände, aber sie sagten nichts. Trauten sich nicht. Sie fragten sich, ob der Alte nun aufgeben würde. Ihr könnt mich alle mal, ich blickte entschlossen zurück. An meinem einen Fuß hatte sich zu allem Überfluss auch noch der Fußnagel gelöst. Dank guter Technologie konnte man aber jedes Problem lösen – mit Sekundenkleber. Ich bestrich den Nagel und klebte ihn an seinen Herkunftsort zurück, es war unglaublich schmerzlich, aber er hielt danach. „So gut wie neu", sagte ich laut, fast zur Selbstbestätigung. Meine Männer schauten mich an, als käme ich von einem anderen Stern. Sie waren echt verblüfft. „Männer, es wird Zeit die letzten 100 Kilometer zu gehen", hörte ich meine eigene Stimme sagen. Ich war Mephisto in Drillergestalt, unverwundbar und unberechenbar.

„Okay, ich meine natürlich die letzten 25 Kilometer zurück nach White Sand City." Dort gab es eine Überraschung für die Männer und die war endlich mal positiv. Denn dort würde es warmes Essen geben. In einem Restaurant namens Mary Sögaard pá fiskerögeriet.

Alle packten wieder ein und nach fünf Minuten marschierten wir los. Die Uniformen waren fast trocken, unsere Muskeln und Gelenke fühlten sich steif an – das galt ausnahmslos für alle Männer. Um Schäden an den Gelenken zu vermeiden, wählte ich eine langsame Anfangsgeschwindigkeit von drei Stundenkilometern, erst als uns eine Sandschnecke überholte, war es Zeit ein paar Gänge hoch zu schalten. Ich musste den Männern für den Ernstfall noch etwas beibringen. Sie sollten lernen, wann es an der Zeit war, die letzten Reserven zu aktivieren. Es war ein echtes Überlebenstraining. Ich gab Befehl, erneut die Gasmasken aufzusetzen. Nochmals zehn Kilometer liefen wir die Sanddünen rauf und runter, den Strand entlang. Bei dieser Übung sind das Herz und die Blutgefäße zugegebenermaßen einer großen Belastung ausgesetzt. Auch die psychologische Belastung steigt in so einer Sequenz deutlich. Einmal hatte ich einen Soldaten in der Gefolgschaft, der unter Klaustrophobie litt. Er verfiel in eine panische Angst vor dem Erstickungstod. Dabei handelte es sich eigentlich um eine optische Angst. Wenn sich die optische Angst ihren Weg bahnt, gibt es eigentlich nur zwei Möglichkeiten: Sie nimmt den schnellen Weg von 0,03 Sekunden oder den langen Weg von 0,3 Sekunden. Der schnelle Weg sorgt für eine Steigerung der Pulsfrequenz und des Blutdrucks. Der Nucleus parabrachialis sorgt für eine erhöhte Atemfrequenz und die Impulse dringen in die graue Substanz des Gehirns vor und lösen eine Todesangst aus. Dies wiederum aktiviert das sympathische Nervensystem mit der Folge von Schwitzen, Zittern und Schwindel. Chemisch betrachtet schüttet dann der Hypothalamus sofort die Stresshormone Cortisol, Adrenalin und Noradrenalin aus. In einem weiteren Bruchteil von Sekunden muss der Soldat dann entscheiden, wie er handelt: Kämpfen oder Türmen. Alle Muskeln sind vollgepumpt mit Blut, jegliche Farbe weicht aus dem Gesicht des Betroffenen. Der Schrecken macht bleich. Ich betete innerlich, dass dieses Mal keiner der Männer auf der letzten Strecke in Panik verfallen würde. Nein, nichts passierte, alle hielten der Belastung stand, ich hatte es mit Profis zu tun. Der einzige, der Probleme hatte, war scheinbar ich, der Driller mit den kaputten Füßen.

Angekommen in White Sand City gingen wir direkt zu Mary Sögaard ins Restaurant Rögeriet. Dort aßen wir ausgiebig, redeten nicht viel währenddessen und mussten am Ende nichts bezahlen. Es war ein Geschenk an uns, die US Army. Auch wenn es ungewöhnlich ist, mitten in einem Buch einen Dank auszusprechen, ich tue es trotzdem. Danke an Mary Sögaard fra Rögeriet in Hvide Sande, danke an Slusevagten in Hvide Sande, danke an Lanternen in Söndervig und danke an Byens Taxi Kurt Winkel in Ringköbing, der nur darauf gewartet hat, dass ich am Strand zusammenbreche und selber die Strecke nicht schaffe. Dazu kann ich Kurt nur eines sagen: Das erlebst du nicht, mein Lieber. *En Jäger giver aldrig op*. Ein Jäger gibt nie auf.

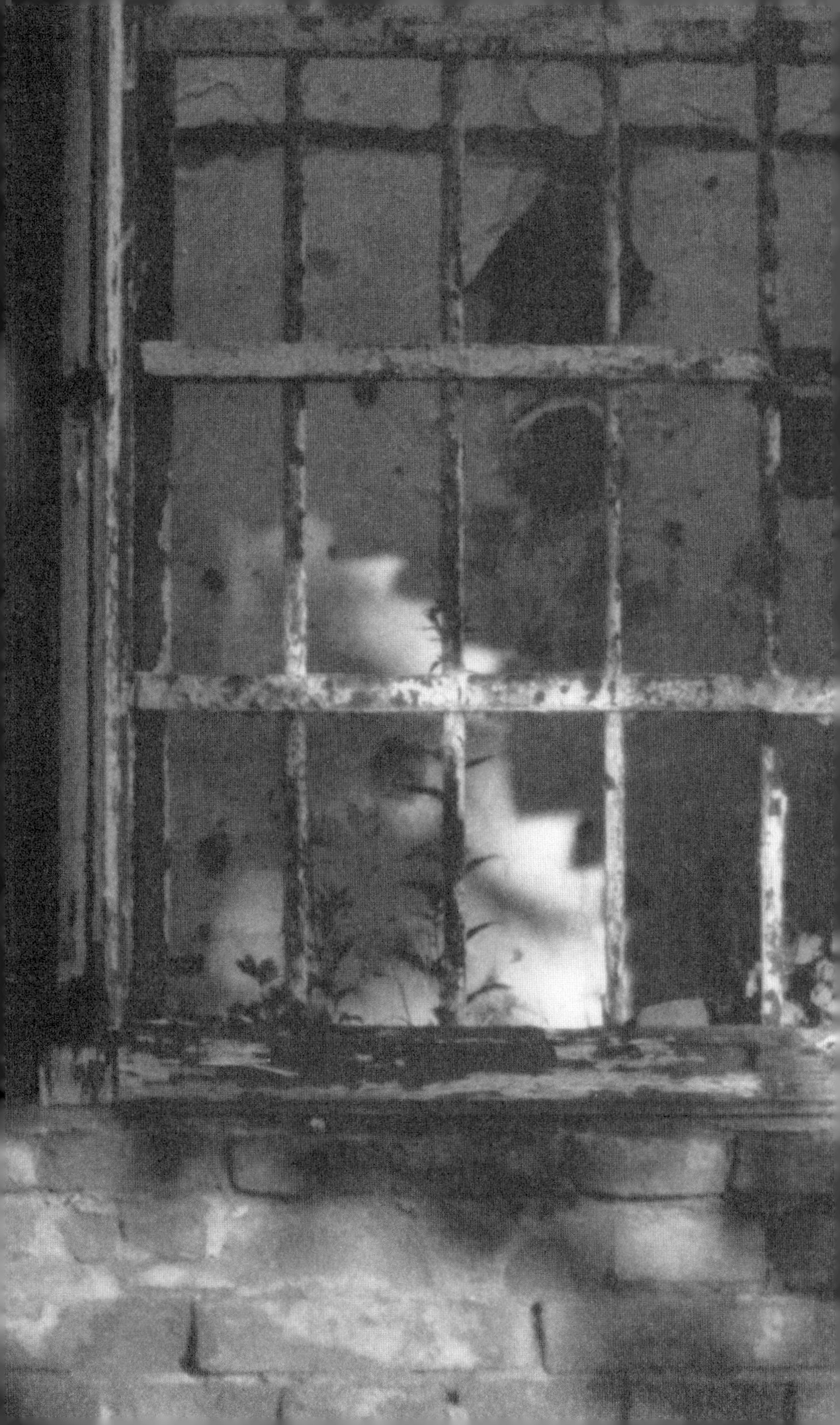

Kapitel 6
NEUES UNHEIL ZIEHT AUF: DER BALKAN BRENNT

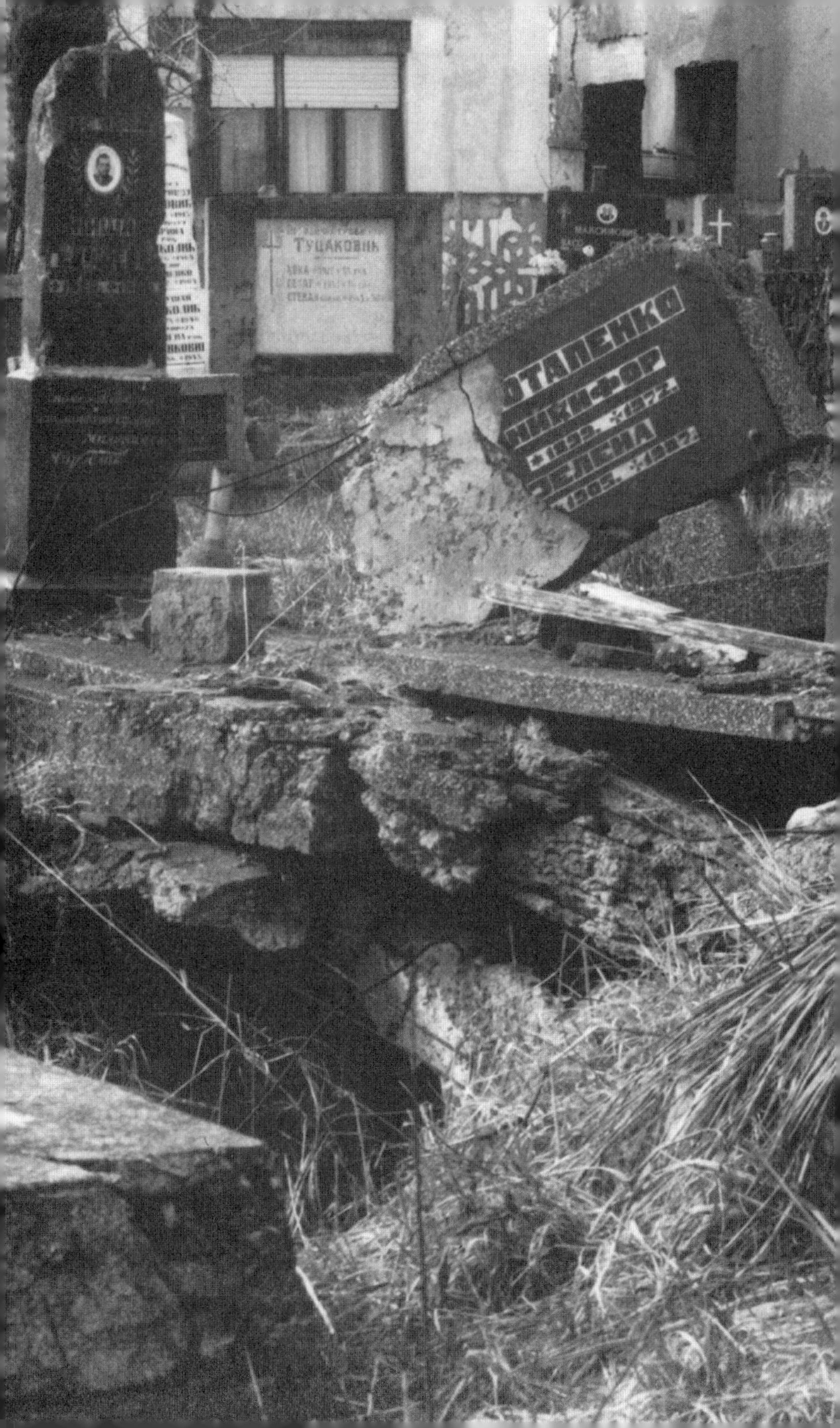
ТУЦАКОВИЋ
ОТАПЕНКО
НИКИФОР

Mein Job in Sachen Desert Storm endete im Februar 1991. Als Driller für die US ARMY zu arbeiten, war eine feine Sache. Auf der einen Seite. Mit allem, was ich den Männern für ihren Einsatz im Golfkrieg beigebracht hatte, konnte ich meine Erfahrungen als Elitesoldat sinnvoll weitergeben. Aber das allein füllte mich nicht aus – und das war die andere Seite. Wenn man so will, brauchte ich dringend wieder eine Aufgabe, bei der ich selbst etwas bewegen konnte. Für andere. Mir fehlte Adrenalin. Wenn du immer am Limit gelebt hast, brauchst Du hin und wieder den Kick. Die Gefahr und das Risiko, das Kribbeln, das Abwägen. Du fragst dich ständig, was passiert als nächstes? Ich musste mich allerdings nicht lange fragen, denn die Antwort kam aus der ehemaligen Republik Jugoslawien. Zu dieser Zeit zerbröselte der föderative Vielvölkerstaat auf dem Balkan, der einst von Präsident Josip Broz Tito zusammengestrickt worden war – und es kam zum bosnisch-serbisch-kroatischen Krieg, der von 1991 bis 1995 andauerte. Ich bin kein Historiker, aber das Konstrukt des Vielvölkerstaats, den Tito als Präsident auf Lebenszeit (1963-1980) ausgerufen und beherrscht hatte, stand eigentlich schon immer auf wackeligen Beinen. Jugoslawien bestand aus sechs Teilrepubliken, von denen einige entweder nach Vorherrschaft oder nach Unabhängigkeit strebten: Bosnien und Herzegowina, Kroatien, Makedonien, Montenegro, Serbien und Slowenien. Weiterhin gehörten dem Staatenbund zwei autonome Provinzen an, der Kosovo und Vojvodina.

Nach Titos Tod im Jahre 1980 übernahm schließlich ein achtköpfiges Präsidium die Funktion des früheren Staatspräsidenten, bestehend aus jeweils einem Vertreter der Teilrepubliken und den Provinzen. Der Vorsitz des Gremiums wechselte jährlich, mit langfristig bitteren Konsequenzen: Im Verlauf der Zeit wurden die Rechte der Teilrepubliken durch Änderungen der Verfassung erheblich erweitert. Die Zentralregierung übernahm dadurch im Grunde nur noch die Funktionen der

Außen- und Verteidigungspolitik. Der Vielvölkerstaat war zum Scheitern verurteilt. Die traditionellen Rivalitäten zwischen den einzelnen Republiken brachen wieder auf und die Separationsbestrebungen waren nicht mehr zu übersehen. Immer lauter wurde die Kritik an der Dominanz der Serben – insbesondere aus den autonomen Provinzen Kosovo und dem nördlichen Vojvodina, die man im Jahre 1974 aus Serbien herausgelöst hatte. Mitte der 80er Jahre begehrte die überwiegend albanisch-muslimische Bevölkerung im Kosovo auf und forderte für sich eine erweiterte Unabhängigkeit. Die serbisch-jugoslawische Regierung reagierte mit scharfen Repressionen, indem sie 1989 die Autonomie des Kosovo einschränkte. Die Beziehungen zwischen den jugoslawischen Teilrepubliken verschlechterten sich zunehmend. Slowenien beispielsweise unterstützte öffentlich das Begehren des Kosovo, woraufhin die Serben einen Handelsboykott gegen Slowenien verhängten. Slowenien stellte darauf hin die Zahlungen an die Bundeskasse ein. Im Jahre 1991 traten in der Folge Slowenien, Kroatien und Makedonien aus der Föderation aus. Mit Waffengewalt versuchte der übrige Staatenbund, Slowenien am Austritt zu hindern. Als das nichts nützte, wurden die letzten Truppen der Bundesarmee abgezogen. Daraufhin brach in Kroatien und Bosnien der Bürgerkrieg aus.

Den Anfang der Kampfhandlungen markierte vermutlich der 23. April 1991. An diesem Tag wurde in der Nähe von Vukovar auf eine kroatische Polizeistreife geschossen. Am 3. Mai 1991 eskalierte die Situation weiter: In Osijek kam es zu den ersten Konflikten zwischen Serben und Kroaten. Die Serben verschleppten zwei kroatische Polizisten in die Stadt Borovo Selo. Noch am gleichen Tag entsandte das kroatische Innenministerium Spezialeinheiten zur Befreiung der Geiseln in die Stadt. Die Befreiung gelang, allerdings wurden fünf Verletzte in das Krankenhaus von Osijek eingeliefert. Noch bemühten sich die Staaten um einen Waffenstillstand. Am 14. Juni 1991 trafen sich in Split die

Präsidenten von Kroatien, Serbien, Bosnien und Herzegowina – doch ihre Bemühungen waren nicht von Erfolg gekrönt. Es war das Volk auf der Straße, das nicht an eine friedliche Lösung glaubte. Am 2. Juli wurde der Polizeichef der Stadt Osijek von Serben ermordet. Drei Tage später begannen in den slawonischen Dörfern Borovo Nozelje und Celije Straßenkämpfe zwischen Kroaten und Serben.

Am 6. Juli 1991 unternahmen serbische Tschetniks (paramilitärische Kämpfer) den ersten Versuch, die Städte Vinkovci und Vukovar einzukesseln. Als das nicht gelang, setzte das Militär härtere Waffen ein. Am 8. Juli traf die erste serbische Granate in Osijek ein Wohnhaus, Tote und Verletzte waren die Folge. Am 15. Juli brannten die Serben das Dorf Celije nieder, und drohten den Bewohnern mit einem Massaker, falls sie das Dorf nicht verlassen würden. Zwei Wochen später waren weitere zahlreiche kroatische Dörfer durch die Serben isoliert und von der Strom- und Wasserversorgung abgeschnitten worden. Das Notleiden der Bevölkerung war nicht zu übersehen. Anfang August griff die serbische Luftwaffe die Städte Osijek, Erdut, Dalj und Aljmas an. Allein Osijek wurde dabei von über 150 Granaten getroffen, die Zahl der Toten und Verwundeten stieg. Doch auch vom Boden aus wurde Osijek angegriffen: Am 15. September beschoss die serbische Artillerie die Stadt 15 Stunden lang. Das Grauen flimmerte von nun an tagtäglich über die Bildschirme und die Nachrichten zeigten Bilder des Schreckens. Parallel dazu begannen die jeweiligen Kriegsparteien mit der „ethnischen Säuberung" jener Gebiete, die sie in Folge der Kampfhandlungen für sich beanspruchten. Die Vertreibungen von Frauen, Kindern und alten Menschen war in vollem Gange – denn die Tschetniks kannten keine Gnade und vergewaltigten, plünderten und mordeten weiter. Wie konnte man da helfen? Etwa 1.000 Kilometer vom Brandherd entfernt kam es Ende September auf der RHEIN-MAIN AIR BASE zu einem Gespräch zwischen einem amerikanischen Oberst der US ARMY und

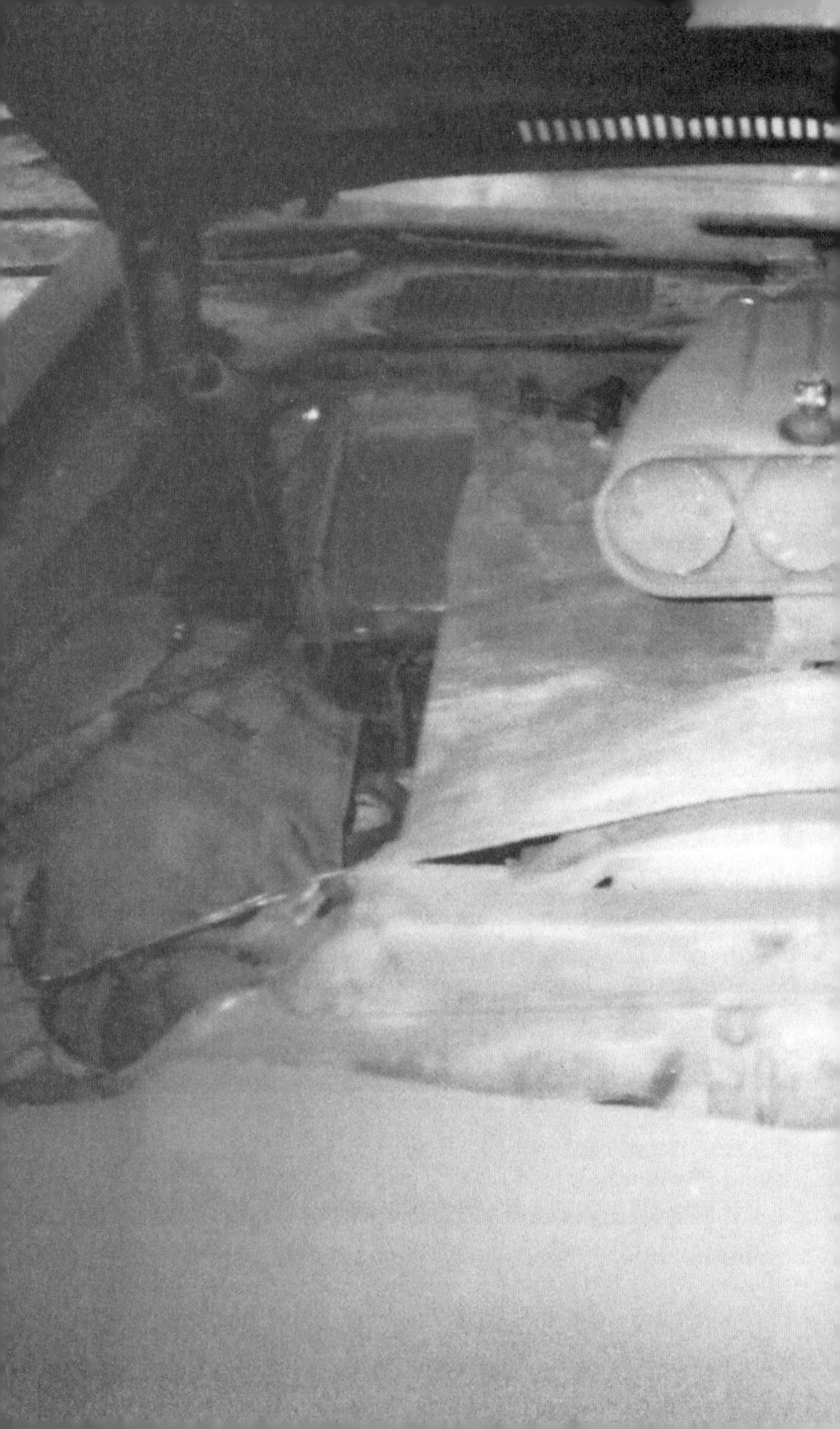

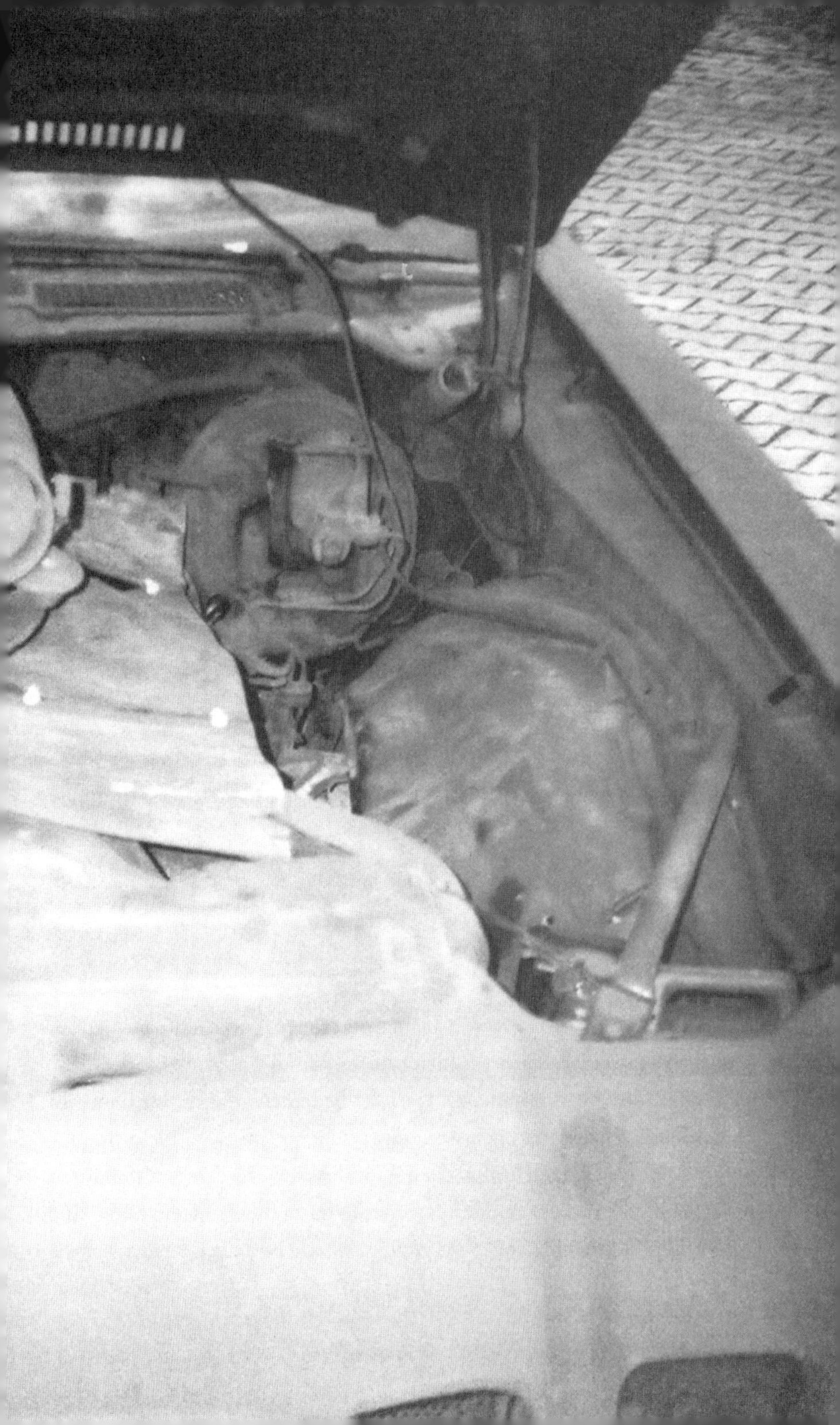

mir. Es endete damit, dass wir beschlossen, den gebeutelten Zivilisten auf dem Balkan so gut es ging zu helfen. Das Agreement sah Folgendes vor: Ich würde an die Front fahren und Hilfsgüter direkt an die Betroffenen überbringen. Für meine Einsätze würde ich die Unterstützung und Ausrüstung von der US ARMY erhalten. „Werden Sie auch hinter die Frontlinie vordringen?", fragte der Colonel abschließend. „Klar." „Okay, dann müssen wir ihren Wagen kriegstauglich machen. Bringen sie ihn her." Ich musste grinsen. Der würde Augen machen.

Mein Wagen war ein Camaro. Ein paar Tage später war es soweit. Ich ging zum Hangar, in dem ich den Camaro abgestellt hatte und traute meinen Augen nicht. „Pimp my ride" war ein Witz gegen das, was ich da von den US ARMY Spezialisten zurückbekam. Sie hatten den Camaro

zu einem wahrhaftigen War Camaro getuned – mit ein paar netten, neuen Features. Zunächst einmal hatte er jetzt die infrarot-absorbierende Farbe eines Stealthbombers 117. Dies bedeutete, dass er im Dunklen mit ausgeschalteten Scheinwerfern unsichtbar war. Und nicht nur äußerlich, sondern auch in Sachen Motor hatten sie den Ami-Schlitten verblüffend verbessert. Standardmäßig hatte dieser bereits über eine 5,7 Liter Maschine mit 220 PS verfügt, was im normalen Straßenverkehr eine nicht zu verachtende Fahrleistung garantierte. Doch jetzt verfügte er zusätzlich über eine NOS-Anlage, die seine Leistung verdoppelte. Durch die Nitroeinspritz-Anlage ließ sich der Wagen innerhalb von 13 Sekunden von 0 auf 200 hochjagen. Hatte er die 200 erreicht, schaltete sich die Anlage automatisch wieder ab. Die Teufelskerle hatten die PS Leistung auf 440 raufgesetzt. „Damit kannst du in brenzligen Situationen abhauen und wirst dabei eine Menge Staub aufwirbeln", feixte einer der Techniker. Dann zeigte er mir eine Liste mit weiteren Specials, die der Camaro jetzt auch noch intus hatte:

- eine Infrarot-Lichtanlage
- ein Infrarot-Suchsystem
  (zur Entdeckung von Infrarot-Geräten in der Nähe)
- eine Minenräum-Vorrichtung vorne

- einen Kevlar Helm (hergestellt aus dem Werkstoff Aramid, nicht brennbar, splitter- und schusssicher)
- eine kugelsichere Weste
- einen Körperwärme-Detektor zur Personenortung mit 1.000 Meter Reichweite (der mir später auf dem Balkan das Leben retten sollte)
- innerlich aufgerüstete Standardreifen (sie waren mit Schaum ausgekleidet und verhinderten einen Platten)

Anmerkung: Es war leichter, mit Standardreifen in ein Kriegsgebiet einzureisen.

- Eine Stahlplatte, die von der Front bis unter den Sitz reichte
- Stahlplatten hinter beiden Sitzen
- Der Innenraum des Camaro war mit Kevlar ausgestattet, also ebenso splitter- und schusssicher
- Eine schusssichere Windschutzscheibe (Stahl plattiert)
- Einen 16 kg Fireblotter und einen 2,2 kg Fireblotter
- Zwei Zusatzreifen hinter den Sitzen
- Ein Bajonette-Messer mit 20 cm Länge, das man am rechten Fuß befestigen konnte
- Einen Tomahawk
- Ein Stahlmesser mit 10 cm Länge
- Eine Infrarotabsorbierende BDU (Battle Dress Uniform)
- Einen Restlicht-Verstärker
- Ein Military-Laser-Pointer LP.2500
- Einen Kompass
- Ein GPS-System
- Ein Radio-Funksystem, mit dem man Flugzeuge kontaktieren kann
- Ein drahtloses Übertragungssystem
- Ein 350 Turbo wassergekühltes 3-stufiges Automatikgetriebe

Mit diesem Equipment war ich für meinen Einsatz gerüstet, anders kann man es nicht sagen. Als nächstes stand nun der Praxistest der NOS-Anlage an, den ich zusammen mit einem der ARMY Spezialisten durchführen wollte. Wir waren ein bisschen aufgeregt, denn wir wussten ja nur in der Theorie, wie die Anlage funktionieren würde. Doch wie würde es sich anfühlen? Von 0 auf 200 in 13 Sekunden? Es war 10 Uhr morgens, als wir die AIR BASE in Richtung Autobahn A 5 Direction Darmstadt verließen. Nun muss matn wissen, dass die Autobahn an dieser Stelle vierspurig ist und somit ideale Vorraussetzungen für eine Testfahrt bietet und ich bin heute noch froh, dass wir den Test dort machten. Ich zog also rüber auf den Beschleunigungsstreifen und drückte voller Erwartung den Knopf, um die NOS-Anlage zu aktivieren. Im gleichen Augenblick aber wurde meine Vorfreude jäh getrübt, denn hinter uns tauchte ein Polizeiwagen auf. Grün-weiß, Blaulicht auf dem Dach, die ganze Palette „Scheiße Mann, die deutsche Polizei." Okay, dachte ich, jetzt hilft nur eins, rauf aufs Gas. Ich trat das Pedal durch und in diesem Moment saugte mein 8-Zylinder Benzin und Nitro – und zog an. Dabei brach der hintere Teil des Camaro ein wenig aus, aber das hatte ich schnell wieder im Griff. Dann drehten die Hinterräder auf einer Strecke von etwa 200 Metern durch und hinterließen schwarze Streifen auf dem Asphalt, aber sie hielten der Belastung stand. Es fühlte sich an, als säßen wir in einem Geschoss und es muss für alle anderen Autofahrer ein wenig seltsam ausgesehen haben, besonders für die Polizisten. Deshalb gab ich weiter Gas, der Drehzahlmesser zeigte inzwischen 5.500 Umdrehungen, der Tacho 270 km/h. Meinem Beifahrer fiel die Kinnlade runter. Einen Camaro, der 270 Sachen fährt, das hatte auch er noch nicht erlebt. Weit hinter mir im Rückspiegel sah ich den Polizeiwagen. In der Zwischenzeit hatte sich die NOS-Anlage wieder ausgeschaltet und ich zog kräftig rüber auf die rechte Spur und bremste dann unvermittelt ab, um die Ausfahrt Mörfelden zu nehmen. Weg von der Autobahn und weg von der Polizei. Nebenbei hatte das Bremsmanöver gezeigt, dass auch die Bremsanlage nicht von schlechten Eltern war. Wir fuhren über die Landstraße zurück. Im Hangar wurden wir bereits erwartet, von einem Mann in Zivil vom OSI. Er nahm mich zur Seite und steckte mir einen UN-Ausweis zu. Für diesen sollte ich ein Papier unterschreiben und weiter keine Fragen stellen. Während wir die Formalien erledigten und um die Situation zu entkrampfen, sprachen wir kurz über den Camaro. Dann ging er.

Für mich galt es nun, den Rest des Tages meine Vorbereitungen zu treffen, denn um 22 Uhr Zulu-Zeit sollte meine erste Reise ins Kriegsgebiet beginnen. Die Ziele waren Osijek, Vinkovci und Vukovar – die Städte, in denen der Krieg wütete und die Bevölkerung stark zu leiden hatte. Der Camaro war randvoll gepackt – mit Medizin, Verbandszeug und Kinderspielzeug, Babynahrung und Windeln. Mein Adrenalinspiegel stieg. Um 21 Uhr war noch ein kurzes Treffen im Hangar auf der RHEIN-MAIN AIR BASE angesetzt und als ich dort eintraf, erwarteten mich schon der betreffende Oberst der ARMY mit seiner Frau und einige Officers, mit denen ich mich in der Zwischenzeit angefreundet hatte. Ich war gerührt – konnte es aber nicht zeigen. Unter Soldaten hat Emotionalität sowieso eine eigene Sprache, nämlich eine, die zwischen den Zeilen stattfindet. Man fragt da nicht: „Hey, wie geht es dir?" oder „Bist du aufgeregt?" Nein, unter echten Kerlen fragst du so was wie „What kind of weapons do you have?" Das ist der Grad der Anteilnahme, der zulässig ist. Meine Antwort darauf war: „Meine Bibel. Keine Handfeuerwaffen, keine Handgranaten, nichts dergleichen. Meine einzige Waffe ist die Bibel, ich vertraue mehr auf sie als auf Waffengewalt." Das stimmte zwar nicht ganz, denn ich hatte ja auch entsprechende Messer dabei, aber in Bezug auf Handfeuerwaffen und anderes Kriegsgerät war mein Statement schon zutreffend. Wie immer aber erntete ich ein Kopfschütteln, Erstaunen und die Worte: „Man fährt doch nicht ohne Waffen in den Krieg!" Doch so war es eben, was sollte ich weiter dazu sagen.

Um genau 22 Uhr stieg ich in den War Camaro und drehte den Zündschlüssel um. Der Motor bullerte los, ein vertrautes Geräusch war das, wenn der Auspuff so schön blubberte, irgendwie beruhigend. Die anwesenden ARMY-Kameraden setzten ernste Mienen auf und wünschten mir eine gute und sichere Fahrt ins ungewisse Kriegsgeschehen. „Gott sei mit dir." Ich dankte ihnen für die Unterstützung. Dann trat ich aufs Gas. Drei Minuten später passierte ich das Tor zu Europa und bog auf die Autobahn Richtung München. Die nächtliche Dunkelheit hüllte mich ein, auf der Autobahn war es ruhig, der Verkehr wurde von Stunde zu Stunde weniger. Die lange, einsame Fahrt versüßte ich mir so gut es ging mit Musik und ein paar anständigen Zigarren – und schon hatte ich nach ein paar Stunden Österreich passiert. Im Morgengrauen erreichte ich Ungarn und nahm von dort Kurs auf Kroatien. Am Grenzübergang war alles ruhig. Erst auf der Strecke nach Miholjac wurden die Kontrollen deutlich intensiver. Sie dienten dazu, die Serben an der Überquerung der Grenze zu hindern. Ein Beamter gab mir ein Zeichen, anzuhalten. Ich kurbelte mein Fenster runter. Er spähte in das Wageninnere. „Der Grund für ihre Reise?" „Hilfsgüter-Transport", antwortete ich knapp. Die Auskunft schien ihn nicht zufrieden zu stellen, vermutlich nahm er an, dass ich ein Söldner wäre. „Zeigen Sie mir mal die Papiere." Ich reichte ihm die Bescheinigungen der US ARMY und der US AIR FORCE.

Der Grenzer warf einen langen Blick auf die Papiere, sah sie durch und nickte dann bedächtig. Ich konnte passieren.

Ich fuhr weiter bis zum nächsten Kontrollposten, immer noch befand ich mich auf kroatischem Boden. Diesmal hatte ich das Vergnügen mit einem Polizisten in Uniform. Der sagte erst einmal gar nichts, sondern ging langsam um den Camaro herum. Als er wieder auf der Fahrerseite angekommen war, bellte er plötzlich: „Kehren Sie um, hier herrscht Krieg." Ich tat so, als ob ich sein gebrochenes Englisch nicht verstand. Er wiederholte sich. Um ihn nicht zu verärgern, machte ich ein Ist-ja-gut-ich-verstehe-ja-Gesicht und sagte: „Ich habe verstanden. Aber umkehren – no way! Vergessen Sie es." Was dachte sich der Polyp? Ich war doch nicht 1.200 Kilometer weit gefahren, um mich kurz vor dem Ziel wie ein Schulbubi abweisen zu lassen. Kam nicht in die Tüte. Ich schüttelte den Kopf und blickte dem Grenzer mit Bestimmtheit in die Augen. Jetzt schien er zu begreifen, dass ich es ernst meinte. „Gut, wie Sie wünschen, aber damit sind sie amtlich gewarnt. Haben Sie das wenigstens kapiert?" Ich nickte. „Yes." „Dann gute Fahrt." Ein ironisches Lächeln zuckte über sein Gesicht. Ich grinste breit zurück. „Danke, Sir!" Dann drehte ich den Zündschlüssel um, der Motor gab ein beeindruckendes Blubbern von sich und weiter ging es. Erst noch zügig, dann im Schneckentempo. Denn 70 Kilometer vor Miholjac reihte sich Kontrollpunkt an Kontrollpunkt. Die Polizei leistete hier ganze Arbeit. Durch das ständige Anhalten geriet meine Fahrt ins Stocken, aber im Grunde hatte ich Verständnis für die Maßnahmen, schließlich dienten sie der Sicherheit. Zwei Stunden später bei Miholjac drehte ich ab, in Richtung Osijek, das nun noch ungefähr 55 Kilometer entfernt lag. Mein Weg führte mich geradewegs durch Valpovo.

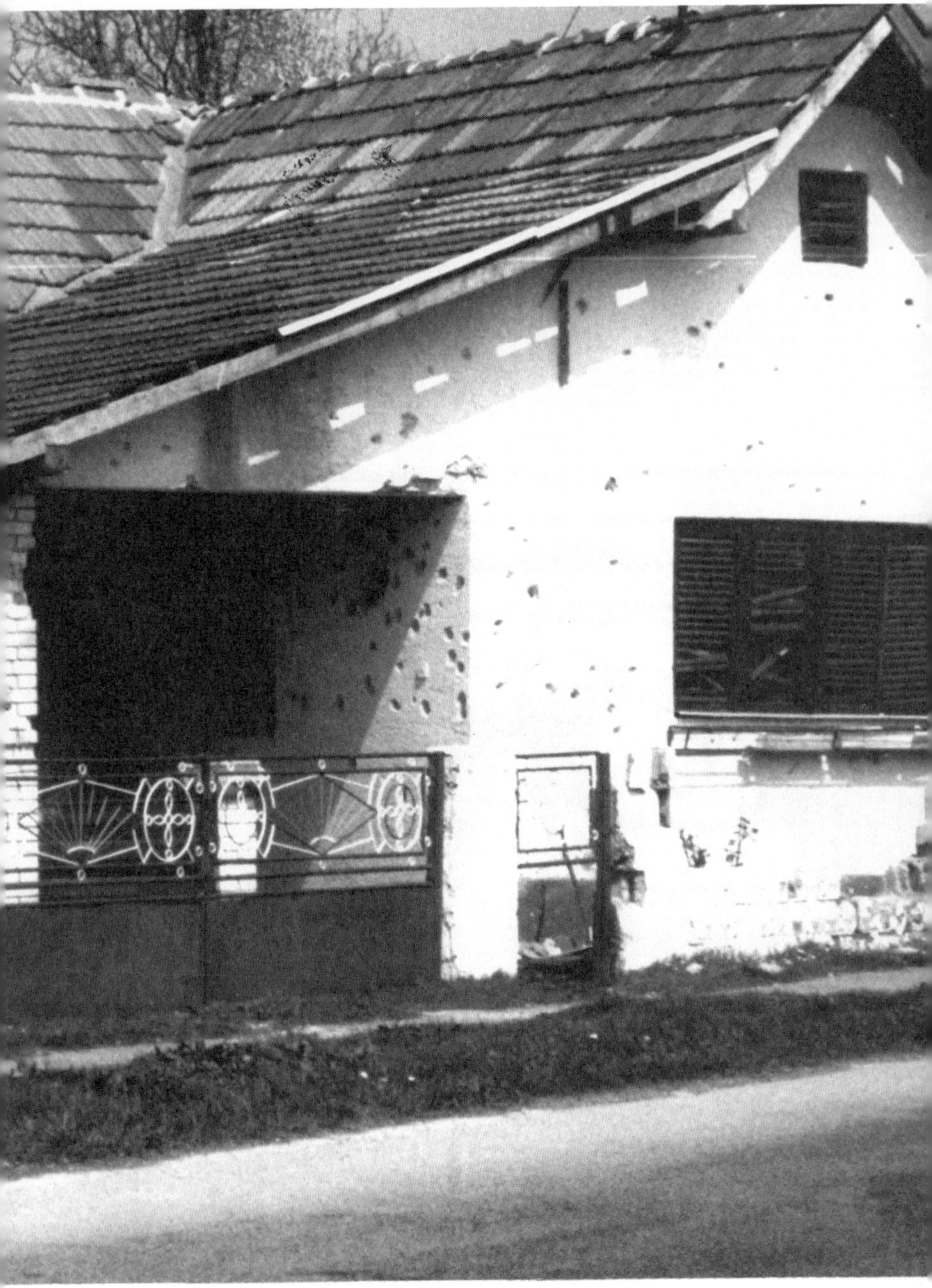

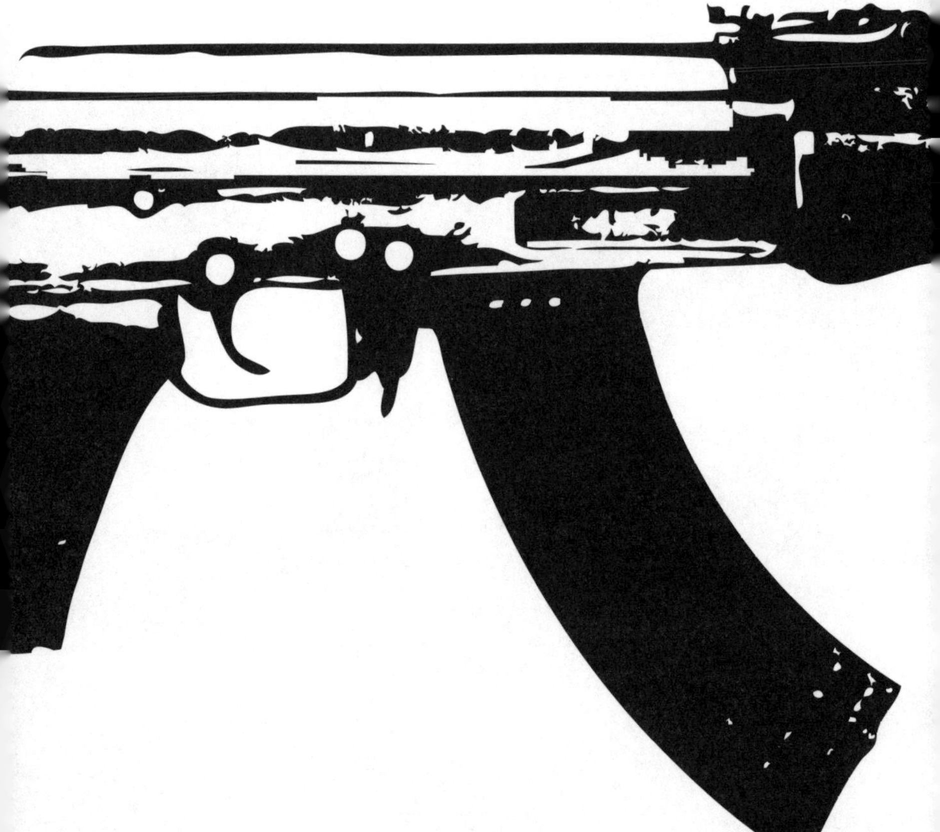

Kapitel 7
SPRACHUNTERRICHT MIT DER AK 47

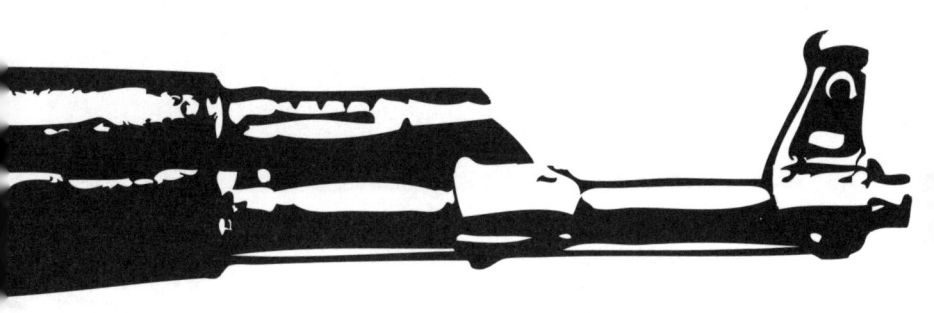

Tanklaster mit erschossenem Fahrer und vier Granaten

Valpovo – eine kleinere Frontstadt – liegt direkt am Fluss Drava. Die Gegend wirkte nicht gerade gemütlich und ich konnte deutlich spüren, dass hier etwas Bedrohliches in der Luft lag. Bad vibrations, die mir nicht gefielen. Ab jetzt war äußerste Vorsicht geboten. Dennoch spürte ich nach 36 Stunden ohne Schlaf und Pausen erste Anzeichen von Müdigkeit und mir war klar, dass ich in Osijek zunächst auch keine Ruhe finden würde. Also beschloss ich, jetzt und hier eine kurze Pause einzulegen. Ich sondierte das Terrain, alles schien ruhig zu sein. Ich fuhr den Camaro hinter eine Ruine an der Hauptstraße und ging vorsichtig ein paar Schritte nach rechts und links. Überall drohte die Gefahr von Minen und ich wollte nicht unbedingt mit einer von ihnen Bekanntschaft machen. Als ich mich versichert hatte, dass keine unmittelbare Gefahr drohte, holte ich mir eine Dose Bohnen mit Speck und den Military-Kocher aus dem Kofferraum. Der Inhalt der Dose roch köstlich. Wenn du lange Zeit nichts Warmes gegessen hast, kommt dir selbst eine Dose Bohnen wie ein Festmahl vor. Nachdem ich die Bohnen vertilgt hatte, kochte ich mir Kaffee. Ich lehnte mich gegen die Außenwand der Ruine und versuchte mich zu entspannen. Mir fielen fast die Augen zu, aber ich kämpfte dagegen an. An Schlaf war nicht zu denken. Mein Körper durfte nicht zur Ruhe kommen. Meine Gedanken fingen an zu rasen – zu meiner Familie, zurück nach Deutschland. Weder meine Frau, noch meine Söhne wussten, wo ich in diesem Augenblick war und was ich hier gerade tat. Der Vater, direkt auf dem Weg zum Bürgerkrieg, jetzt schon fast mitten drin. Der Ernährer auf Abwegen in einer Gegend, in der es keine Gnade gab. Der Gedanke behagte mir nicht. Wieder einmal hatte ich meiner Frau und meinen beiden Söhne die Wahrheit verschwiegen und ging meine eigenen Wege. Meine Familie wusste zwar, dass ich auf einer Mission war, aber ich hatte ihnen erzählt, dass ich nach Zagreb fahren würde. „Dort wird nicht geschossen, macht euch also keine Sorgen." Die gleiche Lüge würde ich später noch öfter zum Besten geben, begleitet von einem wachsenden, schlechten Gewissen. Es war nicht das erste Mal. Das Schlimmste an solchen Gefühlen ist jedoch, dass du dich nicht hundertprozentig auf den Krieg konzentrieren kannst, wenn deine Heimatfront nicht geklärt ist. Du fühlst Dich wie ein Scheiß-Verräter. Dabei tat ich noch nicht mal was Schlimmes. Nein, ich fuhr Hilfsgüter in Kriegsgebiete, half Waisen und Vertriebenen und fühlte mich trotzdem wie ein Schuft. Es war ein gigantischer seelischer Zwiespalt. Ich liebte meine Familie und wollte ihnen keinen Anlass zur Sorge geben. Trotzdem aber fühlte ich den tiefen Wunsch in mir, zu helfen. Ich versuchte, meine Gedanken zu ordnen. Ich fragte mich: „Wie werde ich das verkraften? Ist Gott mit mir? Ist mein Glaube stark genug? Bin ich ein guter Mensch? Oder bin ich bloß ein Adrenalin-Junkie?" Aus zahlreichen Büchern wusste ich, dass bei innerlich schwachen Soldaten die Gehirnfunktion versagen konnte. Was war ich, war ich schwach? Es gab Untersuchungen bei Kriegsveteranen, die belegten, dass Menschen mit einem höheren IQ Extremsituationen besser verarbeiten konnten. Auf welchem Level stand ich?

Während ich grübelte, vergaß ich für einen kurzen Moment alles andere um mich herum. Grober Fehler. Ich sah auf und geradewegs in den Lauf einer AK 47. Die Maschinenpistole vor der Nase brachte meine Gedanken zum Stillstand. Zwei Männer in Uniform hatten sich vor mir in Position gebracht. Die Beiden sahen sich an und verzogen ihre Gesichter zu einem höhnischen Grinsen. Der Kleinere der Beiden sprach mich an, allerdings in einer Sprache, die ich nicht verstand. War das serbisch? Kroatisch war es jedenfalls definitiv nicht, der Klang war mir geläufig. Ich antwortete nicht, sondern zuckte lediglich mit den Schultern, zum Zeichen, dass ich sie nicht verstanden hatte. Ich spähte über ihre Schultern hinweg und versuchte zu orten, ob die beiden Männer alleine unterwegs waren. Schien so. Vermutlich handelte es sich bei meinen Gegenübern um Tschetniks, sogenannte Paramilitärs, mit denen nicht zu spaßen war. Ich ärgerte mich über mich selbst und darüber, dass ich nicht besser aufgepasst hatte. Der Camaro war verschlossen – das war gut, denn durch die von außen blickdichten Fenster konnten sie nicht nach innen sehen. Die Chancen standen also nicht allzu schlecht, dass ich die Hilfsgüter retten konnte. Jetzt aber musste ich erst mal meinen eigenen Arsch retten. Der Kleine sprach wieder. Was zum Teufel sagte der? Ich hob beschwichtigend die Hand. Mit dieser Geste hatte ich ihn gereizt, denn er versetzte mir mit der AK 47 einen Schlag auf den Arm. Doch auch dieser verbesserte mein Sprachverständnis nicht wirklich. Im Gegenteil. Der Größere wollte sich jetzt ebenso Gehör verschaffen: Mit Hilfe seiner Waffe bedeutete er mir, aufzustehen. Nachdem ich seinem Befehl nachgekommen war, begann er, mich nach Waffen abzutasten. Das war unangenehm, aber ich ließ ihn gewähren. Meine Gedanken begannen jetzt, um das Stahlmesser zu kreisen, das auf der inneren Seite meines Hosengurts befestigt war und das der Serbe nicht entdeckt hatte. Ich wartete auf die Chance. Auf einen Überraschungsmoment. Wenn er da wäre, würde ich das Messer zücken und die beiden Typen abstechen. Ging leider nicht anders. Alles musste sehr schnell gehen. Ich war zwar

Österreich
Ungarn
Slowenien
LJUBLJANA
ZAGREB
Kroatien
Bosnien und
Herzegowina
0
50 Kilometer

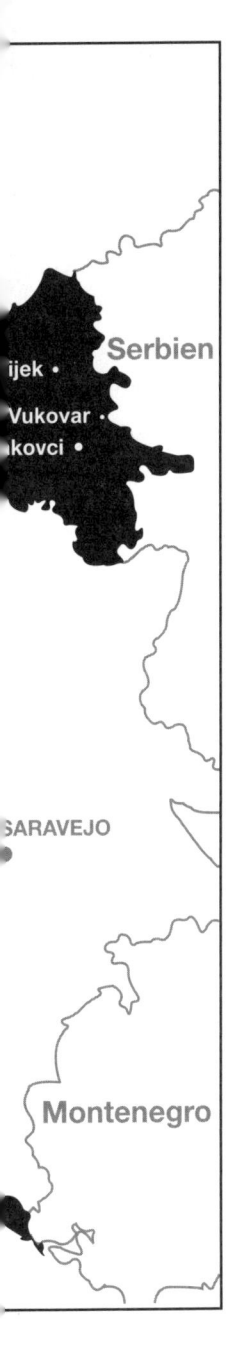

nicht hierher gereist, um Menschen zu töten, aber die aggressive Art der beiden Soldaten machte meine Hoffnungen auf einen friedlichen Ausgang der Situation zunichte. Jetzt packte mich der Größere an der Schulter. Ich drehte mich zu ihm und sah ihm ins Gesicht. Er musterte mich und suchte nach Zeichen von Angst, konnte aber keine entdecken. Seine AK 47 war nach unten gerichtet. Die Gelegenheit war günstig, um ihn zu erledigen, aber ich hatte noch Hemmungen. Die Frage war nur, wie lange diese noch anhalten würden, denn eines war sicher: Ich würde mich von diesen zwei Typen nicht töten lassen. Ich bemerkte, wie sich Gas in meinem Magen sammelte, meiner Meinung nach ein bisschen zuviel und so konnte ich nicht verhindern, dass mein Anus Trompetus laut und deutlich Luft abließ. Ich musste grinsen. Auf diese Weise hatte ich meine anfängliche Todesangst endgültig im Griff. In Extremsituationen sendet der Körper einen Angstreiz als Signal an das menschliche Gehirn, um Flucht oder Kampf auszulösen. In diesem Moment steht die Verdauung still und es kommt manchmal dann genau zu dieser Reaktion. Die wiederum schien dem Uniformierten nicht gefallen zu haben, denn er drehte sich zu seinem Begleiter und sagte etwas zu ihm. Genau in diesem Moment zog ich mein Stahlmesser heraus und trat einen Schritt nach vorne. Mit der linken Hand packte ich seine rechte Schulter, schlang meinen Arm um seinen Hals und drehte seinen Körper so, dass er mit dem Rücken zu mir gewandt stand. Die Angst verlieh mir eine enorme Muskelkraft und mein einziger Gedanke war „Jetzt bloß nicht loslassen!". Der Uniformierte begann zu zittern, denn der Knebelgriff strengte ihn an. Ich hatte ihn in der Gewalt und zielte mit dem Stahlmesser in Richtung seiner Milz. In ARMY-Kreisen weiß man, dass die Milz ein äußerst gefährliches Organ ist, wenn sie verletzt wird. Sie liegt im linken Oberbauch ungefähr auf der Höhe zwischen der neunten und zehnten Rippe, hat die Form einer Kaffeebohne, wiegt 150-200 Gramm und fungiert als eine Art Filter, durch die das Blut hindurch gepumpt wird. Durch einen gezielten Stich stirbt ein Mensch innerhalb von kurzer Zeit an inneren Blutungen. Das war den beiden AK 47 Trägern wohl schon zu Ohren gekommen, denn keiner von beiden rührte sich auch nur ein bisschen. Ich hatte eine Pattsituation hergestellt. Keiner von uns Dreien konnte nun mehr etwas tun. Ich lockerte meinen Griff um den Hals des Soldaten etwas, damit dieser nicht erstickte. Dabei positionierte ich meinen Ellenbogen unter seinem Kinn, damit ich ihn besser festhalten konnte, ohne dass es mich zuviel Kraft kostete.

Auf diese Weise hätte ich ihn stundenlang schmoren lassen können. Selbst wenn mir das Messer aus der Hand geglitten wäre, hätte ich nur einen Schritt zurück machen müssen – und der Mann hätte sich durch die Verlagerung mit seinem eigenen Körpergewicht das Genick gebrochen. Aber das wollte ich natürlich nicht.

Ich sah mich um. Schlagartig wurde mir klar, was der andere Uniformierte vorher gerufen hatte: Ein Militärkonvoi näherte sich uns. Das war der Beweis, dass es sich bei den beiden Soldaten keinesfalls um Angehörige der Kroatischen Armee handelte. Wenn der Konvoi überhaupt einer der Kroatischen Armee war. Aber das war mir jetzt erst einmal schnuppe, denn ich musste ihre Angst vor dem Militärkonvoi ausnützen. Jetzt! Mit einem kräftigen Schubs stieß ich meinen Kurzzeit-Gefangenen in Richtung des anderen Soldaten, der dadurch ins Schwanken geriet.

Er taumelte, aber dann fing er sich schnell. Ich hatte inzwischen die Situation genutzt und war hinter der Ruine in Deckung gegangen. Die beiden Männer waren verschwunden. Mein Herz schlug wild. Es fühlte sich an, als ob es aus meinem Brustkasten springen wollte.

Sehr, sehr unangenehm. Mir war bewusst geworden, dass ich die ganze Zeit kurz davor gestanden hatte, einem anderen Menschen das Leben zu nehmen. Das ist das Grausame im Krieg: Du musst unter Umständen töten, um zu leben. Sicher hatte dieser Mann auch eine Familie, die er liebte. Und trotzdem, ich hätte mich verteidigen müssen. Ich dankte Gott still dafür, dass er mich davor bewahrt hatte. Inzwischen passierte die Militärkolonne die Ruine. Sie hatten mich entdeckt, aber hielten nicht an. Ich raffte meine Sachen zusammen und wollte abhauen, bevor die Kolonne zu Ende war. Nur so konnte ich sicher sein, dass die beiden Uniformierten nicht zurückkehrten und mich doch noch kaltmachten.

Ich stieg in den Camaro und fuhr in die Richtung, aus der ich gekommen war, zurück. Die Soldaten im Konvoi sahen mir hinterher. Weiter in Richtung Süd Süd West befand sich nach ein paar Kilometern wieder eine Polizeikontrolle. Ich hielt. Der diensthabende Polizist fragte, wohin ich fuhr. „Osijek." Ich hatte das Wort noch nicht zu Ende gesprochen, da wusste ich, dass es ein Fehler gewesen war, die Wahrheit zu sagen. „Was wollen Sie dort?", bohrte der Polizist weiter. „Ich liefere Medizin für das Krankenhaus in Osijek." „An wen, haben Sie einen Namen?" „Dr. Lovric." „Gut, aber machen Sie bitte trotzdem einmal den Kofferraum auf." Ich tat es, schwor mir aber, in Zukunft nicht mehr so offen Namen und Orte herauszuposaunen. Schließlich könnte das bei der nächsten Kontrolle ins Auge gehen – und die Hilfsgüter würden dann vielleicht konfisziert. Im Krieg kannst du dir nie sicher sein, wer auf welcher Seite steht. „Okay, sie können weiterfahren. Stopp, halt, noch einen Moment:

Was hatten Sie in der Stadt Nord zu tun?" „Nord? Ich war nicht in Nord. Und wenn, dann habe ich mich verfahren. Aber warum sprechen Sie eigentlich so gut Deutsch?" Irgendwann hatte ich mir die Taktik zugelegt, Fragen mit Fragen zu beantworten. Den Grenzer schien das nicht zu wundern, sondern er freute sich über das Lob seiner Sprachkenntnisse. Denn nun fing er an zu erzählen. Er kam in Plauderlaune, seine Haltung entspannte sich zunehmend. Ein paar Minuten später war ich im Bilde, warum es ihn nach Deutschland verschlagen und wo er gearbeitet hatte. Unterdessen fiel mir ein, dass ich keine Zeit zu vergeuden hatte. Um mich nicht noch länger aufhalten zu müssen, brummte ich schließlich so etwas wie: „Interessanter Werdegang." Er schien das Signal zu verstehen. Ende der Unterhaltung. Ich ließ den Wagen an und fuhr weiter.

Nach weiteren 52 Kilometern erreichte ich Osijek, die viertgrößte Stadt Kroatiens, die am Ufer des Flusses Drau liegt. Die Stadt hat mehrere eigenständige Zentren: Die Altstadt und sogenannte Festung, die Oberstadt, mittlerweile das eigentliche Zentrum und die Unterstadt. Wäre Frieden, würde man die Landschaft um die Stadt herum als „malerisch" bezeichnen. Aber jetzt herrschte hier der Krieg. Bis vor kurzem lebten hier 165.253 Menschen, prozentual verteilt wie folgt: 66,6% Kroaten, 20% Serben, 1,8% Ungarn, 0,2% Deutsche und 11,4% andere Landsleute. In den letzten Wochen jedoch hatte die serbische Artillerie die Stadt dauerhaft unter Beschuss genommen. Mit dem Ergebnis, dass alle, die dazu in der Lage waren, die Stadt verlassen hatten. Es galt die Parole: Rette sich, wer kann. Die Regierung hatte es versäumt, gleich zu Beginn der Belagerung Frauen, Kinder und alte Menschen zu evakuieren. Das muss man sich mal vorstellen, die Serben greifen an und die Regierung unternimmt nichts. Wofür wählt man die dann eigentlich? Doch zum Schutz, oder? Ohne den geringsten Zweifel verströmte Osijek die Aura einer verlassenen Stadt. Morbide, zerschossen und dem Untergang geweiht. Ich folgte den Schildern in Richtung Zentrum und hielt angestrengt Ausschau nach dem Krankenhaus. Bisher war es ruhig gewesen, doch aus heiterem Himmel nahmen die Angreifer plötzlich wieder den Artilleriebeschuss auf. Granaten detonierten mit ohrenbetäubendem Knall, nicht weit entfernt. Ich zwang mich, ruhig zu bleiben und überlegte, was ich tun sollte. In Deckung zu gehen war unmöglich, hier stand Haus an Haus. Ich hielt Ausschau nach einem Hinterhof. Nichts. Schutzlos während einer Gefechtsphase auf der offenen Straße herumzugurken, war einfach Scheiße. Ich folgte der Straße, vor mir lag eine Kurve. Weiterfahren. Bewegung war besser als Stillstand.

In 50 Metern Entfernung stand ein Polizeiwagen mit eingeschaltetem Blaulicht am Straßenrand. Der kam wie gerufen. Ich ließ den Camaro ausrollen, bremste auf gleicher Höhe, ließ das Beifahrerfenster herunter und fragte die Männer, die im Wagen saßen, nach dem Weg zum Krankenhaus. Die Polizisten stiegen aus. Angesichts der bedrohlichen Lage wirkten sie erstaunlich entspannt. Einer von ihnen fragte mit ruhiger dunkler Stimme: „Was wollen Sie dort? Jemanden besuchen?" Ich erklärte ihm, dass ich dort eine Hilfslieferung abgeben wollte, bei einem der Ärzte. „Wie ist sein Name?" „Dr.Lovric." „Okay, den kenne ich. Warten Sie. Ich fordere über Funk einen Streifenwagen an. Er wird in etwa fünf Minuten hier sein, um sie zu eskortieren", sagte er dann.

Die Polizisten stiegen wieder in ihren Wagen, im Freien zu bleiben war einfach zu gefährlich. Jetzt warteten wir gemeinsam. Durch die heruntergelassenen Autoscheiben unterhielten wir uns, so gut es ging. Wir mussten fast brüllen. An genaue Inhalte des Gesprächs erinnere ich mich nicht. Ich weiß aber noch, dass die serbische Artillerie währenddessen die Altstadt noch stärker in die Zange nahm. Der Lärm, der über uns hinwegfegte, war exorbitant, zudem wurde er durch das Echo zwischen den Mauern der Häuser verstärkt. Endlich nahten die Lichter eines Fahrzeugs im Rückspiegel. Der angeforderte Polizeiwagen traf ein, bemannt mit zwei Polizisten. Der Fahrer stieg aus und wies mich an: „Folgen Sie mir. Und bleiben Sie so dicht wie möglich hinter uns." Er machte eine schnelle Kopfbewegung in Richtung Camaro. „Das dürfte bei dem Auto kein Problem sein." Dann ging es los: Mit gut 100 Sachen rasten wir durch die Stadt. Ich klebte buchstäblich an der Stoßstange der Polizei. Was für ein Gefühl, eine derartige Geschwindigkeitsübertretung im Beisein der Staatsgewalt ohne Bußgeld begehen zu dürfen! Das hat man nicht alle Tage. Das Einzige was störte, war eigentlich nur noch das Granatfeuer um uns herum. Wir waren schnell am Ziel. Eine einzige Funzel beleuchtete den Empfangsbereich des Krankenhauses notdürftig, der vor uns lag. Wir gingen auf den Frontdesk zu. Einer der beiden Polizisten fragte die Schwester, die in dieser Nacht Dienst hatte, auf kroatisch nach Dr. Zvonimir Lovric. Ich hatte Lovric noch nicht persönlich getroffen, doch aus Erzählungen wusste ich, dass er ein fähiger Mann war. Die Frau nahm den Hörer auf und wählte die Nummer der Station von Dr. Lovric, um unseren Besuch anzukündigen. Nach einem kurzen Wortwechsel mit der Stationsschwester, teilte sie uns mit bedauernder Miene mit, dass Dr. Lovric im Moment alle Hände voll zu tun hatte. Er operierte. Sie wies mit der Hand in Richtung einer Warteecke, in der mehrere Bänke standen. Das sollte wohl so was wie „setzen bitte" heißen. Die beiden Streifenpolizisten und ich folgten der Aufforderung. Einige Minuten später kam eine junge, hübsche Krankenschwester den Gang entlang gelaufen und brachte uns eine Kanne starken kroatischen Kaffee und Tassen. Dann verschwand sie. Wir saßen da und starrten vor uns hin. Der dampfende Kaffee weckte meine Lebensgeister und rettete mich über ein Müdigkeitstief hinweg. Nach ungefähr einer halben Stunde kehrte die Schwester zurück – mit einer Nachricht von Dr.

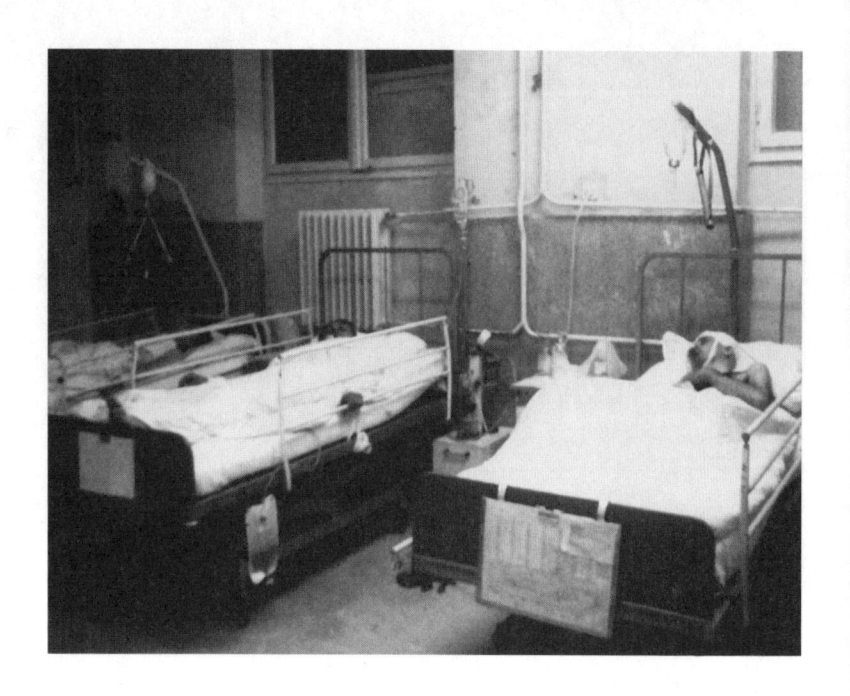

Lovric. Er ließ ausrichten, dass er in den nächsten Stunden den OP nicht verlassen könnte. Ich würde ihn erst am nächsten Morgen treffen. In der Zwischenzeit könnte ich jedoch in seiner Wohnung auf ihn warten und mich ein wenig ausruhen. Die Schwester reichte mir einen Zettel mit der Adresse und den Wohnungsschlüssel. „Zeigen sie ihm den Weg?", fragte sie. Die beiden Polizeibeamten nickten. „Warten Sie noch einen kurzen Moment, bat ich und spurtete zum Ausgang. Ein paar Meter entfernt stand der Camaro. Ich öffnete den Kofferraum und holte drei Säcke mit Medikamenten und Verbandszeug sowie einen weiteren Sack hervor, der randvoll mit Kinderspielzeug gepackt war. Schwer beladen ging ich wieder hinein. Als sie mich mit den Säcken hereinkommen sah, hellte sich die Miene der hübschen jungen Frau schlagartig auf. Dankbar lächelte sie mich an. Ich überreichte ihr die Hilfsgüter. In mir spürte ich ein deutliches Gefühl der Freude – darüber, dass ich die erste Etappe trotz der Gefahren gemeistert hatte. Für einen kleinen

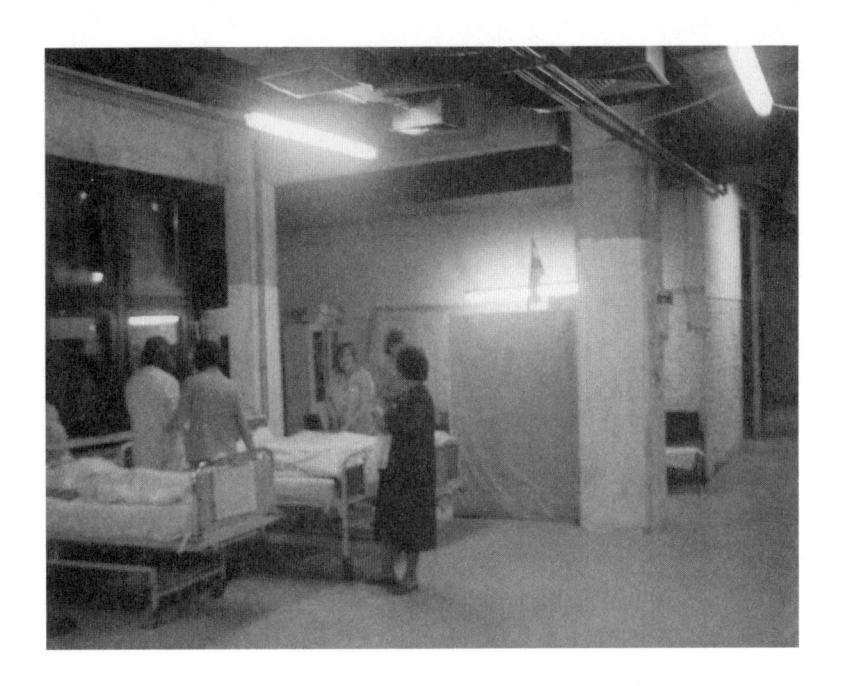

Moment fiel die Spannung von mir ab, die sich in den letzten Stunden in mir aufgebaut hatte. Ich wäre gerne direkt weitergefahren, doch diese Nacht würde ich in Osijek bleiben. Unter Geleitschutz erreichte ich den Wohnort von Dr. Lovric. Vor dem sechsstöckigen Haus, einem typischen kommunistischen Plattenbau, verabschiedete ich mich von meinen Begleitern. Sie erkundigten sich, welche Städte als nächstes auf dem Plan standen. Ich erzählte ihnen, dass die vor mir liegenden Ziele die Krankenhäuser von Vukovar und Vinkovci waren. „Sagen sie, wo halten sich eigentlich die Zivilisten auf?", fragte ich. Auf der Strecke, die wir gemeinsam zurückgelegt hatten, war in den Häusern kaum Licht zu sehen gewesen und das beschäftigte mich. „Das wissen wir nicht genau. Vermutlich sind aber nur noch zwischen 35.000 bis 60.000 Menschen in der Stadt", meinte der jüngere der beiden Kroaten. „Viele haben von selbst bei Verwandten außerhalb der Stadt einen Unterschlupf gesucht und andere wurden in den letzten Tagen evakuiert." Sie fragten mich, ob ich von der „weißen Kaserne" gehört hatte. Das hatte ich nicht. Über Wochen sei diese von der jugoslawischen Armee besetzt gewesen – mit der Folge, dass die Straße, die den östlichen und westlichen Teil von Osijek verband, nicht mehr passiert werden konnte. Erst nachdem die kroatische Nationalgarde die Kaserne zurückerobert hatte, war die Straße wieder befahrbar. Die Polizisten waren der Ansicht, dass ich mir die Stelle einmal ansehen sollte. „Dort steht ein brauner Ford Transit, der von Einschüssen durchlöchert ist. Nur das Heckfenster ist noch heil. Das ist ein besonderes Bild, machen Sie ein Foto." „Das werde ich. Danke für den Tipp und die Eskorte." Mann, dachte ich, die kann auch nichts mehr schrecken. Ich reichte ihnen die Hand. „Ach, noch was", sagte einer der beiden, „in den frühen Morgenstunden wird Dr. Lovric anrufen. Wenn das Telefon klingelt, können Sie den Hörer ruhig abnehmen. Schlafen Sie gut."

Der hatte Nerven. Ob es dazu käme, würde einzig und allein in der Hand der Serben liegen. Ich betrat das Hochhaus, in dem sich das Appartment von Dr. Lovric befand. Die Wohnung im dritten Stock bestand aus einem größeren Raum mit einer Küchenzeile und einem kleinen Bad. Ausserdem war da noch ein kleiner Balkon. Die Einrichtung von Dr. Lovric war zweckmäßig und spartanisch. Ich sah mich um, auf der Suche nach einem geeigneten Schlafplatz. Vorsichtshalber platzierte ich meine Luftmatratze unter den Küchentisch. Der Tisch würde mein Schutz sein, falls es Glassplitter bei einer Granatendetonation regnen sollte. Für alle Fälle hatte ich mir noch Verbandszeug und eine Taschenlampe neben meine Schlafstätte gelegt. Man konnte ja nie wissen. Kurz darauf fiel ich in einen kurzen, unruhigen Schlaf. Er dauerte etwa vier Stunden, dann wurde ich schlagartig wach durch einen Granateneinschlag im Nachbarhaus. Den Krach, den die Detonation verursachte und der mich aus dem Schlaf riss, das Splittern von Mauerwerk und Fenstern werde ich mein Leben lang nicht vergessen. Dieses metallische und harte Ge-

**OPĆINSKA SKUPŠTINA
OSIJEK**

SEKRETARIJAT ZA NARODNU OBRANU OPĆINE OSIJEK
MEĐUSTRANAČKO VIJEĆE ZA OBRANU HRVATSKE

Zahvalnica

Herr HELGE MEYER

U IZNOSU OD _____ DEM

**ZA NESEBIČNU LJUDSKU, HUMANU
I MATERIJALNU POMOĆ
NAMIJENJENU OBRANI NAŠE DOMOVINE HRVATSKE**

U OSIJEKU 1991. godine.

Predsjednik
OPĆINSKE SKUPŠTINE
OSIJEK

Sekretar
Sekretarijata za
Narodnu obranu općine OSIJEK

räusch der Explosion, das Bersten des Metalls. Dieser Schall geht durch Mark und Bein und brennt sich im Gehirn ein. Mein erster Gedanke war: „Was passiert als nächstes?" Da hörte ich es wieder zischen, wie ein überdimensionaler Feuerwerkskörper und schon kam die nächste Granate angeschossen. Mit einem Donnern und Heulen bohrte sie sich in eine Hauswand. Ich betete zu Gott. Hoffentlich kamen bei dieser Scheiße keine Menschen ums Leben. Sicher war man hier nirgends, weder auf der Straße noch im Haus. Ich rappelte mich auf und schlich auf den Flur vor der Wohnungstür. Alle Türen waren verschlossen, keine Menschenseele war zu sehen, weit und breit. Sollte ich in diesem Haus alleine sein? Lauter werdende Feuerwehr-Sirenen ließen auf mutige Männer schließen, die sich auf die Straße wagten, um Verletzte zu bergen und ihnen zu helfen. Sie alle hatten sicher auch Familien, Kinder, Frauen, die täglich vor der Frage standen, ob der Mann und Vater tot oder lebendig nach Hause kommen würde. Ein Leben mit dem Tod im Nacken. Ich hätte nicht mit ihnen tauschen wollen. Genauso plötzlich wie der Beschuss begonnen hatte, endete er wieder. Stille machte sich breit im ganzen Viertel. Todesstille. Das war äußerst unheimlich. Ich dankte Gott, dass meine Familie von solch einer Hölle bisher verschont geblieben war und dass sie sich im sicheren Deutschland befand. Ich kehrte in die Wohnung zurück und ging ins Bad. Ich blickte in den Spiegel und fragte mich, was ich hier eigentlich wollte. Was tat ich hier? Bewaffnet mit einer Bibel. Das war nicht mein Land und mein Volk. Hatte ich noch alle Latten am Zaun? Jeder vernünftige Mensch würde sagen, dass ich sie nicht alle hätte. Aber so war es nicht. Ich hatte schließlich eine militärische Ausbildung, die mich sehr wohl in die Lage versetzte, anderen im Krieg zu helfen. Ich war in der Lage auf hunderte von Arten zu töten, ohne selbst getötet zu werden. Doch jetzt war meine Aufgabe das Gegenteil davon. Ich würde helfen. Ich legte mich wieder hin, aber ich konnte in dieser Nacht nicht mehr schlafen. Stattdessen las ich in einem Donald Duck Heft, das ich bei mir hatte und in der Bibel. Ich dankte Gott, dass ich noch lebte. Das kam mir irgendwie pervers vor: Ich lebte, aber in diesem Stadtteil waren vielleicht Menschen bei dem Angriff zu Tode gekommen oder verletzt worden.

Um genau 8 Uhr morgens klingelte das Telefon. Eine Schwester teilte mir mit, dass Dr. Lovric nicht kommen konnte. Ich sollte den Wohnungsschlüssel in den Briefkasten werfen. Sie bedankte sich nochmals im Namen von Lovric für die Medizin und das Spielzeug. Dann wünschte sie mir eine gute Weiterfahrt. Ich sagte ihr, dass ich mich über ein Wiedersehen freuen würde. Nachdem ich meine Sachen gepackt hatte, verließ ich die Wohnung. Der Camaro stand unbeschadet vor dem Haus. Ich verstaute meine Habe und fuhr die Straße hinunter in Richtung „Weiße Kaserne". Wie von den Polizisten beschrieben, stand dort der verwaiste braune Ford Transit. Ich machte ein Foto und fuhr weiter nach Vinkovci, allerdings nahm ich einen Umweg über Dakovo. Ich zündete mir auf der Fahrt eine Zigarre an und legte eine Kassette ein. Aus den Lautsprechern tönte „Spiel mir das Lied vom Tod" und anschließend „Der Mann mit der Mundharmonika." Das passte in die Situation. Unzählige Kontrollen später, bei denen immer wieder der Camaro und der Motor bestaunt wurden, kam ich in Dakovo an. Die Stadt fungierte als eine Art Zentrum verschiedener Frontabschnitte. Sie wirkte friedlich, aber ich sah unzählige Flüchtlinge aus Vinkovci und Vukovar, die sich hier aufhielten. An jeder Ecke entdeckte ich Militär. Das sprach dafür, dass hier ein Logistikzentrum eingerichtet worden war. Nach mehreren Kaffees in einer kleinen Bar fuhr ich in Richtung Osten, nach Vinkovci. Bei jeder weiteren Kontrolle riet man mir davon ab, meine Fahrt fortzusetzen. Das war ja nichts Neues für mich. „Ja, ja", sagte ich, „sicher bin ich jetzt 1.500 Kilometer gefahren und dann drehe ich kurz vor dem Ziel um. So ein Blödsinn. "Wie schon zuvor, ließen mich die Kontrolleure weiterfahren. Vinkovci ist eine mittelgroße Stadt mit etwa 98.500 Einwohnern, die einmal aus 80% Kroaten, 13% Serben, 1,6% Ungarn und 5,4% weiteren Volksangehörigen bestand. Jetzt waren die meisten Serben verschwunden. Das lag unter anderem daran, dass die Stadt beinahe täglich unter serbischem Dauerfeuer stand. Gekämpft wurde hauptsächlich an der Eisenbahnlinie, weil Vinkovci einen der größten kroatischen Bahnhöfe besaß. In unmittelbarer Nähe der Frontlinie lag auch das Krankenhaus, mein nächstes Ziel. Auch dorthin wollte ich Medizin, Verbandszeug und Spielsachen liefern. Im Moment herrschte Feuerpause, ob vereinbart oder auch nur zufällig, wusste ich nicht. Das Krankenhaus war zur Front durch Erde und einen geschlossenen Metallzaun gesichert. Dadurch konnte man hier vergleichsweise geschützt auf der Straße fahren, selbst wenn geschossen wurde. Man musste nur den Mut aufbringen. Das Krankenhaus machte einen deprimierenden Eindruck. Die gesamte Seite zur Frontlinie, war ausgebrannt und verkohlt. Ein großer schwarzer Trümmerhaufen. Ich versuchte mir vorzustellen, wie es den Patienten während des Angriffs ergangen sein musste. Ich hörte förmlich das Schreien der Kinder und hilflosen Menschen, die hier in der Feuerbrunst gefangen waren und darin umkamen. Ich sah die Panik in ihren Augen. Schreckensbilder in einem Film, der in der Realität gedreht worden war. Bitter und grausam. Wut und Hass stiegen in mir auf, meine Aggression basierte auf der Hilflosigkeit. Die gleiche Ohnmacht hatte ich in Osijek verspürt. Die Gefühle waren unerträglich. Ich riss mich zusammen und betrat den noch erhaltenen Flügel. Dort übergab ich die Hilfsgüter an meinen Kontaktmann, einen Arzt. Im Ärzte- und Schwesternzimmer traf ich außerdem einige Krankenschwestern. Eine davon erzählte mir von einem kleinen Kind ohne Arme. Das war zuviel für mich. Das kleine Kind ohne Arme brachte mich zum Weinen. Schnell verließ ich das Zimmer und ging in eine der Toiletten. Dort sperrte ich mich ein und heulte zehn Minuten lang – erst dann bekam ich mich langsam wieder unter Kontrolle. Hier vor Ort war das Grauen einfach plastisch. Der eigene Verdrängungsmechanismus funktioniert dann nicht mehr. Ich wartete noch einige Minuten, denn ich wollte mein Entsetzen und meine verheulten Augen nicht zeigen. Schließlich war ich ein Profi und ein Soldat – aber genau diese Einstellung kotzte mich im Grunde an. Ich war hart und harte Männer weinen nicht. Das war kompletter Schwachsinn. Harte Männer kennen ihre Grenzen, schwache Männer jedoch nicht. In meinem eigenen Gefühlschaos gefangen, hatte ich gar nicht bemerkt, dass es draußen zu schneien begonnen hatte. Das konnte ich jetzt allerdings überhaupt nicht gebrauchen. Ich beschloss, ohne Pause nach Vukovar weiterzufahren, um dort die letzten Hilfsgüter auf dieser Reise abzugeben. Ich verabschiedete mich von den Ärzten und Schwestern und brach auf. Ich wählte die Strecke nach Vukovar, die über Nostar führt. Kurz bevor ich Nostar erreichen konnte, wurde ich von der kroatischen Armee gestoppt. Ich war 500 Meter von der Frontlinie entfernt. Nostar wurde von drei Seiten angegriffen. Die Aggressoren hatten es trotz großer Mannstärke und einer guten Ausstattung mit Waffen bisher nicht geschafft, das Dorf einzunehmen. Ich sprach mit einem

Das Krankenhaus in Vinkovci

Sanitäter und überließ ihm einen Teil der Medizin und Verbandszeug. Ich ließ mich nicht abhalten und suchte nach einem Weg, wie ich trotzdem nach Vukovar gelangen könnte. Ich wendete den Camaro und wollte zunächst ein Stück in Richtung Vinkovci zurückfahren. Im Rückspiegel sah ich, wie der Sanitäter hinter mir herlief und dabei wild gestikulierte. Ich hielt. Er fragte mich, ob ich ihm noch mehr Verbandszeug und Medikamente geben könnte. Ich stieg aus dem Camaro und wollte den Kofferraum öffnen. In genau diesem Moment eröffneten die Serben wieder das Feuer. Der Sanitäter, ein junger Mann Anfang zwanzig und ich gingen in Deckung. Wir blieben so fast zehn Minuten flach auf dem Boden liegen. Ich trug eine Flagweste und den Kevlarhelm. Das war mir peinlich, denn der Sanitäter war dem Feuer völlig schutzlos ausgesetzt. Er trug nichts dergleichen zu seinem Schutz von Leib und Leben und das, obwohl er einen Dauerfronteinsatz schob. Ich schwor mir, ihm zu helfen, irgendwie. Während einer Feuerpause robbten wir hinüber zum

Camaro. Ich öffnete vorsichtig den Kofferraum und überließ ihm den Rest meiner Hilfsgüter. Die Serben begannen erneut zu schießen, dieses Mal benutzten sie Handfeuerwaffen. Wieder gingen wir in Deckung. Ein unvermittelter Schlag wirbelte meinen Kopf herum und der Helm flog mir vom Kopf. Er segelte durch die Luft und kam zehn Meter von uns entfernt zum liegen.

Ich fühlte mich wie gelähmt und lag wie schockgefrostet auf dem Boden. Der junge Sanitäter sprintete los und holte meinen Helm. Ungläubig starrte er ihn an. In dem Helm steckte ein 9 mm-Geschoss. Wir trauten unseren Augen nicht, das hatte noch keiner von uns erlebt. Der Hauch des Todes. Ich wünschte mir in diesem Moment, ich hätte einen zweiten Helm gehabt, den ich dem Sanitäter hätte überlassen können. Doch ich hatte nur den einen und ich brauchte ihn vielleicht selbst noch auf dem Rückweg. Eine halbe Stunde später stellten die Serben das Feuer ein. Ich verabschiedete mich von meinem neuen Freund, mit dem ich binnen einer Stunde mehr erlebt hatte, als manch anderer in einer lebenslangen Verbindung und sprang dann mit einem Satz in den Camaro. Zur Sicherheit aktivierte ich während des Anlassens die NOS-Anlage. Im Rückspiegel sah ich ihn, wie er zum Gruß die Hand hob. Es berührte mich, doch gleichzeitig wollte ich jetzt erst einmal zurück nach Deutschland. Ein paar Kilometer vor der Frontlinie von Nostar hielt ich am Straßenrand an. Ich blickte in den Himmel und dankte Gott mit einem Stoßgebet, dass er mich erneut beschützt hatte. Ich versprach ihm, dass ich den Menschen auf dem Balkan helfen würde, solange er schützend seine Hand über mich hielt.

Eine 9 mm im Hut tut keinem gut!

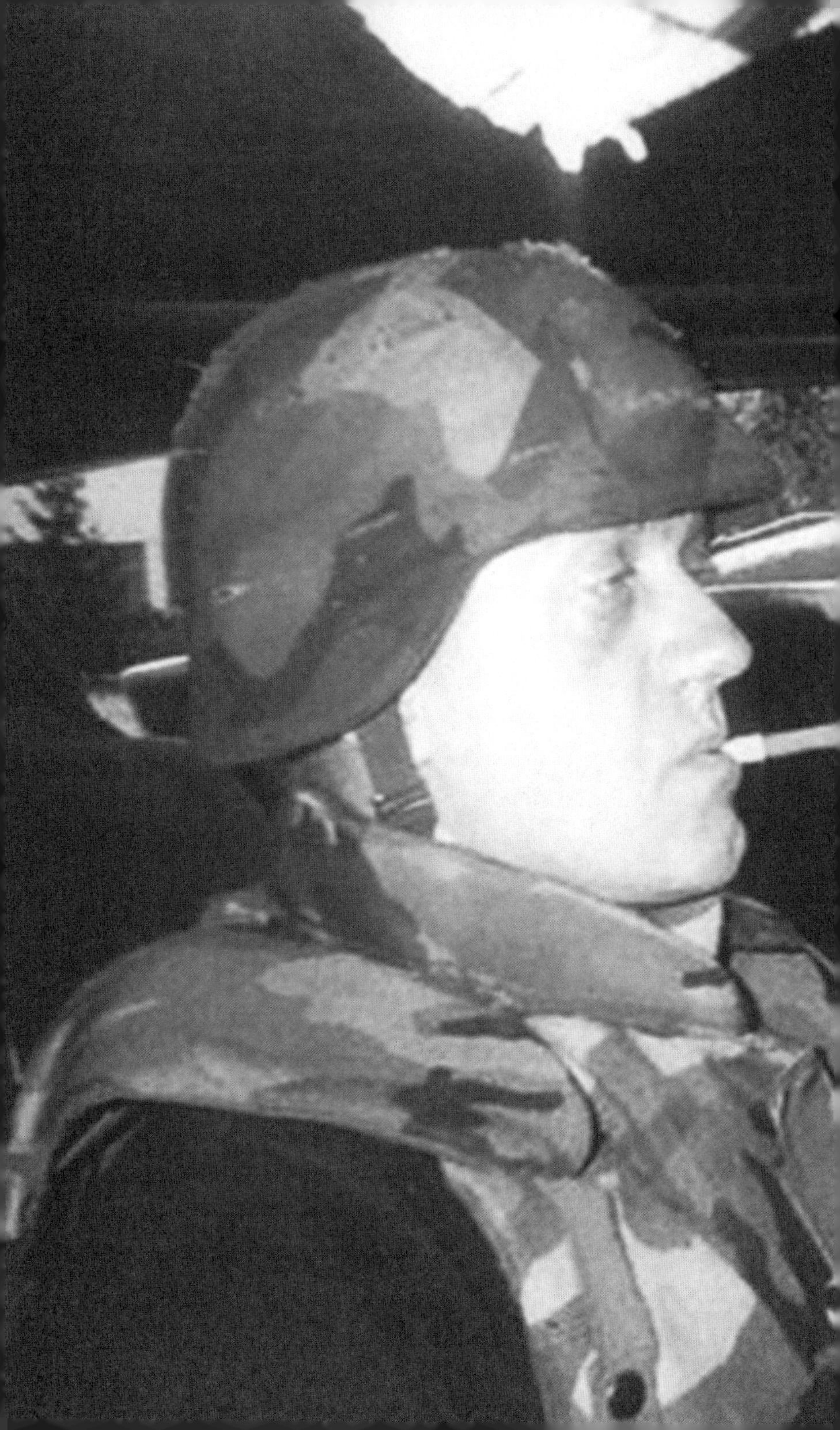

Kapitel 8
TREFFEN MIT ALTEN BEKANNTEN

Zurück in Deutschland bereitete ich sogleich die nächste Reise nach Kroatien vor. Manchmal, wenn ich in den Wintertagen Zeit zum Nachdenken fand, fragte ich mich, ob der Schuss, der meinen Kevlar-Helm durchbohrt hatte, gezielt oder zufällig abgefeuert worden war. Vermutlich war letzteres der Fall gewesen – doch wenn ich den Helm nicht getragen hätte, hätte sich mein Hirn in rote Grütze verwandelt. Dänische rote Grütze, vergossen auf kroatischem Boden. Rote Grütze mag ich eigentlich, besonders mit Sahne, aber jetzt war mir der Genuss eher suspekt. Ich erwog in einem Anfall von seltsamen Humor, bei meinem nächsten Ritt nach Kroatien „Rote Grütze" in Dosen mitzunehmen, als Proviant und Mahnung an mich selbst. Die Mahnung, vorsichtiger zu sein. Obwohl, wenn ich darüber nachdachte, wäre es wohl das Beste gewesen, dort gar nicht mehr hinzufahren. Das aber ließ mein Gewissen nicht zu. Die Eindrücke waren zu brutal. Die Menschen in Ostslawonien brauchten Hilfe. Jetzt war es kalt in Osijek, Vinkovci, Vukovar und Dakovar. Viele Vertriebene lebten in Notbehausungen, ohne Heizung und fließend Wasser. Krank, ausgezehrt und verlassen. Jede menschliche Geste, und wäre sie auch noch so klein, würde einigen von ihnen das Leben erleichtern. Und das galt nicht nur für die Zivilisten, sondern auch für die Soldaten der kroatischen Armee: Viele von ihnen waren keine Profis, sondern einfache Männer, die man in Uniformen gesteckt hatte. Man drückte ihnen Waffen in die Hand, ohne Ausbildung und Schulung. Einzig der Auftrag war ihnen immer wieder vehement eingeschärft worden: Verteidigt euer Vaterland!

Im Krieg hilft dir nichts mehr, als das Wissen, wie man ihn überlebt. Ich hätte den Männern gerne mit Rat und Tat zur Seite gestanden, gerne hätte ich sie trainiert oder ihnen meine Erfahrungen mitgegeben. Zum Beispiel die einfachsten militärischen Grundkenntnisse, die augenscheinlich fehlten. Es begann beim Tragen der Uniformen: Ich hatte Soldaten gesehen, die zu kleine oder überdimensionierte Jacken trugen, wogegen die Hosen aber nicht selten zu lang waren und beim Gehen auf dem Boden schleiften. Gut, zu lange Hosenbeine hätte man in die Stiefel stecken können, um nicht darüber zu stolpern. In der Mehrzahl aber trugen die Männer keine Stiefel, sondern lediglich Turnschuhe oder Straßentreter. Im Gelände ist das nicht der Bringer, wenn du dich damit mitten in einer Offensive auf die Schnauze legst. Oft standen die Uniformjacken auch sperrangelweit auf, sie entblößten dicke Bäuche. Der Truppe fehlte es an Selbstdisziplin und militärischem Drill. Das konnten auch die absurden Bezeichnungen der Spezialeinheiten, denen sie angehörten, nicht kaschieren. Sie nannten sich Tigers und Cobras und sahen in Wirklichkeit aus wie ein Rudel wilder, struppiger Hunde. Aber mal Hand aufs Herz, von den Mitgliedern einer Spezialeinheit erwartet selbst der Feind eine athletische Figur, einen durchtrainierten Körper und nicht Männer mit 100 Kilogramm Lebendgewicht, die 1.600 Meter in einer Stunde zurücklegen.

Top war bei den Kroaten hingegen die Moral. Während die Serben und Tchetniks Artilleriegeschütze und Mörsergranaten gegen Osijek richteten, gingen die Beschossenen nur für kurze Zeit in Deckung. Einige junge Verrückte mal ausgenommen, die sich einen Spaß daraus machten, in den Straßen herumzulaufen, während die Granaten über der Stadt detonierten. Ihre Motivation mag eine Mischung aus Mut, Dummheit und Unwissenheit gewesen sein, aber immer schwang auch Protest und die Demonstration von Stärke mit. Nach dem Motto: Egal was ihr in unsere Stadt hereinfeuert, uns kriegt ihr nicht klein. Zum Gutteil jedoch war auch der Protest sicherlich nur noch ein bloßer Akt der Verzweiflung gegenüber dem materialmäßig überlegenen Feind. Ein Feind, dessen Moral sich im Keller befand. Auch die Zivilbevölkerung schloss sich der Einstellung an. In den Feuerpausen gingen die verbliebenen Bewohner von Osijek auf die Straßen und begannen mit den Aufräumarbeiten der angerichteten Zerstörung, so gut es eben ging.

Der Krieg in Kroatien war zum Teil geschlossen und zum Teil offen. Mit offen meine ich, dass es beispielsweise möglich war, durch Schlupflöcher in die Stadt zu gelangen, etwa um den Schaden einzuschätzen, der seine Schneisen kontinuierlich in die Stadt schlug. Auch der Feind kam in Gestalt von serbischen Spähern, die die Auswirkungen der Angriffe dokumentierten und im eigenen Lager vermeldeten. Das einzige Hindernis waren Polizeikontrollen. Der geschlossene Teil des Krieges spielte sich um den Frontabschnitt außerhalb der Stadt ab. Hier betrat man eine Art Niemandsland zwischen den Serben und Kroaten – am besten nur in Uniform und in Begleitung der Armee.

Der Sinn dieses ganzen Krieges, der zu großen Teilen auf religiösen Überzeugungen und ethnischen Säuberungsbemühungen fußte, erschien mir aus der Distanz betrachtet noch fragwürdiger als vor Ort in Kroatien. Ich persönlich sah mich auf der Seite der Schwachen, der Kindern und hilflosen alten Menschen, unabhängig von ihrem Glauben. Es war unerheblich, ob es sich um Serben, Kroaten, Muslime oder Christen handelte – für mich waren alle gleich, die unter diesem Scheiß hier litten. Die Kriegsparteien hatten offensichtlich vergessen, dass alle Menschen den gleichen Vater hatten, nämlich Abraham. Im Alten Testament und im Koran findet man hierzu interessanterweise fast identische Aussagen. Jeder, der in diesen Zeiten im Namen Gottes in den Krieg zog, war für mich ein Krieger des Teufels. Gott wollte nicht, dass sich die Menschen gegenseitig töteten, sondern er wollte Liebe für die Lebenden. Abgesehen davon, war Abraham Jude und von dieser Warte aus betrachtet, hatten alle Weltreligionen ein und denselben Nenner. Das alles hier war deshalb Bullshit in Hochpotenz. Ich attestierte mir selbst noch nicht mal mehr ein Helfersyndrom – sondern ich wollte Gott zu Diensten sein. Während meines Lebens hatte ich mir selbst mehrfach dieses Gelöbnis abgenommen – aber nicht immer war ich ihm gefolgt. Zum ersten Mal erinnere ich mich daran, dass ich im Alter von zwölf Jahren eines Tages auf dem Grundstück der Kirche meiner Heimatstadt Ringköbing stand. Es war inmitten einer Kampfpause mit meinen Freunden, die so wie ich gerne fochten. Ich weiß nicht mehr, was der Auslöser war, aber an jenem Tag lehnte ich mein Holzschwert für kurze Zeit an die Kirchenmauer und schwor mir und Gott, Notleidenden zu Hilfe zu eilen. Das war ein aus meiner Sicht guter Anfang.

Ein Jahr später allerdings war der Schwur kurz in Vergessenheit geraten, denn ich tat etwas, was allgemein Zweifel aufkeimen ließ, dass ich wirklich an Gott glaubte. Zu dieser Zeit war mir die Pflicht auferlegt worden, im Jahr vor der Konfirmation jeden Sonntag den Gottesdienst zu besuchen. Das wurde strengstens vom Ringköbinger Pfarrer überwacht. Er notierte sich alles. Der sonntägliche Gottesdienst begann stets um 17 Uhr und das erwuchs sich insofern langfristig zu einem Problem für mich, weil exakt gleichzeitig im örtlichen Kino die Vorstellungen begannen. Meistens allerdings ohne mich. Eines Sonntags lief ein Cowboy-Film, den ich unbedingt sehen musste. Meine Mutter ahnte das, weshalb sie mir sogleich meine zwei Jahre ältere Schwester Britta aufbürdete, gewissermaßen als Begleitperson. Mein Kumpel Jens Erik hatte die Tickets für das Kino schon besorgt und dieses Wissen machte es mir nicht leichter. Mann, ich saß geradewegs in der Kirchenfalle. Ich stöhnte leise bei dem Gedanken vor mich hin. Meine Schwester wusste, was mich umtrieb, soviel war sicher. Sie grinste mich breit an, auf eine Art wie es nur eine große Schwester fertig bringt, die genau weiß, was läuft. Ihr schien es richtiggehend Spaß zu machen, mich schmoren zu sehen. Wir gingen also zur Kirche und dort stand der Pfarrer wie jeden Sonntag neben dem Eingang und begrüßte alle, die eintraten. Wäre meine Schwester nicht dabei gewesen, so hätte ich nach der Begrüßung elegant und unbemerkt durch die Seitentür verschwinden können. Aber das war jetzt praktisch unmöglich, da sie unentwegt an mir klebte. Die Sitzordnung im Inneren des Gotteshauses war wie ein Kreuz angeordnet – grundsätzlich perfekt geeignet für meine Fluchtpläne, vorausgesetzt man hätte links außen gesessen, in der Nähe der besagten Seitentür. Aber nein, meine Schwester drängte mich, mit ihr auf dem kleinen Balkon Platz zu nehmen, der sich noch weiter links von den Sitzplätzen befand. Das wiederum sollte sich als taktisch guter Entschluss erweisen, denn der linke Teil der Kirche blieb weitgehend leer. Die Zeit verstrich, die Gebete und Gesänge nahmen ihren Lauf und ein Blick auf meine Armbanduhr sagte mir, dass nur noch ein paar Minuten bis zum Filmstart blieben. Ich saß auf heißen Kohlen. Die Zeit rannte. Noch lief die Werbung, der Film hatte noch nicht begonnen, aber viel Zeit blieb mir nicht mehr. Zu allem Überfluss hatte der Pfarrer uns hier oben sehr gut im Blick. Ich stand unter Strom und in mir brodelte es ungut. Ich war aufgeregt, wie es ein dreizehnjähriger Junge eben ist, wenn er nicht so kann wie er will. In einer Pause zwischen zwei Gebeten, war es dann plötzlich so still, dass man eine Stecknadel fallen hören konnte. Das war der Moment, in der sich meine Aufregung in einer donnernden Flatulenz entlud. Ich konnte einfach nicht anders, ähnlich würde es mir Jahrzehnte später noch einmal in Feindeshand ergehen, aber das ahnte ich damals freilich noch nicht. Blitzschnell duckte ich mich nach diesem ungewollten Fauxpas hinter der Balkonbrüstung, gerade noch rechtzeitig, bevor sich alle Blicke nach oben, auf uns richten konnten. Meine Schwester saß jetzt alleine da, gelähmt, und mit Sicherheit viele Augenpaare missbilligend auf sich gerichtet. Fast tat sie mir ein bisschen leid, während ich den Überraschungsmoment nutzte, um leise die Treppe auf allen Vieren herunterzukrabbeln und durch die Seitentür zu verschwinden. Lachend rannte ich zum Kino, meiner Schwester hatte ich es ein für alle Male gezeigt. Jetzt lag der Triumpf auf meiner Seite. Heute, wenn ich daran zurückdenke, bin ich allerdings peinlich berührt. Das war keine Ehrerbietung gegenüber Gott gewesen, was ich da als Dreizehnjähriger vom Stapel gelassen hatte. Ich hatte noch einen langen Weg vor mir, um ein guter Gläubiger zu werden.

Doch nun sollte ich bald wieder eine Chance erhalten, um das Versprechen, das ich als Zwölfjähriger abgegeben hatte zu erneuern. Bei meiner nächsten Fahrt nach Ostslawonien wollte ich nicht nur der Zivilbevölkerung Hilfe bringen, sondern auch den Männern in der Armee. Zunächst jedoch musste ich erst einmal neue Hilfsgüter organisieren. Medizin und Verbandszeug standen an erster Stelle auf meiner Liste.

Mitte Januar des Jahres 1992 erhielt ich Unterstützung von einem mir unbekannten Hamburger Arzt namens Dr. Müller – in Form eines Anrufs. Während des Telefonats vereinbarten wir, dass ich die Lieferung vor Ort abholen sollte. Ich fuhr nach Hamburg in die City in ein Lager und kehrte mit mehr als 100 Kilogramm Hilfsgütern auf die RHEIN-MAIN AIR BASE zurück. Ich war ein wenig über den Anruf verwundert gewesen, da meine Telefonnummer eigentlich nicht bekannt war. Auf Nachfrage erfuhr ich nur, dass jemand Dr. Müller von meiner Mission berichtet hatte. Ich war wachsam. Selten verlief das Besorgen der Hilfsgüter so schnell und unproblematisch. Doch die Übergabe verlief völlig harmlos. Ein paar Wochen später erhielt ich einen weiteren Anruf von Dr. Müller. Er berichtete mir, dass er über beste Kontakte verfügte. War ich unnötig misstrauisch? Hatten mich meine Erfahrungen zu einem Zweifler werden lassen? Ich war mir nicht sicher. Das einzige, was ich mit Bestimmtheit wusste war, dass ich Hilfsgüter benötigte. Erneut machte ich mich auf in den Norden, dieses Mal hatten wir den Treffpunkt in der Praxis von Dr. Müller im Stadtteil Tötensen vereinbart. Die Praxis lag in einer stattlichen Altbauvilla, vor der ein riesiger Kastanienbaum stand. Ich betrat das Gebäude, fragte nach dem Doc und wurde sogleich von Dr. Müller in einem Besprechungszimmer empfangen. Anfangs verlief das Gespräch banal. Aber ich ahnte während der Unterhaltung bereits, dass hier noch etwas anderes mitschwang. Einige Minuten später drehte sich die Situation und er gab seine Tarnung auf. „Ich helfe Ihnen gerne. Aber ich muss Sie bitten, uns auch zu helfen." Wer war

Miniature
CaneClassics
Bitte
für
Helfe Meyer
stehen
lassen
Metalle
Verbundstoffe

uns? Welcher Dienst steckte dahinter? Ich ließ mir nichts anmerken und nickte. Hinter der überraschenden Kontaktaufnahme verbarg sich also doch mehr. Was erwartete mich? Wieder einmal ein „Eine Hand wäscht die andere"-Geschäft oder noch mehr?

Was sollte ich tun? Keiner wusste zu dieser Zeit, wie lange der Kroatien-Krieg noch dauern würde, und auch in Bosnien-Herzegowina spitzte sich die Situation zu. Dort würde es bald brennen. Das zumindest hatte ich aus diplomatischen Kreisen gehört. Jetzt aber galt es, erst einmal herauszufinden, mit wem ich es zu tun hatte. Unvermittelt sagte ich zu Dr. Müller, oder wie der Mann auch immer heißen mochte: „Okay, geben Sie mir die entsprechenden Telefonnummern in Köln und Pullach. Dr. Müller ist ihr Dienstname, nehme ich an?" Das war ein Test gewesen. Der Gesichtausdruck des guten Doktors sprach Bände, ich hatte ins Schwarze getroffen. Er konnte ja nicht ahnen, dass ich eine hervorragende Nachrichtendienst-Ausbildung genossen hatte. Selbst die russische Abteilung war kein Problem für mich. Ich lächelte vor mich hin, was der Doktor, der vermutlich keiner war, nicht amüsant fand. „Warum lachen Sie." Ich klärte ihn auf, dass Dr. Müller auch der Name eines weltbekannten Sex-Shops am Frankfurter Flughafen war. Leider fehlte dem Mann gänzlich der Humor. Trotzdem gab er mir zwei Nummern, eine in Köln und eine in Pullach. Ich verabschiedete mich, nahm meine zusätzlichen Hilfsgüter mit und fuhr nach Frankfurt zurück.

An meinem damaligen Arbeitsplatz außerhalb der RHEIN-MAIN AIR BASE hatte ich ständig mit Kroaten, Bosniern und Serben zu tun. Einige von ihnen hatten gehört, dass ich Hilfslieferungen in die Krisengebiete transportierte. Mittlerweile wurde ich fast täglich gebeten, bei meinem nächsten Trip nach den Angehörigen zu sehen oder diesen zu helfen. Ich bekam Adressen zugesteckt, bei denen ich auf dem Weg nach Osijek vorbeischauen sollte. Bald würde die Gelegenheit kommen.

Nur noch ein paar Wochen und es würde wieder losgehen. Zuvor sollte ich Dr. Müller noch ein weiteres Mal treffen, das war abgemacht. Ich würde ihm als Treffpunkt den gleichnamigen Shop auf dem Frankfurter Flughafen vorschlagen. Bei der Vorstellung musste ich laut auflachen.

Ich nahm mir vor, Dr. Müller am Telefon noch ein wenig zu bearbeiten, um mehr in Erfahrung zu bringen, bevor ich in Köln und Pullach anrief. Später könnte ich auf eine Methode zurückgreifen, die man unter Fachleuten als MK ULTRA bezeichnete. Sie würde vermutlich trefflich funktionieren, da Dr. Müller etwas von mir wollte, ich aber nichts von ihm. Das normale Telefonat blieb ergebnislos. Dr. Müller durfte mir nichts sagen. Okay, dann würden wir nicht um MK ULTRA herumkommen, er brauchte wohl eine Gehirnwäsche.

Bei MK ULTRA handelte es sich um ein geheimes Forschungsprogramm der CIA zu Möglichkeiten der Bewusstseinskontrolle. Das Programm hatte in der McCarty-Ära begonnen. Während seiner Entwicklung arbeiteten mehrere Spezialisten und Forscher – darunter frühere SS-Leute – zusammen. Ihr Plan war gewesen, ein Wahrheitsserum für das Verhör von Sowjet-Spionen im Kalten Krieg zu gewinnen und darüber hinaus die Möglichkeiten der Gedankenkontrolle zu erforschen. Eingesetzt wurden dazu Drogen wie LSD und Meskalin, aber auch Gifte, Chemikalien, Hypnose oder Elektroschocks. Die Experimente führte man vielfach ohne das Wissen und die Zustimmung der Versuchspersonen durch, wobei es sich bei diesen anfangs größtenteils um zufällig ausgewählte US-Bürger, Krankenhauspatienten und Gefängnisinsassen handelte. Es galt als erwiesen, dass zahlreiche Versuchspersonen bei den Experimenten schwerste körperliche und psychische Schäden davontrugen, bis hin zum Tod. Als dies an die Öffentlichkeit drang, wurde eine Untersuchungskommission einberufen und das Programm öffentlich gerügt. Doch bis in die Gegenwart findet es weiterhin Anwendung. Es ist mir bewußt, dass dies nicht sympathisch klingt. Trotzdem aber musste ich erfahren, woran ich war. Manche Menschen gingen einem bei der Anwendung von MK ULTRA sofort ins Netz, bei anderen dauerte es etwas länger, bis es wirkte. Falls Dr. Müller zur zweiten Fraktion zählte, würde ich schon dafür sorgen, dass dies der Fall war. Denn ich würde mit der Methode sein Herz auf Hochtouren bringen und zwar mit mehr als 100.000 Schlägen am Tag. Diese Anzahl ist normal, um 140.000 Kilometer Venen, Schlagadern und feinste Kapilaren mit dem roten Lebenssaft zu versorgen. Man stelle sich die Leistung des Herzens pro Jahr einmal bildlich vor, die Wegstrecke des Blutes und mehr als 36 Millionen Schläge, das ist schon bemerkenswert. Wenn man die Leistung durch den Einsatz von MK ULTRA erhöht, ist das nicht unbedingt gut für den Organismus. Aber das ging mich eigentlich nichts an, denn Dr. Müller versuchte gerade, mich für eine Sache einzuspannen, die ich mir nicht freiwillig ausgesucht hatte. Als Profi musste ich gegensteuern, bevor mir die Situation aus den Händen glitt. Wir vereinbarten also den Zeitpunkt für die nächste Kontaktaufnahme. Dafür wählten wir zwei Tage in der kommenden Woche aus. Ich nannte ihm eine feste Uhrzeit und gab ihm eine Telefonnummer, wo er mich vor Dienstantritt erreichen konnte. Alles was ich wollte war, dass er mich nicht auf der Arbeit anrief.

Den Rest der Woche widmete ich den Vorbereitungen für meine Abreise. Der Camaro musste fit gemacht werden, ich ebenso. Außerdem musste ich auch noch Geld auftreiben, für die Tour. Das war Gesetz: Ich finanzierte alle meine Fahrten selbst, meistens dadurch, dass ich Überstunden in der Firma schob. Oder ich lieh mir das Geld bei Freunden, auch das kam schon mal vor. Wenn ich Freunde sage, meine ich auch solche. Einen Bogen machte ich allerdings um meine Arbeitskollegen, die vom Balkan kamen. Ich hatte nämlich keinen Bock darauf, dass die mir gegen Geld Aufträge erteilten. Däne, schau mal hier nach dem Rechten – nein danke recht herzlich. Ich fuhr nicht los, um deren Leute zu besuchen, sondern um das zu tun, was ich persönlich für richtig hielt. Manche meiner Arbeitskollegen waren penetrante Arschlöcher. Lieber nahm ich einen Kredit auf, als mich in Abhängigkeit zu begeben. Auf diese Weise blieb ich unabhängig und unbestechlich. Was ich außerdem tat war, mir in der Bibliothek des OSI Material und Informationen zu besorgen, die mir einen Überblick über die Zustände in Kroatien, das Land und die Machenschaften verschafften. Es war immer ratsam, zu wissen, worauf man sich einließ. Meine Freunde vom OSI halfen mir auch, indem sie mir Zugriff auf das sogenannte Weissbuch der CIA gewährten. Da standen die Sachen drin, die dir als nicht Balkanangehöriger weiterhelfen und außerdem noch einiges mehr.

In diesen Tagen fing ich auch an, im Hangar auf der RHEIN-MAIN AIR BASE die Hilfsgüter zu scannen und zu kontrollieren. Vor allem das Verfallsdatum der Medikamente war ein wichtiger Punkt. Ich hatte vor kurzem wieder einmal mit Dr. Lovric vom Krankenhaus in Osijek gesprochen und er hatte mir erzählt, dass er kürzlich eine Arznei-Lieferung per LKW erhalten hatte, die schon lange abgelaufen war. Nur die letzte Charge der Kartons war brauchbar. Die restliche Lieferung war Schrott gewesen, man hatte den Kram einfach nach Kroatien gefahren. War ja auch billiger als die Entsorgung in Deutschland. Und außerdem konnte man obendrein einen „auf Charity" machen. Das war der blanke Hohn, aber es gibt eben Menschen, die vor nichts zurückschrecken. Um solch einen Ruf zu vermeiden, sah ich mir jede einzelne Packung genau an. Zeit genug dazu hatte ich, denn ich hatte zwei Tage frei. Jetzt war es Montag, genau 8.00 Uhr und ich fuhr mit dem Camaro auf das Gelände der AIR BASE. Bevor ich meine Kontrolle durchführen würde, brauchte ich allerdings erst einmal ein Frühstück. Ich ging dazu in die „German Kantine". Dort gab es immer Country Style Breakfast, das echt deftig war. Ich bestellte mir eine doppelte Portion Eier mit Speck und eine große Tasse Kaffee. Dann verzog ich mich in eine Ecke und setzte mich mit dem Rücken zur Wand. Ich vermeide es, wo immer es möglich ist, mit dem Rücken zum offenen Raum zu sitzen, weil man ja nie weiß, wer sich von hinten nähert. Dort wo ich jetzt saß, konnte ich alles sehen, wer zur Tür hereinkam und wer hinausging. Ich konnte jeden im Raum beobachten und außerdem war ich ungestört. Weitgehend jedenfalls. Der einzige Nachteil meiner Sitzposition war, dass ich mich nicht unbemerkt verpissen konnte, wenn jemand kam, den ich unter keinen Umständen treffen wollte. Ja und so ein jemand kam gerade des Wegs, aber das ahnte ich noch nicht. Eine junge Frau in Uniform, die an ihr hing wie ein nasser Sack, ging gerade zur Theke und gab eine Bestellung auf. Ich sah ihr zu, wie sie das Tablett nahm. Sie kam in meine Richtung. Unvermittelt hielt sie an meinem Tisch inne und fragte, ob sie sich zu mir setzen dürfte. Ich nuschelte etwas, das wie „ja, kein Problem" klang. Sie glitt auf den Sitz direkt neben mir. Im gleichen Augenblick erkannte ich, wer die junge Frau war. Scheiße, dass war doch die, die ich damals auf dem Tee-Barbecue, das keines war, zum ersten Mal getroffen hatte. Damals trug sie einen sexy Flatterrock und es hatte schon damals nicht

viel gefehlt und ich wäre ihr an die nicht vorhandene Wäsche gegangen. Mein Gedächtnis arbeitete auf Hochtouren. Samstag-Abend-Tanz. Da war noch was. Es fiel mir wieder ein. Ja, da war noch mehr gewesen, eine echte Pleite für sie und für mich. Warum eigentlich? Ich sah mich um, wo ging es hier zum Schützengraben, in dem ich untertauchen konnte? „Du dänischer Bastard", vernahm ich ihre Stimme. Sie klang weich und doch unerbittlich, trotz des hellen Timbres. „Du schuldest mir noch etwas." Sie sah mir direkt in die Augen. Ich hatte schon einige Bräute klargemacht, aber diese hier war besonders. „Ach ja, was schulde ich dir denn?" Sie richtete sich auf und drückte ihre süße kleine Nase ungebremst auf meine. Mitten in der Kantine. Ich gab mich ungerührt, obwohl ich irritiert war. In ihrem hübschen Gesicht machte sich ein Grinsen breit. „Du Idiot, wir müssen reden. Privat. Nicht hier." Das klang doch mal nach einer viel versprechenden Unterhaltung. Das klang feucht. „Klar, reden wir. Aber nicht in den nächsten zwei Tagen, da habe ich zu tun." „Was denn?" Ich klärte sie über meine Mission auf und dass ich im Hangar meine Hilfsgüter kontrollieren müsse. Süffisant fügte ich hinzu, dass ich in den nächsten zwei Nächten auch auf der BASE nächtigen würde. „Wo denn genau?" Sie ließ nicht locker. „Im Hangar." „Schön, da komme ich zu dir und helfe dir." Ich wollte gerade sagen, dass ich mich sehr über ihre Hilfe, welcher Art auch immer, freuen würde, doch da trat mein Neffe Miguel mit ein paar Kollegen von der Security Police an unseren Tisch. „Du schuldest mir was, denk darüber nach", raunte sie leise. Miguel sah sie an, sein Blick war intensiv. In seinem Gesicht stand etwas wie ein anerkennendes „fetter, netter Braten". So was ähnliches jedenfalls, was uns Männern in so einer Situation in den Sinn kommt. „Onkel, ich habe beim OSI gehört, dass du heute Abend hier bist, im Hangar. Du kannst dich freuen, ich bin mit von der Partie. Ist dir doch recht?" Er warf einen amüsierten Seitenblick auf meine Begleiterin, scheinbar erfasste er, was hier abging. „Völlig okay. Du störst nicht", erwiderte ich. Sie sah mich durchdringend von der Seite an. Ich

konnte mir ein Lächeln nicht verkneifen. „Willst Du uns einander nicht vorstellen?" Miguel dachte nicht im Traum daran, zu verschwinden. Ich deutete auf das Namensschild an ihrer Uniform. S. Sörensen stand da. Gut, dachte ich, jetzt weiß ich wenigstens auch ihren Namen. „Wofür steht denn das S.?" Was wollte er, hier Wurzeln schlagen? „Susanne, aber Freunde nennen mich Sue." „Ein wirklich hübscher Name", hörte ich den Schleimer sagen, der mein Neffe war. Hatte der keinen Hunger? Stand hier rum und raspelte Süßholz. Meine Familie war in bestimmten Situationen echt klasse. Aber jetzt gerade wollte ich keinen von ihnen sehen. Sue musterte uns, ihr Blick wanderte vom einen zum anderen. „Ich weiß, wer Du bist. Du bist Miguel Mendez. Außerdem sprichst du perfekt Dänisch." „Jepp", bestätigte Miguel. Ich versuchte, meinem Gesicht einen Ausdruck zu verleihen, der sagte: Und jetzt geh endlich. Troll dich, lieber Neffe. Das hier ist nichts für dich, lass mal den Onkel alleine. Doch Miguel stand einfach da. Sue redete weiter: „Dein Name klingt mexikanisch, doch du bist kein Mexikaner." Was war das hier, ein Kurs in Erdkunde? „Nö", sagte Miguel, „ich bin Däne." Na bravo. „Das ist aber komisch." Klar, ganz komisch. „Wieso? Du trägst einen dänischen Namen und bist Amerikanerin, das ist doch auch nicht komisch." „Stimmt auch wieder", meinte Sue. Dann schien sie sich zu erinnern, dass sie mit mir noch ein Hühnchen zu rupfen hatte. „Okay, kann ich jetzt mit dem Dänen alleine weiter sprechen?" Miguel zog eine Augenbraue hoch. „Geht in Ordnung, ihr beiden Turteltäubchen, bye-bye", zwinkerte er übertrieben und setze sich in Bewegung.

Sue lief rot an und auch ich war irgendwie unangenehm berührt wegen Miguels Bemerkung. Oder war ich nur geil? Ich blickte zu Sue hinüber, sie sah immer noch so süß aus wie beim letzten Mal. „Sieh mich nicht so an. Ich hole mir das, was du mir von unserem letzten Tanzabend schuldest. Wir sehen uns nach Feierabend." Wir standen auf. Mit der Kaffeetasse in der Hand stieg ich in den Camaro und fuhr hinüber zum Hangar. Ich öffnete das große Tor und fuhr den Wagen hinein. Zunächst einmal stellte ich die Militärausrüstung zusammen. So wie ich die aktuelle Situation in Kroatien einschätzte, brauchte ich den Camaro dieses Mal nicht im Inneren mit Kevlar auszuschlagen, sondern benötigte nur eine extra Weste. Dies bedeutete, dass ich eine größere Menge Medizin und Verbandszeug transportieren konnte. Bis auf weiteres waren die Fronten in Kroatien festgefroren. Nach einer knappen Stunde hatte ich die gesamte Ausrüstung beisammen. Mir fehlten nur noch die Messer, der Tomahawk, die Handschellen und der Körperwärme-Detektor. Dieses Mal wollte ich außerdem noch eine zusätzliche Infrarot-Anlage und ein von mir patentiertes Schutzschild mitnehmen. Letzteres ließ sich hervorragend gegen herunterfallende Mauerstücke und sonstige herumfliegende Teile einsetzen. Ich war so mit den Vorbereitungen beschäftigt, dass die Zeit wie im Flug verging. Gegen 17.30 Uhr betrat Sue den Hangar, mit Kaffee, Pizza und Burger ausgerüstet. Wir gingen in einen kleinen abgetrennten Nebenraum und redeten während wir aßen über dies und das – ihre Zielstrebigkeit schien verflogen. Ich war schon fast ein wenig enttäuscht. Doch dann sagte sie unvermittelt, dass sie sich in mich verliebt hätte. Ich antwortete ihr, dass ich das Gleiche für sie fühlte. In meinem Hinterkopf sprach eine leise Stimme zu mir selbst: „Zumindest bis ich dich flachgelegt habe."

Gemeinsam gingen wir zum Camaro und packten die Medikamente in schwarze Plastiktüten, die wir je nach Inhalt beschrifteten. Zwei Stunden später waren wir endlich fertig. Wir versicherten uns gegenseitig, dass wir einen guten Job gemacht hatten. Dann beschlossen wir, zusammen ins Gym zu gehen und ein wenig zu trainieren. Sue wollte zunächst noch kurz in ihr Quartier, um sich etwas Ziviles anzuziehen, denn noch immer trug sie die Uniform und die war nicht sexy, wie ich fand. Auch ich zog mich in der Zwischenzeit um. Ich traf als erster im Sportstudio ein, doch Sue ließ mich nicht lange warten. Als sie den Raum betrat, traute ich meinen Augen kaum. Adorable – sie trug ein enges Army-T-Shirt und stramm sitzende Shorts, die ihre schönen langen Beine noch besser zur Geltung kommen ließen. Diese Frau war eine Provokation, durchtrainiert und physisch stark. Nach anderthalb Stunden Training gingen wir in die Sauna, leider getrennt. Auf der AIR BASE gab es keine Gemeinschaftssauna.

Nach zwei Durchgängen fühlte ich mich herrlich, wie aus dem Ei geschlüpft. Als wir uns vor dem Studio trafen, trug Sue einen Rock. Sie muss meinen begehrlichen Blick bemerkt haben, denn sie sagte, dass sie als Mormonin keine Hose tragen dürfe. Ich wunderte mich. „Dann dürftest du auch keinen Kaffee trinken und kein Fleisch essen, oder?" Sie lachte und meinte, dass sie hin und wieder eine Ausnahme machen würde. „Ich sehe das nicht so eng." Ich bewunderte Sue für ihre Einstellung. Trotzdem war ich „in the mood", sie flachzulegen. „If I would tell you that you have a beautiful body, would you hold it against me?"

Sue warf mir einen vielsagenden Blick zu, dann ließ sie ein niedliches Lachen hören. „Lass uns ein wenig im Camaro herumfahren, okay?" „Gute Idee, wir können zu mir nach Buchschlag fahren." Eigentlich erwartete ich, dass sie irgendetwas Abwehrendes sagen würde. Aber nichts dergleichen geschah. „Ja, fahren wir. Ich muss morgen früh aber um 7 Uhr wieder hier auf der BASE sein." Was war das? Hatte ich mich verhört, oder hatte mich Sue gerade dazu eingeladen, mit ihr ins Bett zu steigen? Ich traute meinen Ohren nicht. Allerdings war zu diesem Zeitpunkt mein Gehirn schon mit Sexualhormonen geflutet, und damit setzte es praktisch aus. „Ach Sue, ich würde alles für dich tun. Nur keinen Mord." „Wirklich?" Sie wirkte überrascht und gleichzeitig rührend unschuldig. Wir standen vor dem Camaro. „Zeig mir deine Ausrüstung. Alles, was du alles mitnimmst in den Krieg." Ihr Interesse freute mich. Ich zeigte auf das Equipment inklusive meiner Nietenhandschuhe. Sie ging zu dem Stapel und zog sich die Weste über, die zuoberst lag. Dann griff sie nach dem Kampfmesser und befestigte es mit dem Gurt an ihrem rechten Oberschenkel. Sie griff zu den Handschellen. „Sehe ich nun aus, wie eine von der Security Police?" „Ja, das kann man so sagen." „Gut, dann lass uns spielen. Du bist ein Krimineller. Setz dich hinter das Lenkrad und lege beide Hände darauf, den Kopf nach unten. Ich werde dich jetzt untersuchen, du Schuft." Ihr Blick war verführerisch. Ich setzte mich erwartungsvoll hin, so wie sie es mir befohlen hatte. Die Handschellen klickten, als sie mich mit der rechten Hand an das Lenkrad fesselte. „Na, wie fühlst du dich? Wie ein echter Krimineller?" Sue grinste mich an, ich grinste zurück. „Ich muss nun deine Hose kontrollieren." Ich freute mich darauf, nur zu! Jetzt konnte es nur noch besser werden. Sue öffnete langsam meinen Gürtel und zog meine Jeans herunter. Ich saß da – in Unterhosen – und starrte sie an. Sie schob ihren Rock hoch, und zeigte mir den winzigen Slip, den sie darunter trug. Mein Blick wanderte über ihren verführerischen Venushügel. Zeig mir einen echten

Mann, der darauf nicht entsprechend reagiert. Ich jedenfalls reagierte. Sue stieg zu mir ins Auto und ließ sich zu mir gewandt auf meinem Schoß nieder. Ich schob meine linke Hand langsam in ihren Slip. So blieben wir eine Weile sitzen, während ich das Terrain erkundete. Dann stand Sue auf und zog ihren Slip aus. „Du solltest auch nichts mehr anhaben. Hättest Du etwas dagegen, wenn ich ...?" Nein, ich hatte nichts dagegen. Rein gar nichts. „Schnell", stöhnte ich, die Erregung hatte mich voll im Griff. Sue griff nach dem Kampfmesser und setzte zu einem Schnitt durch den Stoff meiner Unterhose an. Das war der Moment, in der mich die Leidenschaft verließ. Plötzlich. Denn als ich das Messer in der Nähe meiner besten Teile sah, verging mir die Lust auf Sex. Sue bemerkte es. „Keine Sorge. Du brauchst keine Angst zu haben." Mit einer schnellen Bewegung platzierte sie sich rittlings auf meinen Schoß. Sie fühlte sich warm an, aber bei mir regte sich nichts mehr. Nach einer Weile, vielleicht einer oder zwei Minuten, stand sie auf, griff nach ihrem Höschen und zog es über. Fassungslos starrte ich sie an. Ich glaubte es nicht. Mir würde bewusst, wie unglaublich die Situation war. Ich saß hier angekettet untenherum nackt. Mann, war ich dämlich! Sie hatte mich eiskalt reingelegt. Sue stand vor mir und schüttete sich aus vor Lachen. Kriegte sich kaum wieder ein. „Erinnerst du dich an unseren Tanzabend? Du hast mir gesagt, dass du mich liebst und hast mich scharf gemacht. Für mich wäre es das berühmte „erste Mal" gewesen. Aber du hast mir den Slip ausgezogen, hast mich heiß gemacht und bist dann ohne ein Wort abgehauen. Weißt du jetzt, wie sich das anfühlt?" Sue sah mich triumphierend an. „Jetzt weißt du es!" Ich hatte sie unterschätzt. Dann nahm sie meine Hose und den Rest von meinem Slip und ging. Einfach davon. Na bravo. „Der Unterschied war, das ich dich nicht fest kettet habe", rief ich ihr hinterher. Das Argument war wohl zu schwach, denn es zeigte keine Wirkung, sie kam nicht zurück. Echt, eine schöne Scheiße war das, wie ich jetzt da saß. In der Falle. Untenrum ohne. Schöne Scheiße.

So saß ich eine Weile herum und hoffte, dass Miguel bald kommen würde, wie er es in der Kantine angekündigt hatte. Möglichst ohne einen Freund im Schlepptau. Als Mann der Security Police besaß er ganz sicher einen Schlüssel für die Handschellen. Trotzdem würde ich ihm erklären müssen, wie ich in diese Situation geraten war. Ich staunte immer noch über diese Frau, die so viele Jahre jünger als ich, aber berechnend zu Werke gegangen war. Wenn du nicht weg kannst, vergeht die Zeit quälend langsam und in meinem Fall dauerte die Warterei sogar fast eine Stunde. Plötzlich hörte ich Stimmen, die eines Mannes und einer Frau. Miguel kam mit einer Kollegin – ich wand mich auf dem Sitz. Gute Nacht, das brauchte ich jetzt. Um das schlimmste zu verhindern, rief ich nach Miguel. „Kann ich dir helfen?" „Bist du alleine?" „Nein." „Komm trotzdem erst einmal alleine her." Miguel stand neben dem Wagen. „Wo ist Sue?" Ich knurrte. Dann begriff er plötzlich die Lage und fing schallend an zu lachen. Mann, war das peinlich, hörte das auch mal wieder auf? Miguel fand die Situation so komisch, dass er losrannte und erst mal einen Fotoapparat holte, um das Ganze festzuhalten. Miguels Begleiterin hatte sich in sicherer Entfernung gehalten, doch jetzt kam sie näher. Bevor sie einen Blick in den Wagen werfen konnte, hatte sich Miguel davor postiert, so dass sie nichts sehen konnte. „Glaub mir, es ist besser so", kicherte er. Die Kollegin verzog sich. Als die Handschellen gelöst waren, kicherten wir beide. Ich war ja ein tolles Vorbild. „Ich fahre jetzt nach Hause. Aber zuvor werde ich Sue besuchen." „Das tust du besser nicht." Er hatte recht, außerdem wusste ich nicht, wo sie wohnte und mit nacktem Arsch konnte ich ja schlecht auf der AIR BASE herumrennen und Erkundigungen in diese Richtung einholen. Auf der Fahrt spielte ich in Gedanken alle möglichen Szenarien durch, wie ich mich an Sue rächen würde. Sie ordentlich rannehmen und so weiter. Allerdings musste ich mir auch eingestehen, dass sie ein ebenbürtiger Gegner war. Ich hatte die Schlacht verloren, aber nicht den Krieg. Gut Ding wollte eben Weile haben. Trotzdem konnte ich nicht schlafen und lag noch lange wach.

Am nächsten Vormittag hatte ich mich wieder auf der Reihe und fuhr auf die Base zurück. Ich fragte mich, ob ich MK ULTRA bei Sue anwenden sollte. Sie fühlte sich als Sieger und erst mal wollte ich sie in diesem Glauben lassen. Doch ich hatte ein Ziel vor Augen und wenig Zeit vor meiner Abfahrt. Was also konnte ich tun? Na ja, sie erst mal finden. Und dann meinen harten Kern durch einen Weichen ersetzen. Blumen kaufen war ein guter Start. Ich ging in den PX und holte den schönsten Strauß, den sie dort hatten. Dann ging ich ins Gym, wo Sue gerade beim Training war. Ich sah ihr eine Weile zu und fragte mich währenddessen, was dieses junge, durchtrainierte Ding von einem alten Sack wie mir wollte. Als sie mich entdeckte, kam sie zu mir und lachte. Ich innerlich auch. In einem mir selbst fremden Tonfall sagte ich, dass es mir leid täte, was beim Tanzabend vorgefallen war. „Es war nicht fair." Meine Stimme klang jetzt nur noch süßlich, igitt. Sue wirkte verwundert. „Was ist los mit dir?" Ich drehte mich weg und fuhr mir mit der Hand über die Augen. Die Hand benetzte ich vorher mit Spucke. Das wirkte, als hätte ich mir Tränen aus den Augen gewischt. Sue fiel prompt darauf rein. „Weinst du?" „Nein", ließ ich meine Stimme ein bisschen störrisch klingen. Dann bat ich Sue, mit mir zum Camaro zu kommen, weil dort eine Überraschung auf sie wartete. „Du machst mich neugierig. Lass mich raten, hast du eine Handgranate oder ein Messer für mich mitgebracht?" Ich ließ ein empörtes Schnaufen vernehmen. Was dachte sie denn von mir? Aber eigentlich war das perfekt, denn umso eher würde ich sie gleich mit den Blumen in die entsprechende Richtung drehen. Als ich ihr die roten Rosen (ungerade Zahl) und nach einer taktischen Pause die Karte, die ich dazu verfasst hatte, überreichte, schien sie sich sehr zu freuen. Immer wieder las sie den Text durch. „Ich habe das Gefühl, dass du mir mit der Karte etwas sagen möchtest." „Das kannst du annehmen, aber wenn ich sagen würde, was ich im Schilde führe, dann käme ich sicher nicht zum Zuge", dachte ich. So schwieg ich lieber. „Ich weiß, du willst mir sagen, dass du mich liebst." Selbstbewusst war sie, das musste man ihr lassen. Wie aus der Pistole geschossen, bestätigte ich glaubhaft: „Yes. I love you." Wenn ich auch nur eine Sekunde gezögert hätte, hätte sie mir nicht geglaubt. Sue legte die Rosen auf das Dach des Camaros, trat auf mich zu und küsste mich. Sie drückte mich gegen das Heck des Wagens, meine Hände waren zwischen ihrem Allerwertesten und dem Wagen eingeklemmt und so konnte ich sie nicht umarmen. Das allerdings war egal, denn in diesem Moment hielt ein Streifenwagen der Security Police neben uns. Der Police Officer am Steuer rief uns zur Ordnung. „Reißt euch zusammen, Leute." Wir nickten und kletterten in den Camaro. „Komm mich besuchen, heute Abend um sechs Uhr. Ich koche für uns." Sue angelte sich ein Stückchen Papier und einen Stift und schrieb mir ihre Adresse auf. Sie wohnte in Dreieichenhain, nicht weit von der AIR BASE entfernt. Ich hatte bis zu diesem Zeitpunkt aus unerfindlichen Gründen angenommen, dass sie ein Zimmer auf der AIR BASE hatte. Ich fuhr sie zu ihrer Dienststelle.

Ein paar Stunden danach stand ich vor ihrem Haus und klingelte an der Tür. Einmal. Nichts regte sich. Ich drückte den Klingelknopf ein zweites Mal. Wieder nichts. Ein komisches Gefühl beschlich mich. Drinnen war Stille, die Tür blieb geschlossen. Ich stapfte zum Camaro, knallte mich auf den Fahrersitz und ließ den Motor an. Ich legte den Rückwärtsgang ein und war ziemlich sauer. Als ich wendete, drehte ich den Kopf noch einmal in Richtung Haustür. Da war sie. Sie trug einen sehr sexy Minirock und stürmte auf den Wagen zu. Ich stoppte und machte den Motor wieder aus. Kaum ausgestiegen, sprang sie mich förmlich an. Ich packte sie in der Luft, hob sie hoch und setzte sie mit einem Ruck auf der Motorhaube ab. Dabei rutschte ihr Röckchen hoch und gab den Blick frei auf ein kleines durchsichtiges Höschen. Ich drängte mich zwischen ihre leicht geöffneten Beine. Sie spürte die Härte in der Leistengegend und fragte naiv, was das sei. Sie wollte also eine Art „Ich bin Miss Ahnungslos-Spielchen" haben und das würde sie bekommen.

Ich sagte ihr unverblümt, was sie da spürte. „Und was kann man damit machen?" „Das werde ich dir zeigen, später." Meine Hand unternahm indessen unter ihrem Rock eine Entdeckungsreise. Vor dem Haus war das nicht gerade die feine englische Art. Ich wähnte mich schon auf der Zielgeraden, als sie mir plötzlich einen kräftigen Schlag auf den Hinterkopf verpasste. Ich stand da, wie ein begossener Pudel, der drei Arten von Schmerzen gleichzeitig spürte: Erstens am Kopf, zweitens im Rücken und drittens in der Lendengegend. Ging das Spiel so? Kapierte ich die Regeln nicht? Sue stieg aus und ging ins Haus. Ich blieb sitzen und dachte nach. Sollte ich nach Hause fahren? Ich entschied mich dagegen und klingelte. Sofern sie mir öffnete, würden wir weiterspielen. Ich zählte bis 10. Die Tür ging auf. Sue lächelte, trat zur Seite und flüsterte: „Ich liebe dich." Damit hatte ich nicht gerechnet. Ich erwiderte, dass ich sie ebenso liebte. „Beweise es mir." Was sollte ich tun? Ich presste sie an mich und küsste sie. Dann ließ ich meinen Mund an ihrem Hals entlang wandern und freute mich über die leichten Zuckungen, die ich dadurch auslöste. Sue begann, die Knöpfe an meinem Hemd zu öffnen. Als sie den letzten geöffnet hatte, wollte sie bei meiner Hose weitermachen. Ich hielt ihre Hand fest und zog ihr das T-Shirt aus. Sie trug nichts darunter. Der Anblick ihrer Brüste und Nippel war viel versprechend. Dann lehnte ich mich gegen sie und kitzelte sie mit meinen Brusthaaren. Ich hatte Feindkontakt, wie man im Feld sagen würde. Nach einer Weile wandte ich mich ab. Sue sah mich an und fragte: „War es das schon?" „Yes. Vorerst." Sue kicherte und trat mir zum Schein in den Hintern. „Du Spielverderber." Ich musste auch lachen. „Cool bleiben, Sue. Cool bleiben." Sue dachte nicht im Traum daran.

Stattdessen packte sie mich am Gürtel und zog mich ins Schlafzimmer. Ich simulierte Widerstand. Leise rief ich: „Hilfe, Hilfe." Dann gab ich mich geschlagen und ließ mich rückwärts auf ihr breites, amerikanisches Bett fallen. Sue zog sich vollends aus und postierte sich zwischen meinen Beinen. Langsam schob sie sich nach oben. Wenn jemand wusste, wie man einen Mann verrückt macht, dann war sie es. „Bist Du immer noch Jungfrau?" Ich versuchte, meine Stimme so neutral wie möglich klingen zu lassen, obwohl mich die Vorstellung, es mit einer Jungfrau zu treiben, beinahe wahnsinnig machte. Sie nickte und wirkte dabei sehr selbstbewusst. „Nicht mehr lange, Darling, wenn du so weiter machst. Pass bloß auf", knurrte ich. „Nein, tue ich nicht, denn das ist schließlich der Grund, warum ich dich eingeladen habe." Ich tat schmollend. „Ich hasse es, wenn man mich sexuell benutzt." „Dann geh doch." Das wollten wir ja mal sehen. Ich umfasste sie an der Hüfte und hob sie von mir. „Ich nehme dich beim Wort", stieß ich hervor, während ich mich aufrichtete. Offenbar hatte ich mehr Kraft angewandt, als nötig, denn Sue landete auf dem Boden. Sie lag einfach nur da und begann zu weinen. Das schlechte Gewissen packte mich mit harter Hand. Rasch rutschte ich über das Bett zu ihr und ließ mich auf dem Boden nieder. Ich küsste ihre Füße ganz sanft. Während dessen ließ ich meine Hände an den Innenseiten ihrer Schenkel nach oben wandern. Ihr Anblick war einfach zu verlockend und ihr Duft war verführerisch. Ich bedeckte die Innenseite ihrer Schenkel sanft mit trockenen Küssen. Nach einer Weile stand ich auf. „Lass uns etwas trinken." Sue bedeutete mir, dass im Kühlschrank kalter Sekt auf uns warten würde und warf sich aufs Bett. Im Halbdunkel tappte ich in ihre Küche, zog mich dort aus und suchte dann nach zwei passenden Gläsern und der Flasche. Auf dem Rückweg bedeckte ich mein Gemächt mit meiner Kleidung. Sue sah mich forschend an, als ich mit der Flasche, Gläsern und Kleidern bewaffnet ins Schlafzimmer zurückkehrte. „Ob du es glaubst oder nicht, ich habe noch nie einen nackten Mann gesehen." Sue robbte über das Bett und nahm mir die Klamotten aus der Hand. Ich stand da in voller Mannesblüte, aber es war nichts Beschämendes an dieser Situation. Ich reichte ihr die Gläser und öffnete seelenruhig die Flasche. Sue betrachtete mich während dessen die ganze Zeit. Ihr Blick streifte über meinen Körper. Mein Anblick schien ihr zu gefallen. Während ich noch mit dem Korken beschäftigt war, dachte ich darüber nach, wann ich das letzte Mal mit einer Jungfrau zu tun gehabt hatte. 28 Jahre war das jetzt her, am Strand von Söndervig. Damals war es passiert, im bloßen Sand und mit viel Leidenschaft. Die Kehrseite allerdings war damals der Sand im Getriebe, aber das war so lange her, dass ich mich an das Gefühl nur verschwommen erinnerte. Es hatte mir damals einfach an Erfahrung gemangelt.

Ich schenkte den Sekt ein. Sue hielt mir die Gläser hin, auf Augenhöhe mit meinem besten Freund, der sich ihr munter entgegenreckte. Als ich ihr das andere Glas abnahm und sie eine Hand frei hatte, ließ sie diese hochschnellen und patschte kurz gegen ihn. Das irritierte mich, doch dann wurde mir klar, dass sie keine Ahnung hatte, was sie mit ihm anfangen sollte. Oder aber sie war eine gnadenlos gute Schauspielerin. Ich sah mich in ihrem Schlafzimmer um und entdeckte ein paar Kerzen und ein Feuerzeug. Ich stellte mein Glas ab und zündete die Kerzen an. Nun war der gesamte Raum in flackerndes Licht getaucht, er wirkte warm und einladend. Perfekt für das, was noch kommen sollte. Ich ging zum Fenster und ließ das Rollo runter, was die Wirkung des Kerzenlichts verstärkte. Immer noch war ich immens angeturnt, doch ich wollte noch warten. Um Zeit und die Oberhand zu gewinnen, ging ich ins Bad. Um abzukühlen, wie wir Männer das wohl nennen. Als ich ins Schlafzimmer zurückkehrte, war ich cool, aber eben nur ein bisschen. Ich war bereit für die Schlacht um den Venusberg. Ich war bereit für den Feldzug in die Liebesgrotte, die mich mit ihren feuchten Geheimnissen erwartete. Zurück im Bett platzierte ich meinen Kopf zwischen ihren heißen Schenkeln. Sue bebte und stöhnte leise, aber sie wehrte mich nicht ab. Was ich tat, schien ihr zu gefallen. Sie drückte meinen Kopf heftig an sich und stöhnte lauter. Langsam aber sicher drehte ich ihre Erregung mit meiner Zunge nach oben, bis zum Orgasmus. Dem ersten in dieser Nacht.

Als es vorbei war, lagen wir für einen Moment nebeneinander auf dem Bett. Ich hatte noch viel vor. Sues Körper schrie nach diesem Erlebnis der Berührung, meiner nicht minder, schließlich war ich persönlich noch nicht weit gekommen. Doch ich wollte nichts überstürzen. Ich begann, sie zärtlich zu küssen, rund um den Bauchnabel, das turnte sie erneut an. „So etwas Schönes habe ich noch nie erlebt und eigentlich erlaubt das unser Glaube nicht." „Ich kann nicht glauben, dass du Mormonin bist." Sue schwieg. Also doch. Na ja, das störte mich nicht. Nicht im Geringsten. Stattdessen bat ich Sue, sich auf den Bauch zu legen. Ich wollte sie massieren, mit einer speziellen Ganzkörper-Massage. Dazu legte ich mich vorsichtig auf sie und bewegte mich langsam auf und ab. Ich küsste ihren Haaransatz, doch es wurde mir zu heiß und ich stieg von ihr ab. Aus sicherer Entfernung streichelte ich ihren Rücken und die Seiten. „Was passiert, wenn ich dich da unten anfasse?", fragte Sue. Ihre Naivität in sexuellen Dingen rührte mich. „Er quietscht." Sie streckte ihre Hand aus und berührte mich, doch nichts passierte. „Du schwindelst." „Vielleicht versuchst du es anders, du musst ihn blasen." Sue sah mich entschlossen an. Ich war begeistert und innerlich jubilierte ich. Gleich würde sie der Flöte die höchsten Töne entlocken. Doch kurz darauf durchschritt ich das Tal der Ernüchterung. Sie hatte keine Ahnung, wie man es tat. Sie pustete. Ich musste lachen und sie versuchte es weiter im wörtlichen Sinne, ohne mich in den Mund zu nehmen. „Nimm ihn in den Mund." Es blieb mir nichts anderes übrig, als dies abzukürzen. Ich würde es ihr beibringen müssen. Doch Sue war keine gute Schülerin in dieser Angelegenheit. Alles, was sie bei mir auslöste, war ein Hustenreiz. Ich stoppte sie. Nächster Versuch. „Hast du eine kleine Schere und einen roten Lippenstift?" „Was willst du damit?" „Das zeige ich dir schon noch." Sie stand auf und ging ins Bad. In der Zwischenzeit versteckte ich mich hinter der Tür. Als sie ins Zimmer kam, begann sie mich zu suchen. Sie bückte sich, und sah unter dem Bett nach. Diese Frau war Sex pur, mit ihrem schlanken Elitekörper, wohlgeformt und elastisch. Sie trat auf den

Kleiderschrank zu, um nachzusehen, ob ich mich darin versteckt hatte. Hatte ich nicht, aber ich nutzte die Gelegenheit, um sie von hinten zu schnappen. Ich warf sie auf das Bett und griff nach ihrem Slip, den sie vorher achtlos neben dem Bett fallen gelassen hatte. Dann schnitt ich ihn ein bisschen zurecht und zog ihn ihr über. Sue wartete. Ich nahm den Lippenstift und malte mit sanften Bewegungen eine Muschi auf den transparenten Slip. Es kitzelte und sie lachte. Ich begann die gemalten Lippen zu küssen, bis ich sie erneut in Ekstase gebracht hatte. Sue versuchte, mich wegzudrücken, doch ich nahm sie in festem Griff. Ich begann sie zu küssen und machte mit der Hand weiter. Nach ein paar Minuten schrie und weinte sie, während sie kam.

Nach dem Feuerwerk herrschte Stille. Sue flüsterte die ganze Zeit, während sie neben mir lag, dass sie mich liebte. Vorsichtshalber hielt ich meinen Mund, denn sonst hätte ich vielleicht gesagt, dass man Sex nicht mit Liebe verwechseln sollte. Ich fühlte mich erschöpft und unbefriedigt zugleich. Ich war um 18 Uhr zum Essen gekommen, jetzt war es beinahe 23 Uhr. Wir hatten nichts gegessen, auch keinen Sekt getrunken und gekommen war ich auch nicht. Dafür hatte ich dicke Nüsse. Wir lagen noch eine Weile nebeneinander und streichelten und küssten uns. Bevor die Lüsternheit erneut Besitz von uns ergreifen konnte, teilte ich Sue mit, dass ich noch eine Runde im Gym auf der AIR BASE trainieren wollte. Sue hingegen wollte noch etwas im PX einkaufen, dem Shop auf der AIR BASE, der bis Mitternacht geöffnet hatte. „Soll ich dir etwas mitbringen?" „Ja, Brausepulver und Schokoladenküsse." Sue kicherte. „ In einer halben Stunde hole ich dich wieder ab, okay?" „Okay." Ich ging direkt in die Sauna. Als ich nach einer halben Stunde wieder aus dem Gym kam, hörte ich den Motor des Camaro nahen. „Hast Du alles bekommen?" „Klar. Liegt alles hinten auf dem Rücksitz." Sue in ihrem Flatterröckchen sah zum Anbeißen aus. „Lass uns nach Neu-Isenburg fahren, ich möchte dort zwei Tage Urlaub einreichen." Unterwegs fing ich an, Sue zu streicheln, während sie fuhr. Nachdem ich den Urlaubsantrag eingereicht hatte, fuhren wir weiter. Sue fuhr weiter, vielmehr. Ich hingegen schob ihr den Rock hoch und klemmte ihn unter den Sicherheitsgurt. „Was machst Du da, mein süßes kleines Lamm?", fragte sie. Ich antworte nur mit „Mäh" und platzierte meinen Kopf in ihrem Schoß. Dann ging ich wieder nach oben, allerdings schob ich meine Hand in ihren Slip. Sue hob den Hintern ein wenig, um meiner Hand Bewegungsfreiheit zu geben. Mit der anderen Hand griff ich nach hinten und öffnete die Schachtel mit den Schokoladenküssen. Ich küsste Sue und bat sie, den Po ein wenig anzuheben. Dann nahm ich einen der Schokoküsse und drückte ihn an ihre Muschi. Sue fing an zu lachen. Ich nahm noch einen der Dickmänner, schob ihr T-Shirt hoch und drückte ihn auf ihren Bauch. Dann fing ich an, ihn abzulecken. Sue kicherte. „Das wirst du bereuen, mein Lamm, warte nur bis wir nach Hause kommen." „Ja sicher, du wirst es bereuen, denn wir werden wilden Sex haben." „In meinem Slip ist auch noch ein Schokoladenkuss", grinste Sue frech. „Den erledige ich später." Ihre Art gefiel mir. Ich spürte das Verlangen, sie auf der Stelle innig zu küssen. Mitten auf einer Kreuzung, zwei Minuten lang. Die Autos hinter uns vollführten ein Hupkonzert. Sue machte sich los von mir und gab Gas. Zuhause packten wir die Einkäufe in der Küche aus. Sue überreichte mir die Brause, wortlos. Ich ging ins Schlafzimmer und legte die Packung auf den Nachttisch. Die würde ich später noch brauchen. Dann ging ich in Sues Bad und ließ Wasser in die Badewanne ein. Aus der Küche vernahm ich ihre Stimme: „Honey, was tust du?" „Ich bereite dir ein warmes Bad." Die Wanne war halbvoll gelaufen. Ich holte die Kerzen und den Sekt aus dem Schlafzimmer. Im Schein der Kerzen wirkte der kleine Raum warm und behaglich. Alles war perfekt. Ich ging zurück in die Küche.

Sue stand einfach nur da und strahlte mich an. Sie schien glücklich zu sein. „Komm her zu mir. Es ist so schön, ich will dich nicht verlieren.

Halt mich fest." Ich nahm Sue in den Arm. Mein schlechtes Gewissen meldete sich. Doch es wohnte nur in meinem Kopf. Der Rest meines Körpers, besonders der Teil in der Mitte, schien irgendwie unabhängig zu sein. Fuck, mach die Braut endlich klar, sagte der Teufel auf meiner Schulter. Was ich mir einmal vorgenommen hatte, zog ich durch und wenn ich mir in dieser Hinsicht selbst nicht mehr trauen konnte, dann war alles verloren. Ich beteuerte ihr, wie sehr ich sie liebte. „Schließlich lass ich dich sogar meinen Camaro fahren." Das war kein Liebesbeweis, aber ein besseres Argument fiel mir gerade nicht ein. „Dein Camaro ist ein Haufen altes Eisen", maulte Sue. „Ich pfeife auf den Camaro. Aber ich hätte trotzdem nie gedacht, dass du so süß sein kannst, wie ein Lamm. So wie ich dich in den letzten Stunden erlebt habe." Moment! Ich und süß, das klang verdreht. Allerdings wollte ich jetzt – kurz vor dem Ziel – nichts kaputtmachen. Und so stand ich vor Sue, drückte scheinheilig den Kopf an ihre Schulter und murmelte: „Ich bin kein Lamm." Sue war dabei, Kaffee zu machen. Als sie fertig war, reichte sie mir eine Tasse. Wir setzten uns an den Küchentisch. Nachdem ich ausgetrunken hatte, stand ich auf und stellte mich hinter sie. Ich beugte mich zu ihr hinab und begann, zärtlich ihren Nacken zu küssen. Dann zog ich sie hoch und hob sie auf den Tisch. Die Tassen polterten und rollten vom Tisch. Ich zog ihr die Kleider aus, bis auf den Slip mit dem Schokoladenkuss.

Kurz darauf schob ich Sue in Richtung Bad. In der Badewanne ging es weiter. Ich tauchte unter und fing an, Sue unter Wasser zu küssen, denn ich bin ausgebildeter Kampfschwimmer. Ich presste die Luft aus meinen Lungen gegen ihre Unterwasserhöhle und Sue fing an, laut zu stöhnen. Das warme Wasser drängte zusammen mit meiner Zunge in sie hinein, doch irgendwann musste ich auftauchen. Ich küsste Sue am Hals und auf die Stirn. Sue wollte, dass ich unter Wasser weiter machte, doch ich wollte das Spiel so nicht fortsetzen. Also reichte ich ihr das

Sektglas und sagte: „Trink aus wie ein Wikinger. Bottom up." Ich spielte währenddessen an Sue herum. Sie bat mich, noch einmal zu tauchen. Als ich das tat, schlang sie unvermittelt die Beine um mich und drückte mich an sich. Ich blieb so, 30 Sekunden lang während sie kam, aber mein Kopf war in ihren Schraubzwingen-Beinen gefangen. Mir ging die Luft aus. In meiner Not zog ich den Stöpsel der Badewanne heraus, damit das Wasser ablaufen konnte. Ich presste meine Hände gegen den Boden der Wanne, um nach oben zu kommen. Dort schnappte ich nach Luft. Sue sank zusammen. Sie war ohnmächtig geworden. Wir waren schon mehr als eineinhalb Stunden im warmen Wasser gewesen und das war anscheinend zu viel. Ich nahm die Dusche und ließ kaltes Wasser über ihren Kopf laufen. Nach drei kalten Duschen kam sie zu sich. Ich war erleichtert und trocknete eine schläfrige Sue ab.

Ich ging in die Küche und kochte neuen Kaffee, den ich ihr ans Bett brachte. Sue fragte mich, was mit ihr passiert sei. Ich erklärte ihr, dass sie kurz weggetreten war und dass sie mich fast ertränkt hatte. Dabei schlief sie ein. Ich nicht. Stattdessen lag ich wach und fühlte mich leer und „underfucked". Sue hatte mich geknackt, ich sie noch nicht. Da lag sie und schlief wie ein Engel. Ein Engel mit dem Körper eines durchtrainierten Elitesoldaten. Ich stand auf und wanderte in ihrer Wohnung umher. Im Wohnzimmer entdeckte ich Fotos, auf einem davon trug sie das Abzeichen der Marines. Schlagartig ging mir auf, das sie keine normale Frau war, sondern ebenso wie ich ein Elitesoldat. Gut, dass wir nicht verheiratet waren. Wir hätten zwar ständig Sex, aber vermutlich würden wir uns irgendwann gegenseitig umbringen. So wie eben in der Badewanne. Ich sah auf die Uhr. Es war 5 Uhr nachts und ich fühlte mich plötzlich müde. Zeit zu Sue ins Bett zu gehen. Ich legte mich zu ihr und schlief ein. Zwölf Stunden später, es war Freitag 16 Uhr, wachte ich auf. Sue schlief immer noch, obwohl sie um 7 Uhr Dienst gehabt hätte. Schöne Scheiße, das würde Ärger geben. Ich versuchte, sie zu wecken, doch sie schlief weiter. Was sollte ich tun? Ich stand auf und zog mich an, um zum Bäcker zu gehen. Frühstück am Freitag um 17 Uhr war mal was Neues. Die Brötchentüte in der Hand fiel mir ein, dass ich Dr. Müller anrufen sollte. Und eigentlich musste ich ja auch losfahren, nach Osijek. Das würde heute nichts werden. Und Müller oder wie immer er auch hieß, würde warten müssen. Ich holte meine Tasche aus dem Camaro und ging zurück in Sues Wohnung. Ein Blick ins Schlafzimmer, Sue war noch immer in den Klauen des Schlafs. Ich beschloss, noch einmal zu baden. Ich allein, mit einem Kaffee, einem Brötchen und meinem Taschenbuch von Donald Duck, für dessen Geschichten ich eine Schwäche habe. Nur eines fehlte mir, als ich im warmen Wasser lag. Meine gelbe Quietscheente. Als ich genug hatte, ging ich in das Nebenzimmer, wo Sue einen perfekt ausgestatteten Fitnessraum eingerichtet hatte. Ich trainierte eine halbe Stunde, dann stieg ich wieder in die Wanne, ließ warmes Wasser nachlaufen und lockerte meine Muskeln. Es klingelte an der Tür. Ich schlich in die Küche und blicke nach draußen. Dort standen zwei Soldaten. Einer von beiden warf einen Zettel in den Briefkasten und notierte sich die Nummer des Camaro. Jetzt wussten die auf der AIR BASE also auch Bescheid. Klasse. Gut, dass wir uns nicht beim Sex zu Tode gevögelt hatten. Das wäre auf der BASE ein Running Gag geworden. Aber ein bisschen Kuscheln mit Sue wäre jetzt schon wieder nett, weshalb ich mich erneut zu ihr legte. Ich döste ein und wachte um 2 Uhr nachts wieder auf. Ich hörte Sue in der Küche, wie sie Ham and Eggs briet. Als ich dort aufschlug, begrüßte sie mich mit einem lässigen „Hello, mein Held." Sie trug einen Slip und ein ARMY-T-Shirt. „Sue, weißt du wie spät es ist?" „Es ist zehn Minuten nach zwei und ich muss um 7 Uhr auf der AIR BASE sein." „Das war gestern, es ist Samstag." Sue fuhr erschrocken herum. „Sag, dass das nicht wahr ist. Was hast du mit mir gemacht?" Sie rannte zum Telefon und rief auf der BASE an. Jetzt hatte sie es amtlich, dass sie beinahe 24 Stunden geschlafen hatte. Als sie auflegte, lachte sie und fing an, mit mir zu tanzen. Sie war wieder die coole Marine. Wir schmiegten uns aneinander und sie presste ihren Unterleib an mich, was nicht folgenlos blieb. Ich war nackt und konnte nichts mehr tun, als sie auf der Stelle zu nehmen. Wild zerrte ich ihr die Klamotten vom Körper und warf sie aufs Bett. Dann drang ich in sie ein. Sie umschlang mich mit ihren Beinen, als wollte sie mich nie mehr loslassen. Ihre Finger zerkratzten meinen Rücken. Auf dem Höhepunkt spürte ich, wie sie mir ins Kinn biss. Ich spürte wie mir das Blut den Hals herabrann und wie es langsam auf das weiße Laken und auf Sue tropfte. Sie warf mir einen erschrockenen Blick zu, doch ich war nicht zu bremsen. Ich machte weiter. So lange, bis wir beide gleichzeitig dran waren. Das mit der Jungfrau hatte sich erledigt.

Nach einer kurzen Aufräumaktion waren wir so hungrig, dass wir uns zusammen etwas zu essen kochten. Satt und müde fielen wir ins Bett. Ich bat Sue noch, mich an Dr. Müller zu erinnern. Am Sonntagmorgen waren wir ausgeruht, aber ich erwies mich als impotent. Auf ihre Weise brachte Sue das Gespräch nach dem Aufstehen auf meinen Job. „Ist Dr. Müller nicht Arzt? Welches Fachgebiet? Na ja, ist auch egal. Wenn Du mit ihm sprichst, frag ihn, ob er was gegen dein spezielles Leiden hat, damit wir nächste Woche Sex haben können." Ich musste lachen und dachte daran, dass ich nächste Woche nicht mit Sue ringen, sondern in einem Kriegsgebiet unter anderem kroatische Soldaten ausbilden würde. Der Plan sah vor, dass ich mich nach meiner Ankunft bei der Vukovar-Brigade nützlich machte. Der Leiter der Einheit war ein sehr guter Freund von mir. Danach würde ich Dr. Lovric treffen und Medizin vorbeibringen. Ebenso erwartete mich die 160. Osijek-Brigade, der ich meine spezielle Infrarot-Anlage schenken wollte. Zum Abschluss meines Trips plante ich, meinen Freunden von der internationalen Brigade einen Besuch abzustatten. Ich hoffte, dass die Zeit außerdem auch noch dazu reichen würde, um in der Diskothek „Yellow Submarine" vorbeizuschauen und Tamara zu treffen, eine mehr als attraktive Frau, die bei der Kroatischen

Armee war. Tamara war heiß. Ich versuchte, den Gedanken an sie zu verdrängen. Ich war hier gerade mit Sue beschäftigt, der nichtsahnenden Sue, ich war verheiratet und trotzdem hier. Oh Gott. Schlagartig fühlte ich mich schlecht. Ich zwang mich an etwas anderes zu denken. An Dr. Müller. Während Sue sich im Bad aufhielt und sich die letzte Nacht wegwusch, rief ich also bei Müller an und vereinbarte für nächsten Donnerstag Nachmittag ein Treffen in Frankfurt. Kaum hatte ich den Hörer aufgelegt, rief Sue nach mir. Ihre Stimme klang aufgeregt. „Komm schnell ins Bad." Ich ging zu ihr. „Schau mal, da in der Badewanne. Da ist ein Tier." Ich beugte mich über den Wannenrand und schon hatte sie mich. Mit den Klamotten tauchte sie mich unter Wasser. So eine Scheiße auch. Mann, ich war doch nicht im Kindergarten! Sue kicherte vor sich hin, glücklich über ihren Scherz. Ich brauchte mich nicht besonders anstrengen, genervt dreinzublicken. Diese Marinesfrau wurde langsam anstrengend. „Wenn du hier fertig bist, warte ich in der Küche mit Frühstück auf dich." Na schön. Sie war sich also sicher, dass ich in ihrer Gegenwart schwach wurde. Aber da täuschte sie sich. Während des Frühstücks schwieg ich vor mich hin. Sue ließ sich nicht beirren. „Bist du sauer?" „Nein, Däne." Wir lachten beide. Danach schwieg ich wieder. Sue musterte mich, als könnte sie meine Gedanken lesen. Nach einer Weile meinte sie unvermittelt: „Ich liebe dich, aber wenn du fremdgehst, werde ich dich töten." Ein unbehagliches Gefühl stieg in mir auf. Hatte diese Frau einen siebten Sinn? Spürte sie, dass ich mich schon bald auf Abwege begeben würde? Das unbehagliche Gefühl war wieder da. Ich musste hier bald das Weite suchen, wenn ich nicht buchstäblich in ihrer Venusfalle ersaufen wollte.

Ich blieb noch die nächsten drei Tage bei Sue. In diesen Tagen fühlte ich mich gut und schlecht zugleich. Ich fühlte, wie ich mich an sie zu gewöhnen begann. Halt, ich hatte sie nur flachlegen wollen. Gut, aus einer Absicht waren mehrere Tage geworden. Aber im Grunde was das eine Sache, die ich nicht zulassen durfte. Ich musste unabhängig bleiben und einen klaren Kopf behalten. Die Bisswunde an meinem Kinn verheilte schnell, aber in meinem Herzen sollte sie sich nicht auch noch verbeißen dürfen.

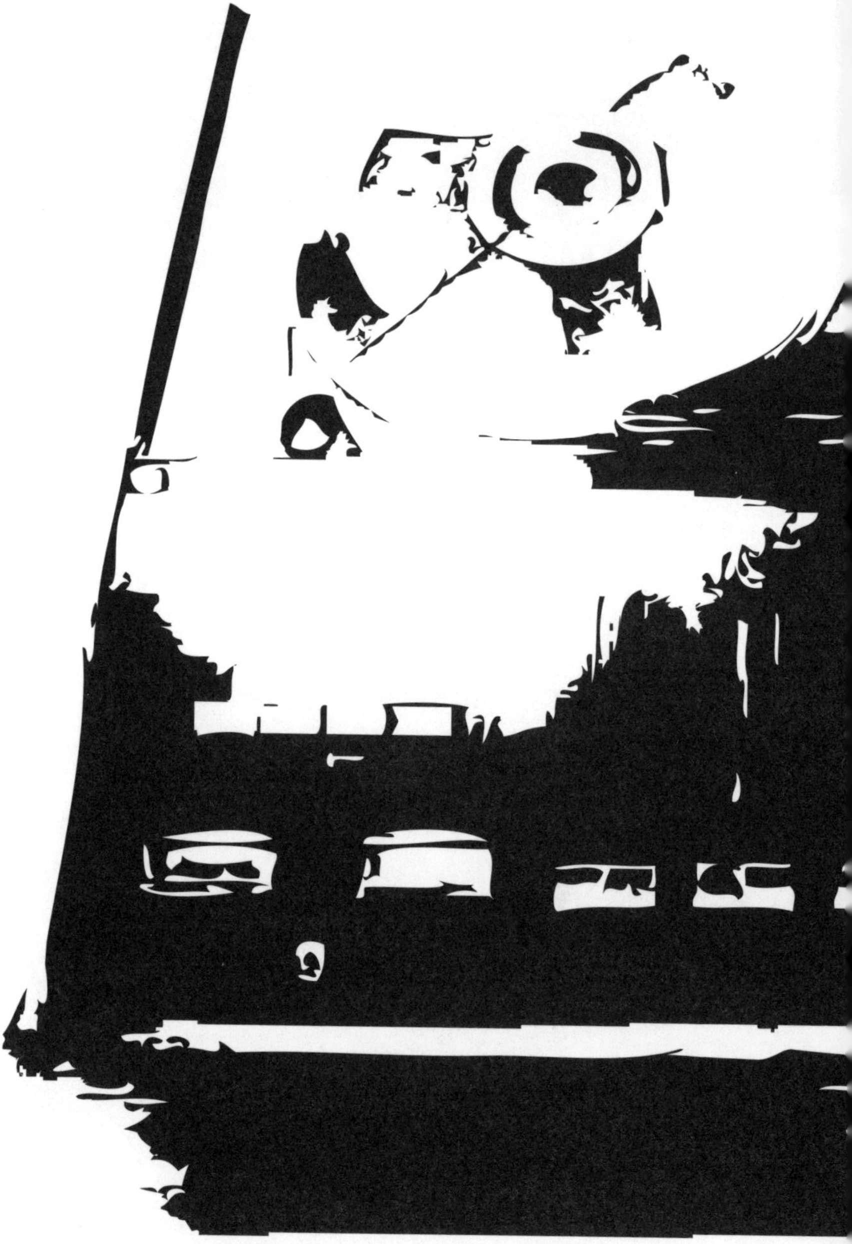

Kapitel 9
DOPPELTES SPIEL

Am Mittwoch war die Zeit gekommen, aktiv zu werden. Denn schon morgen um die Mittagszeit würde Dr. Müller vom BND in meiner Zweitwohnung in Frankfurt Hahrheim eintreffen. Die Wohnung nutzte ich gelegentlich für informelle Treffen. BND-Müller hatte mir in der Zwischenzeit die Nachricht zukommen lassen, dass er einen Kollegen mitbringen würde. Ich beschloss, Miguel einzuschalten. Man konnte ja nie wissen, was diese Leute im Schilde führten. Miguel besaß nämlich einen VW-Bus mit dunkel getönten Scheiben, durch die man nicht in das Innere blicken konnte. Miguel kam und gemeinsam präparierten wir den Wagen, indem wir den hinteren Innenraum mit einer Decke abtrennten. So entstand ein zusätzlicher Blickschutz, hinter dem Miguel meine beiden „Gäste" am nächsten Tag unentdeckt mit einer Videokamera filmen würde, wenn sie das Haus betraten. Auch in der Wohnung in Hahrheim traf ich Vorbereitungen. Ich baute Mikrofone ein, die über eine besondere Leitung angeschlossen wurden. Die Leitung hat den Vorteil, dass die Mikrofone nicht so einfach aufzuspüren sind wie drahtlose. Ich versteckte sie in den Lautsprechern meiner Musikanlage, deren Stecker ich auf einen DIN-Stecker umgelötet hatte. Durch die Methode wurde der Schall im Mikrofon und beim Radioeingang auf meinen 2000 DE LUXE Bang & Olufsen Taperecorder weitergeleitet und aufgezeichnet. Das Ganze war ein Wunderwerk der Elektronik.

Doch ich musste noch eine weitere Sicherheitsstufe einbauen – denn auf gleicher Höhe der besagten Wohnung, auf der gegenüberliegenden Straßenseite, lebte eine junge Frau, die echte schwarze Haare hatte und die oft duschte. Ihr Fenster lag meinem direkt gegenüber. Ich traute ihr nicht und wollte verhindern, dass sie mitbekam, was wir sprachen. Also hatte ich einen kleinen Lautsprecher besorgt, der bei mir auf der Fensterbank stand und den ich in Richtung Fenster gedreht hatte. Sobald ich auch nur leise Musik spielte, begann das Fensterglas zu vibrieren. Würde jemand aus der gegenüberliegenden Wohnung also ein Richtmikrofon in

**REPUBLIKA HRVATSKA
OPĆINA BELI MANASTIR**

POVJERENIK VLADE

dodjeljuje

ZAHVALNICU

TWENTY FIRST (21) BATTALION - US ARMY

RHEIN - MAIN. AIR-BASE

GERMANY

ZA SVESRDNU POMOĆ
I DONATORSTVO RATOM NAM
UNIŠTENU BARANJU

U OSIJEKU 23.02 199 g. POVJERENIK VLADE:

MARKO KVESIĆ

unsere Richtung halten, würde diese Vibration das Abhören verhindern. Und auch für eventuelle Abhörversuche der Besucher hatte ich vorgesorgt. Sollten diese verkabelt sein, würde sie ein weiteres, übersteuertes Mikrofon, das ich in einer Blumenvase versenkte, entlarven. Durch die Übersteuerung würden die eingeschalteten Mikrofone der beiden Agenten sofort laut zu pfeifen beginnen. Ich war gespannt, ob die beiden Herren versuchen würden, mich aufs Kreuz zu legen.

Zudem hatte ich mir vorgenommen, Dr. Müller dieses Mal einer MK ULTRA-Behandlung zu unterziehen. Ich war mir ziemlich sicher, dass er mich für einen durch und durch schlichten Typen hielt. Na ja, vielleicht für einen Normalo, der zwischendurch mal einen intelligenten Satz sagt. Einer, der unter einem Helfersyndrom leidet. Das hatte ich ihm ja auch wiederholt vorgemacht. Der Typ glaubte, dass er mich steuern konnte, doch in Wahrheit war es genau andersherum. Das war MK ULTRA in seiner primitivsten Form, doch sehr effektiv.

Nachdem die Vorbereitungen abgeschlossen waren, fuhr ich in Sues Wohnung zurück. Als ich läutete, stand sie im Türrahmen und strahlte mich an. „Mein böses Lamm." „Aber, aber, junge Frau", erwiderte ich scherzhaft. Und dann schlug ich einen ernsten Ton an: „Du bist viel zu jung für mich." „Unsinn." Wie am ersten Tag sprang sie mich an, aber anders als damals konnte ich sie nicht abfangen und wir gingen zu Boden. Ich lag unter ihr und sie fing an, mich wild zu küssen. In einem Anfall von Leidenschaft schlug ich mit dem Kopf gegen einen Schrank, der im Flur von Sues Wohnung stand. Der Schlag tat höllisch weh, aber dieses Mal schaltete ich sofort auf den Modus „harter Typ". Ich rappelte mich auf. Sue küsste mir die Stirn. Dann sagte sie, sie ginge duschen. „Gut, ich mache uns in der Zwischenzeit Kaffee." Diese Absicht meinerseits war allerdings nur vorgetäuscht, denn in Wirklichkeit wollte ich mich anschleichen und sie im Bad vernaschen. Ein nettes Vorhaben, doch ich hatte dabei nur eine klitzekleine Kleinigkeit übersehen. Sie war ein Marine und keine normale Frau. Als ich sie von hinten packte, reagierte sie bei meinem Angriff automatisch wie eine Kampfmaschine: Sie wirbelte herum und mit voller Wucht traf ihr Knie meine Weichteile, bevor sie noch den Reflex stoppen konnte. In gekrümmter Haltung lag ich Sekunden später schwer atmend auf dem Boden. Sue beugte sich über mich, ich glaube sie wollte mich trösten. Meine Chance. Ich verpasste ihr einen Drei-Fingerschlag auf den Solarplexus. Sie begann zu wanken und drehte sich im Fallen auf den Rücken, dabei hob sie den Kopf an. Diesen kurzen Überraschungsmoment nutzte ich, um mich über sie herzumachen. Es dauerte nicht lange, bis ich sie soweit hatte, sie war heiß. Aber bevor ich zum Ende kommen konnte, schüttelte sie mich ab. „Danke, aber jetzt gehe ich duschen." Feingefühl war bei ihr offenbar gerade nicht angesagt. Ich zog geschlagen von dannen und stellte wirklich die Kaffeemaschine an. Während sie vor sich hinblubberte, rief ich Miguel vom Telefon in der Küche aus an und wir gingen den Ablauf für den nächsten Tag noch einmal durch.

Nach einem Kaffee verließ ich Sue in Richtung Buchschlag. Ich hatte das Bedürfnis, in meine eigene Wohnung zurückzukehren. Dort angekommen, machte ich mir erst einmal etwas Ordentliches zu essen: Sechs Spiegeleier und drei Scheiben Brot, alles ganz nach meinem Geschmack. Ich steuerte die Badewanne an und ließ mich, bewaffnet mit einer Quietscheente, einem Donald-Duck Heftchen, einer Flasche Sekt und den Broten im warmen Wasser nieder. Ehrlich gesagt, hätte ich in dieser Sekunde nirgendwo anders sein wollen. Das war Freiheit. So fühlte sich Freiheit an. Die gewalttätige Marinecorps-Frau war das Gegenteil davon. Ich schlief ein. Doch nach einer Weile schreckte ich hoch, ich hatte ein unbekanntes Geräusch gehört. Ich lag da und lauschte, hörte nichts mehr und drehte das warme Wasser nochmals auf. Eine halbe Stunde später stieg ich aus der Wanne und ging ins Schlafzimmer. Doch was war das? In meinem Bett lag Sue, tief schlafend. Klar, sie hatte sich einen Schlüssel zu meiner Wohnung besorgt. Ich betrachtete Sue kurz und verzog mich dann leise ins Nebenzimmer. So hatte ich mir das nicht vorgestellt. Sie dachte wohl, sie könnte über mich verfügen, wann immer sie wollte. Aber CUT, so ging das nicht. Wirklich nicht. Im Nebenzimmer platzierte ich mich auf einer Isomatte und wickelte mich in eine Decke. Kurz darauf schlief ich ein. Um 9 Uhr morgens klingelte das Telefon. Miguel war dran. „Ich komme in zehn Minuten mit Brötchen vorbei." „In Ordnung." Ich schlich leise ins Schlafzimmer, denn die zehn Minuten wollte ich sinnvoll nutzen. Also schnappte ich mir Sue und praktizierte an ihr herrlich einseitigen Sex, noch bevor sie richtig wach war. Er dauerte nicht lange und Sue war danach einigermaßen sauer. Lachend stand ich auf. „Danke Sue, jetzt steht es 1:1." Dann sprang ich unter die Dusche. Währenddessen klingelte Miguel an der Tür. Sue machte ihm auf, sie trug nicht viel. Miguel blinzelte sie an. Allerdings vorsichtig, denn er wusste, dass Sue mein Braten war. Mit einem Handtuch um die Hüfte geschlungen kam ich aus dem Bad. Miguel und ich sprachen während des Frühstücks Dänisch. Sue sah uns fragend an, sagte aber nichts. Nach einer Viertelstunde düsten wir dann alle ab, Sue in Richtung AIR BASE, Miguel und ich in Richtung Hahrheim. In der Wohnung testeten wir das Arrangement noch einmal – und waren zufrieden. Es war genau 12.30 Uhr. In einer Stunde würden die Männer vom BND anrücken. Miguel verzog sich in den VW Bus, bewaffnet mit einer Thermoskanne Kaffee.

Es war auf die Sekunde genau 13.30 Uhr, als Dr. Müller an der Tür klingelte. Im Schlepptau brachte er einen zweiten Mann mit, der sich mir als Klaus Steinmetz vorstellte. Eins war sicher, der Vorname konnte stimmen, aber der Nachname war ganz sicher ein Fake. Ich selbst hatte zahllose Namen, die mir von der Behörde gegeben worden waren. Manche davon waren echt lächerlich. Ich bat meine beiden Gäste in die Wohnung. Dr. Müller war wie immer gut gekleidet und frisch rasiert – der elegante Typ eben. Steinmetz hingegen war eher ein Vertreter wie ich, nicht so schnieke-pieke, aber immerhin waren seine Schuhe frisch poliert. Dr. Müller eröffnete das Gespräch: „Sie wissen, warum wir hier sind." Amüsanter Einschüchterungsversuch. „Nein, das weiß ich nicht." Die beiden Agenten warfen sich einen vielsagenden Blick zu. Der Doktor wirkte nun ein wenig aufgeregt und ergriff hastig das Wort: „Aber Sie haben uns doch hergebeten." MK-ULTRA. Ich sah ihm fest in die Augen. „Nein, das habe ich nicht. Definitiv nicht." „Wollen Sie damit sagen, ich lüge?", fragte Müller beinahe fassungslos. „Nein. Aber eines ist offensichtlich: Einer von uns beiden erzählt gerade nicht die Wahrheit und ich bin es nicht." Dr. Müller lief rot an und sein Begleiter sagte keinen Ton. Ich musste feststellen, dass meine Taktik hervorragend aufging. „Ich wollte mit Ihnen sprechen, doch sie kommen nun zu zweit." „Okay. Damit haben Sie Recht.", Müller war nun das Einlenken in Person. „Kommen wir also zur Sache." Das klang gut. „Unsere Behörde bittet Sie, für uns die Neonazis in Kroatien zu infiltrieren und uns die entsprechenden Informationen zu liefern." Sie wussten über mich Bescheid und kannten offenbar mein Spezialgebiet. Nun ja.

„Kann ich machen." „Dann sind wir uns einig?", fragte Dr. Müller. Ich nickte. „Aber es gibt Bedingungen." „Wollen Sie Geld?" „Nein." „Was dann?" Ich erklärte es ihnen: Kein Geld, aber Medizin, Verbandszeug und Spielzeug für die Kinder. Die beiden Agenten wirkten verdutzt, willigten aber dann recht schnell ein.

Diese Front war also geklärt und wir gingen über zu anderen Themen, indem wir noch etwa eine halbe Stunde über den Krieg in Kroatien sprachen. Am Ende gab Müller mir noch Kontaktnummern für Pullach und Köln, dann brachen sie auf. Eine halbe Stunde, nachdem die Agenten weg waren, kam Miguel nach oben. Wir wollten nicht riskieren, dass eventuell einer der BNDler zurückkam. Nachdem wir alles zusammengepackt hatten, fuhren wir nach Buchschlag in meine Wohnung, um uns dort noch einmal das Video und die Aufzeichnungen anzusehen. Alles war in bester Qualität. Keiner der Männer, wer auch immer sie tatsächlich waren, würde später behaupten können, dass er mich nicht getroffen hatte. Das Band verfrachteten wir über diverse Kanäle in einen Safe nach Schweden. Es war Zeit, Abschied zu nehmen. „Miguel, ich fahre morgen nach Kroatien. Bitte sag Sue nichts davon." Miguel sah mich an und lächelte. „Du kannst dich auf mich verlassen. Melde dich aber, wenn du wieder auf der AIR BASE bist."

Als Miguel verschwunden war, dachte ich an Sue. An den Abschied, der mir irgendwie schwer fiel. Nach einer Weile übernahm der Dummkopf eine Etage tiefer wieder das Kommando und raunte mir zu, dass ich noch einmal zu ihr fahren sollte. Nein Quatsch, eigentlich hatte ich aus seiner Richtung irgendetwas mit „noch einmal richtig ficken" vernommen, „bevor es wieder auf die Piste geht." Der Typ war ein Teil von mir, aber eigentlich fand ich ihn ziemlich penetrant. Er hatte ein Loch im Kopf. Ich stieg in den Camaro und fuhr los. Dieses Mal küssten wir uns intensiv zur Begrüßung, als sie mir aufmachte, eigentlich ganz normal. Dann aber fragte Sue, wie mein Treffen mit Dr. Müller verlaufen war. „Hat er dir was gegen Impotenz verschrieben?", fragte sie scherzhaft. Ich sah sie an und bemerkte, dass sie noch ihre Uniform trug. Darin sah sie echt dämlich aus. Die ganze Kluft hing an ihr wie ein alter nasser Sack, man sah gar nicht ihren sexy Körper. „Klar hat er das, aber zieh das verdammte Ding aus, sonst krieg ich keinen hoch." Sues Rechte schnellte gefährlich in Richtung meines Kopfs, aber ich wich schnell nach rechts aus, ergriff dann mit der linken Hand ihren linken Unterarm und mit der rechten Hand drückte ich auf ihre Schulter. Ihr Körper verlor an Stabilität und sie ging frontal zu Boden. Ich vernahm einen kurzen Schrei und drehte sie um. Ihre kleine süße Nase blutete.

Tat mir leid, aber das sollte ich auch gleich wieder bereuen, denn schon schlug sie mir mit der linken Faust eine auf die Nase. Bingo, jetzt blutete ich auch. Sex mit Sue war irgendwie immer ein bisschen gewalttätig, Blut musste wohl fließen. Ich riss ihre Uniformjacke auf, die Knöpfe flogen in hohem Bogen davon. Als nächstes war ihr T-Shirt dran, ich teilte es mit einem Ruck und hatte so ihre kleinen, blanken Brüste vor Augen. Die Nippel standen wie eine Eins. Weiter so, Junge! Dann zog ich ihr die Uniformhose herunter und zog ihr den Slip aus. Ich hob Sue auf und trug sie auf den Küchentisch. Alles was dort gestanden hatte, Tassen, Teller und Besteck kullerte auf den Boden und ging dabei zu Bruch, aber wir bemerkten es kaum, es war uns alles egal. Wir vögelten eine halbe Stunde lang, bis wir am Ende waren. Gemeinsam nahmen wir anschließend eine ordentliche Dusche. Und selbst hier ging es noch einmal zur Sache. Ich muss sagen, wir waren danach beide echt erledigt und verzogen uns ins Bett. Ich schlief ein – und das letzte was ich spürte, war meine Hand auf Sues knackigem Hintern und ihre Hand zwischen meinen Beinen.

Morgens um 5 Uhr klingelte der Wecker. Es war soweit, aufstehen, duschen gehen und dann los zur BASE. Kroatien-Time. Um 10 Uhr Zulu-Zeit wollte ich losfahren. Ich briet uns Ham and Eggs. Ganz beiläufig sagte ich Sue, dass ich heute Vormittag losmusste. „Frag nicht, es handelt sich um eine Special Operation." „Sag mir, um was es geht." „Kann ich nicht." Sie sah mich an, ein flehentliches Lächeln. Ich lächelte nicht. Ich schaltete auf Modus „cooler Typ". Ich sagte nichts mehr. Eine Stunde später brachen wir auf in Richtung RHEIN-MAIN AIR BASE, jeder in seinem Wagen. Auf der BASE fuhr ich geradeaus in den Hangar, Sue bog grußlos rechts ab, sie fuhr zu ihrer Division. Sie schien traurig zu sein, aber ich war es auch. Ich verdrängte die trüben Gedanken und packte das Military Equipment und die Hilfsgüter in den Camaro. Einen Sack nach dem anderen, bis der Wagen bis zur

Dachkante gefüllt war. Als letztes wuchtete ich meinen Notfall-Rucksack auf den Beifahrersitz. Dieser enthielt alles, was ich brauchte, um eine Woche zu überleben: einen Kompass zur Orientierung, die Notration an Nahrung und Chlortabletten. Eine Tablette auf einen Liter Wasser, das tötete alles ab, keine Bakterie würde überleben im Fall der Fälle. Klar würde das Wasser dann schrecklich schmecken, aber es würde mich nicht umbringen. Chlor schmeckt eben Scheiße und nicht nach Erdbeere oder Zitrone. Zusätzlich hatte ich einen Wasserfilter bei mir, wegen der niedlichen kleinen Tiere, die da manchmal im Wasser schwammen und die man auf diese Weise rausfiltern konnte. Im Krieg ist das Wasser eben nicht so sauber, wie wenn es aus einer normalen Wasserleitung kommt. Ich sah noch einmal nach. Der Rucksack enthielt zudem Schmerztabletten, Unterwäsche und jede Menge eingeschweißte Papiere, die ich Im Notfall benötigen würde. Kroatien war nicht der Irak, da hatte ich anderes erlebt, aber trotzdem war ich gewappnet. Sicher konnte ich dort auch – vor der Frontlinie – etwas kaufen, bei den Bauern und so, aber ich musste ja eventuell untertauchen. Und dann erwies sich das alles vielleicht doch als sehr nützlich.

Mir fiel ein, dass ich noch eine Bestätigung für die Hilfsgüter brauchte, denn für den Fall, dass ich aufgehalten wurde, musste ich eventuell erklären, dass ich die Sachen rechtmäßig mitbrachte, dass sie eine Spende waren und dass ich sie nicht geklaut hatte. You never know! Ich ging los, um die Papiere zu holen. Auf dem Rückweg kam ich an der German Kantine vorbei, unweit von Sues Dienststelle. Mein Herz fühlte sich schwer an, wenn ich an sie dachte. Die Stimmung vorher war trüb gewesen, sie hatte mich irgendwie erobert. Zumindest einen Teil meines Herzens. Der harte Elitesoldat zauderte. Ich redete mir ein: „Es ist wie es ist, du hast vorgehabt, sie flachzulegen. Du hast es geschafft. That's it! Aber es war nicht so. Sie geisterte in meinem Kopf herum. Als ich an ihrer Dienststelle vorbeiging, sah ich sie. Sie stand da und redete mit einem Mann. Ich spürte, wie die Eifersucht von mir Besitz ergriff. Sie nur noch einmal sehen, bevor ich fahre. Eifersucht war doch etwas Lächerliches, etwas für Weicheier. Ich drehte ab und ging zum Hangar zurück, wo der Camaro stand und auf mich wartete. Dort nahm ich einen technischen Check vor, Bremsen, Motor, Öl, Licht, bloß nicht an etwas anderes denken. Alles war bestens, na dann konnte ich ja gleich losfahren und das hier alles hinter mir lassen. Wieder schob sich mir das Bild vor Augen, wie Sue mit dem Mann vor ihrer Dienststelle gesprochen hatte. Fuck, Eifersucht. Innerlich hoffte ich, sie würde gleich noch einmal kommen, in den Hangar. Abschied nehmen, mir die Last nehmen, mich in den Arm nehmen. Ich warf mir vor, alles vermasselt zu haben, ich hatte ihr verschwiegen, dass ich wegfuhr, losmusste. Ich war wieder gefangen in meinem ewigen Kampf als Elitesoldat, der knallhart durchs Leben schritt, ohne Zweifel und doch so tief zerrissen im Inneren. Ich sah auf die Uhr. Nur noch 15 Minuten, dann würde ich den Zündschlüssel umdrehen und losfahren, in die Gefahr. Während ich am Steuer saß und wartete, vergingen die Minuten wie Stunden. 100 % Adrenalin, das wollte ich. Rein in die Kampfzone. Ich war mein eigener Cheerleader. Ich öffnete das Tor zum Hangar. Und traute meinen Augen nicht. Sue stand da und sah mich an. Einfach so. Meine Sue. Blödsinn, schalt ich mich, meine gibt es nicht. „Du Idiot. Muss ich erst eine Handgranate nach dir werfen, bis du begreifst, dass ich dich liebe?", fragte sie. Sie kam näher und schmiegte sich an mich, umarmte mich und küsste mich auf Stirn, Hals und Nase. Ich konnte nicht anders und erwiderte die Küsse. Wir standen einfach nur da und hielten uns fest. Beide spürten wir den Abschied. Ein stiller Moment der Zweisamkeit. Ich nahm Sues Kopf in die Hände und blickte ihr tief in die Augen. Am liebsten hätte ich die drei Zauberworte gesagt, aber ich brachte sie nicht über die Lippen. „Danke." „Das wolltest du nicht sagen." Tränen stiegen mir in die Augen, ich weinte still vor mich hin wie ein Ninja. „Stimmt. Sorry." Wieder nahm ich sie in den Arm. Leise flüsterte ich:

„Ich liebe dich. Wir werden uns irgendwann wieder sehen, oder auch nicht." Dann gewann meine dunkle Seite die Macht über mich und ich fügte hinzu: „Aber immerhin bist du keine Jungfrau mehr." Sue lachte und begann gleichzeitig zu weinen. Ich nahm sie zum letzten Mal in die Arme. Dann drehte ich mich schnell um und stieg in den Camaro, der förmlich nach mir schrie. „Los, komm jetzt, bevor du hier Wurzeln schlägst." Ich drehte den Zündschlüssel, der 5,7 Liter Motor bullerte satt los und ich trat aufs Gaspedal. Hinter mir sah ich Sue winken und in der Ferne verschwinden.

Mit jedem Kilometer, den ich Richtung Österreich hinter mir ließ, verblasste die Erinnerung an den Abschied. Die Euphorie der bevorstehenden Gefahr hatte Besitz von mir ergriffen. An der deutsch-österreichischen Grenze traf ich auf einen alten Bekannten. „Schau an, der Däne, wieder auf dem Weg nach Kroatien." „So ist es, mein Freund." Der Grenzer, ein ehemaliger GSG9-Mann, checkte pro forma meine Papiere und wünschte mir dann eine gute und sichere Weiterfahrt. Irgendwann vor langer Zeit hatten wir gemeinsam in Bonn ein Training absolviert. Ich gab Stoff und war bald an der Grenze zu Slowenien angekommen. Vor einem Container standen die Beamten der „neuen" Länder, unter Sonnenschirmen. Sie musterten mich, machten ein paar Bemerkungen über den Camaro und ließen mich dann ohne weitere Verzögerungen passieren. Das war nicht weiter verwunderlich, denn schließlich führte ich den Nachweis mit mir, dass die Hilfsgüter von der US ARMY und der US AIRFORCE gestiftet waren. Die folgende Fahrt durch Slawonien, dieses kleine Land, in dem der Krieg nur elf Tage gewütet hatte, verlief ohne Komplikationen. Hier lebten kaum Serben, anders als in Kroatien. Dort hatten sich die Serben breit gemacht und Siedlungen installiert, in denen kaum ein Kroate anzutreffen war. Kein Wunder, denn sie hatten alle Kroaten vertrieben, ohne Rücksicht auf Verluste. Vor meiner Reise hatte ich eine Adresse in der Stadt Samobor erhalten. Hier würde ich einen Stopp einlegen und übernachten – auf dem Weg zur kroatischen Front in Ostslawonien. An jenem Abend würde ich dort noch eine sehr süße Frau kennenlernen, aber das ahnte ich natürlich noch nicht, als ich den Wagen dorthin lenkte. Überhaupt war mir aufgefallen, dass es in Slawonien viele sehr schöne Frauen gab, die ohne Männer auskommen mussten. Bald darauf schon sollte ich erfahren, warum das so war. In der Stadtmitte von Samobor kam ich an einer Tafel vorbei, auf der die Namen junger Männer standen, die in den Krieg gezogen und nicht zurückgekehrt waren. Erschossen, bei ihrem freiwilligen Einsatz für ihr Land.

Da war ich wieder, inmitten der Zeichen eines unbarmherzigen Krieges, der Menschenleben forderte. Mir wurde bewusst, dass ich mich wieder einmal in einem Land befand, dessen Sprache ich nicht verstand und beherrschte, als Däne mit einer Hilfslieferung im Gepäck und einem Auftrag. Die Erkenntnis fühlte sich so seltsam an wie immer. Einige der jungen Kerle waren nicht älter als 16 Jahre, so alt wie mein eigener Sohn. Junge Leben, ausgelöscht. Ich fragte mich, wie man es als Vater zulassen konnte, dass das eigene Kind in den Krieg zog. Die eigenen Kinder als Kanonenfutter. Ich selbst würde nie zulassen, dass einer meiner beiden Söhne in den Kampf zöge, während ich womöglich als alter Sack in meinem Dorf herumsaß und täglich damit prahlte, dass mein Sohn für das Vaterland kämpfte. Das galt meiner Meinung nach überall auf der Welt, im Nahen Osten wie hier. Während ich vor dem Mahnmal stand, hätte ich am liebsten gerufen: „Väter dieser Welt, ihr Feiglinge, geht hinaus und kämpft selbst. Versteckt euch nicht hinter den Schürzen der Kindsmütter!"

Von Samobor aus nahm ich Kurs in Richtung Slawonski Brod. Dort gab es eine Brücke, über die man zu der bosnischen Stadt Bosanski Brod gelangte. Die Brücke war 300 Meter lang und führt über den dreckigen Fluss Sav. Während der Überquerung wurde ich das Gefühl nicht los, dass es auch hier bald knallen würde. Die Serben hatten bereits ein zwanzig Kilometer langes Autobahnstück auf der Strecke von Zagreb nach Slawonski Brod gesperrt. Dadurch war ich gezwungen, einen Umweg zu nehmen, der zunächst nach Norden in Richtung Ungarn führte und dann wieder zurück nach Süden. Am sichersten erschien mir im Augenblick die Route nach Kutina, die an Karlovac-Ogulin-Karlobag und Virovitica, also der Westgrenze der serbischen Freischärler vorbeiführte. Von Virovitica drehte ich rechts ab in Richtung Padrovska-Slatina, Nasiece. In der kleinen Stadt Bizaac führte der Weg weiter nach Valpovo. Nur dieses Mal würde ich hier nicht abbiegen, die Erfahrung mit den beiden AK-47 Trägern reichte mir immer noch. Als ich mich bis kurz vor Osijek vorgearbeitet hatte, machte ich Rast. Ich kochte mir einen Kaffee, öffnete eine Dose mit Bohnen und Speck und die Welt schien für diesen Moment in Ordnung. Dann zog ich meine Uniform an und legte meine Messer um. Bis zu diesem Halt war ich ungefähr zwanzig Mal von der kroatischen Polizei und dem Militär angehalten worden.

Kirche von Osijek

Die Sonne schien. Ich holte meine Zigarren heraus und steckte mir eine an. Rauchend fuhr ich weiter und hielt an einer Tankstelle, wo ich den Camaro voll tankte. Wie immer war das Auto ein Magnet, plötzlich standen ein paar Leute um mich herum. Einer der umstehenden Männer war Polizist. Er bat mich, zu warten, bevor ich in die Stadt hineinfuhr. Man konnte von hier aus die serbische Artillerie hören und die Schüsse, die sie abfeuerten. Doch ich hatte keine Lust zu warten. Ich zog meine Flakweste an und setzte meinen Helm auf, startete den Camaro und brauste weiter. Noch wusste ich nicht, wo die Schüsse herkamen, doch

Öllager von Osijek, gefüllt mit 5.000 Tonnen Dieselöl

das würde sich bald herausstellen. Ich wollte in den Stadtteil Donsi Grad, der sogenannte „untere Teil" von Osijek, der fast immer das Ziel der serbischen Artillerie war, weil dort unter anderem das Rathaus lag. Kurz bevor ich in die Stadtmitte kam, fragte ich einen Zivilisten, der sich auf der Straße befand, wie ich fahren musste. Zu diesem Zeitpunkt bestand kein Grund zur Panik, denn die Geschosse flogen ja noch nicht in meine Richtung. Noch nicht. Also startete ich den Camaro, zündete mir noch ein Zigarre an, platzierte meinen linken Ellenbogen lässig im geöffneten Fenster und drehte meinen Lieblingssong auf: „Spiel mir das Lied vom Tod". Mein Adrenalinspiegel war auf 100 Prozent, ich fühlte mich super. Dann vernahm ich das Pfeifen der ersten Granate, die Detonationswelle spürte ich ebenfalls. „Nicht erwischt", frohlockte ich. Die nächste hatte mich auch verpasst. Ich fuhr langsam auf den Rathausplatz zu. Die Geschosse hatten mich umzingelt, sie kamen immer näher, aber ich war offensichtlich noch nicht wach. Ich wurde es erst langsam, als eines der Teile über dem Camaro hinwegfegte, aber auch

Rathaus in Osijek

Helge Meyer entwickelte dieses Polizeischutzschild und stellte es der kroatischen Polizei zur Verfügung.

dann noch nicht richtig. Mann, war ich durchgeknallt, noch nicht einmal das schockte mich. An einer roten Ampel hielt ich an. Macht man ja so, als gesetzestreuer Mensch, auch in einem Krisengebiet. Bleibt man eben so lange stehen, bis eine Granate den Camaro trifft. Doch dann hatte es sich mit der Coolness, denn im Rückspiegel sah ich, wie ein blauer Lieferwagen mit einem Affenzahn auf mich zugerast kam, ohne zu bremsen. Als er mich überholte, schrie ein Uniformierter aus dem Fenster: „Go, man, go!" Wieder zischte eine Granate haarscharf an mir vorbei, aber das bemerkte ich gar nicht in meiner Empörung über den Raser. Dann allerdings wurde mir schlagartig klar, dass ich geschlagene fünf Minuten an der Ampel gestanden hatte und sie war immer noch auf rot. Ich war das Kaninchen vor der Schlange, ja ging es denn noch dämlicher. Ich gab Sporen, weg war ich. Keine Sekunde zu früh, denn die Explosion einer weiteren Knallerbse fällte die Ampel wie einen Baum. Das verfolgte ich fasziniert im Rückspiegel. Jetzt war ich wach.

Ich entdeckte eine Unterführung, die unter dem Rathausplatz entlang führte. Sie diente offenbar als Notlager für Vertriebene, aber eigentlich war sie früher als Einkaufszentrum geplant worden. Den Krieg hatte man nicht geplant. Ich spang aus dem Camaro und ging hinter einer Säule in Deckung. Nein, ich hechtete hinter eine Säule und lag im Dreck, wenn ich ehrlich bin. Aber was sollte es! Bisher hatte der Krieg im ersten halben Jahr beinahe 850 Menschen in Osijek getötet und es hatte über 5.600 Verwundete gegeben. Was war da schon ein bisschen Staub? Ich stand auf und klopfte mir den Dreck von den Klamotten. Ich wollte weiter in Richtung Krankenhaus, das eigentlich als friedliche Zone von allen Parteien anerkannt war, auch von den Serben. Das hielt die Bastarde allerdings nicht davon ab, trotzdem dauernd darauf zu schießen. Ich trat unter freien Himmel, als wieder eine Granate detonierte, diesmal über dem Rathaus. Die Druckwelle spürte man deutlich. Trotz der Gefahr hatte ich ein Hochgefühl, eines der Sorte „Bullshit – erster Klasse".

Denn so gelaunt, macht man unweiglich Fehler. Im Camaro sitzend sah ich mich um. Überall hingen Plakate. Die Serben trachteten danach ‚Osijek zu erobern und in Ocek umzubenennen. Die Kroaten hielten dagegen, indem sie die Parole ausgaben: OSIJEK NIKADA NECE BITI OCEK, was soviel hieß wie: Osijek wird nie Ocek heißen. Ich betrat das Foyer des Rathauses und traf einen Polizisten. Er sprach mich auf Kroatisch an, aber ich verstand ihn nicht. Ich versuchte es auf Deutsch, nichts. Dann auf Englisch. Das verstand er, irgendwie. Ich zeigte ihm meine ID, die meiner eigenen Firma namens Military Police. Er interpretierte das Ganze wohl zuerst nicht richtig, dann aber nach ein wenig hin und her verwies er mich an die Abteilung Militärrat. Dieser bestand nicht aus professionellen Soldaten, war aber dennoch mit der Aufgabe betraut, die Stadt zu verteidigen. Immerhin hatten diese Leute aber den Vorteil, dass sie Mut und Moral besaßen. In einem der Büros lernte ich Major Branimir Glavas kennen, den Sekretär der SW Osijek und Oberbefehlshaber der Verteidigung Osijeks. Berufen hatte ihn Franjo Tudzman, der Präsident der Republik Kroatien höchstpersönlich. Ich übergab Glavas mein Geschenk an die 160. Osijeker Brigade, das transportable Nachtsichtgerät mit einer Lichtstärke von 800 Meter je nach Batterieladezustand und ein von mir neu entwickeltes Polizeischutzschild. Glavas bedankte sich und lud mich in ein Café ein, das sich gegenüber des Rathauses befand. Wir rannten im Schweinsgalopp über die Hauptstraße. Im Erdgeschoss konnte man nicht mehr sitzen, hier hatten die Granaten alles verwüstet, aber im Keller ging der Betrieb ganz normal weiter. Dort gab es nur einen Nachteil, denn neben der Bar befand sich der Kelleraufgang zum Hinterhof, circa zwei Meter breit und mit einer Höhe von fünf Metern. Theoretisch konnte hier eine Granate reinfallen und auch unten alles verwüsten. Deshalb setzten wir uns so weit wie möglich von der Bar weg, in eine Nische. Hier waren wir halbwegs sicher. Um uns herum wirkte alles normal, die Menschen sprachen miteinander, ein Gitarrenspieler sang patriotische Lieder. Einige Frauen und Männer tanzten dazu. Das einzige, was nicht normal war, war die Kleidung. Ausnahmslos alle trugen Tarnanzüge und waren bewaffnet. Auch ein kleiner Junge im Alter von etwa zehn Jahren trug einen Tarnanzug. Er trug sechs Handgranaten bei sich. Oh mein Gott! Ich traute meinen Augen nicht. Auf die Frage, was dieser kleine Kerl derart bewaffnet hier mache, erhielt ich die Antwort: „Er hilft uns im Krieg." Ich schwieg, was hätte ich auch sagen sollen, ohne die Anwesenden zu brüskieren, die den Umstand ganz normal zu finden schienen. Ein kleiner Held. Hoffentlich stirbt er nicht den Heldentod, wünschte ich mir im Stillen. Das Kellerlokal wirkte wie eine Kontaktbörse. Jeder der mich – den Fremden – entdeckte, kam auf mich zu und fragte: Bist du der Däne? Bist du der, der uns ausbilden wird? Wieviele Soldaten hast Du schon ausgebildet? Bist du der Typ mit dem bösen schwarzen Camaro? All diese Fragen beantwortete ich mit einem „Ja". Unter den anwesenden Männern war einer, der wie ein Officer aussah, sich aber nicht entsprechend benahm. Ich vermutete, dass er keine gute Ausbildung durchlaufen hatte, weil er sehr distanzlos zu Werke ging. Er baute sich vor mir auf und grinste breit. „Du bist also der Däne. Sag mir, kennst du eine

Krankenhaus in Osijek

Firma namens MPRI?" Ich ignorierte die Frage zunächst, denn sie war nicht ungefährlich. Statt zu antworten, nippte ich an meiner Cola. Sie war schön kalt. Die Luft im Keller war rauchverhangen und zum Schneiden. Irgendjemand öffnete die Kellertür und frische Luft drängte herein, gleichzeitig auch die Geräusche des Krieges. Das Fauchen der Granaten. „Du hast meine Frage immer noch nicht beantwortet." „Wie denn, du bist gerade zur Bar gegangen, hätte ich dir die Antwort hinterher rufen sollen?" Ich zündete mir eine Zigarre an und bließ den Rauch langsam in seine Richtung. „Okay, MPRI ist ein amerikanisches Sicherheitsunternehmen, gegründet von einem früheren oder wenn du willst, ehemaligen General der REGIONAL COMMANDS SOUTH PACIFIC AND EUROPE. Dazu zählt auch die DEFENSE INTELLIGENT AGENCY. Der Verein heißt MILITARY PROFESSIONAL RESSOURCES INCORPORATION." „Gehörst du denen an, Däne?" „Wie kommst du auf diese Idee?" „Man hört einiges in Zeiten des Krieges."

„Ja, da hast du recht." „Du bist also einer von denen." „Das habe ich nicht gesagt." „Aber du hast gesagt, dass ich Recht habe." „Ja, das habe ich. Aber nur in Bezug auf deinen letzten Satz." Ich nickte ihm zu. Er schien nicht zu ahnen, dass es bei uns Profis einen deutlichen Unterschied zwischen Tarnung und Täuschung gab. Das gehörte zu unserem Job und unserer Ausbildung. Einer Ausbildung, die er nicht hatte. Sie dauerte Monate, während denen man sich ständig Tests unterzog und immer wieder auf den neuesten Stand gebracht wurde. Der Officer drehte sich um und ich dachte schon, er wolle gehen. Doch dann wandte er sich mir wieder zu. „Was machst du eigentlich hier bei uns?" „Urlaub. Ich bringe Hilfsgüter zu Euch. Von der US ARMY und der US AIRFORCE." „Das habe ich schon gehört. Weißt du, was ich außerdem gehört habe?" „Nein, was denn?" „Die Kroaten in Osijek sind stolz auf dich!" „Dafür gibt es keinen Grund." Ich stand auf, weil ich fand, dass die Zeit zum Gehen gekommen war. „Überleg mal, warum wir so stolz auf dich sind!" Der Typ war hartnäckig. „Letztes Jahr wurden an einem Tag fünf serbische Flugzeuge über Osijek abgeschossen." Ich kannte das Gerücht, auf das er hinauswollte. „Man erzählt sich, dass ein Däne in einem silberfarbenen Golf zu diesem Zeitpunkt in der Nähe der Abschussstelle gesichtet wurde. Der Golf hatte ein SL-Kennzeichen und eine dänische und amerikanische Flagge auf der Motorhaube." „Ja, das war mein Auto, aber ich habe die Flugzeuge nicht abgeschossen." „Du kannst nicht beweisen, dass du es nicht warst." Ich verdrehte die Augen und ließ ihn stehen. Ich wollte jetzt endlich zu Dr. Lovric ins Krankenhaus, um ihm die mitgebrachte Medizin zu übergeben. Doch ich war keine 20 Schritte weit gekommen, als ich in der Bar von einem Gesandten der Gemeinde Beli Monastir angesprochen wurde. Er überbrachte mir die Nachricht, dass mich der Vorsitzende der Gemeinde um ein Treffen bat. Ich sagte zu. Allerdings wusste ich, dass das Gebiet der Gemeinde von den Serben besetzt war. Als ich das äußerte, reagierte der Mann ein wenig erstaunt. „Ach, das wissen Sie?" „Ja, das ist mir bekannt. Ich habe bereits Vereinbarungen mit einigen freiwilligen Soldaten Ihrer Gemeinde und mit der neu ins Leben gerufenen Vukovar-Brigade in Vinkovci getroffen. Diese muss ich zuerst erfüllen, was bedeutet, dass das Treffen erst im Juli stattfinden kann. Ich hoffe, das geht in Ordnung." Der Gesandte dachte nach. „Das kann ich nicht sagen, ich muss erst nachfragen." Ich teilte ihm mit, dass ich noch eine Woche in Osijek sein würde und nannte ihm Dr. Lovric als Kontakt. Dann ging ich die Stufen hinauf und spähte im Erdgeschoss durch die Bretter und die dort gestapelten Sandsäcke nach draußen auf die Straße. Vorher hatte es stark geregnet, jetzt hatte es aufgehört. Der Camaro stand unversehrt in Blickweite auf der Straße vor dem Rathaus. Ich stieg ein und fuhr am Hauptbahnhof von Osijek vorbei zum Krankenhaus. Der Hauptbahnhof war eine der Schwachstellen der Stadt. Die Serben kannten den Fahrplan der Züge genau und immer wenn ein Zug von Zagreb aus ankam, nahmen die Tschetniks den Beschuss auf, ohne Rücksicht auf die Menschen, die in den Zügen saßen. Ich verspürte einen ungeheuren Hass auf die Uniformträger, die auf unbewaffnete Zivilisten schossen. Wieder fingen die Sirenen an zu heulen. Ich gab Gas und raste mit 100 Stundenkilometern durch die kleinen Straßen. Die Schilder mit der Aufschrift „Radar-ska Kontrola" ignorierte ich. Leckt mich alle am Arsch. Ich entdeckte ein paar junge Paare, die sich auf der Straße aufhielten, während die Granaten herumflogen. Verrückte wie ich, die das Geschehen für eine Mutprobe nutzten. Oder spürten sie eine Sehnsucht nach dem gemeinsamen Liebestod? Ich überlegte, ob ich ein Foto machen sollte und entschied mich dann dagegen. Mit heruntergelassenen Fenstern steuerte ich den Camaro weiter, ich wollte nicht riskieren, dass das Glas durch Granatsplitter zerstört wurde. Für den Fall der Fälle und um den Wagen schnell verlassen zu können, löste ich den Sicherheitsgurt.

Auf dem Gelände des Krankenhauses suchte ich nach einer idealen Parkmöglichkeit. Ich fand diese neben einem Stahlmonster, einem Bus, der mit Metallplatten zusammengeschweißt und mit grüner und schwarzer Tarnfarbe gestrichen war. Im Vorzimmer von Dr. Lovrics Büro gab es ein Wiedersehen mit seiner Sekretärin, die mich heftig umarmte. Ich erwiderte dies ausgiebig, länger als vielleicht von ihr gedacht. Mit einem starken Kaffee in der Hand wartete ich auf Dr. Lovric. Als er kam umarmten wir uns, die Freude war groß. Lovric lud mich in seinen neuen OP ein. Gleich würde er operieren und ich sollte dabei sein und Fotos machen. Zu diesem Zweck holte ich meine Pentax 110 Spionage Kamera aus dem Camaro. Im OP lag der Patient schon auf dem Tisch. Als ich mich genauer umsah, erkannte ich, dass es sich bei diesem Raum um einen Umkleideraum im Keller handelte. In den oberen Räumen konnte man laut Lovric nicht in Ruhe operieren. „Die Serben beschießen das Krankenhaus, weil sie die Kaserne, die dahinter liegt, treffen wollen." Das war schon ein starkes Stück. Von drei Seiten hatten sie Osijek umstellt und trotzdem war ihnen bis jetzt die Eroberung nicht gelungen. Und das würde es ihnen meiner Einschätzung nach auch in Zukunft nicht, denn die geflüchteten Menschen aus Osijek kehrten meist zurück. Nur konnten sie die serbischen Agressoren nicht platt machen.

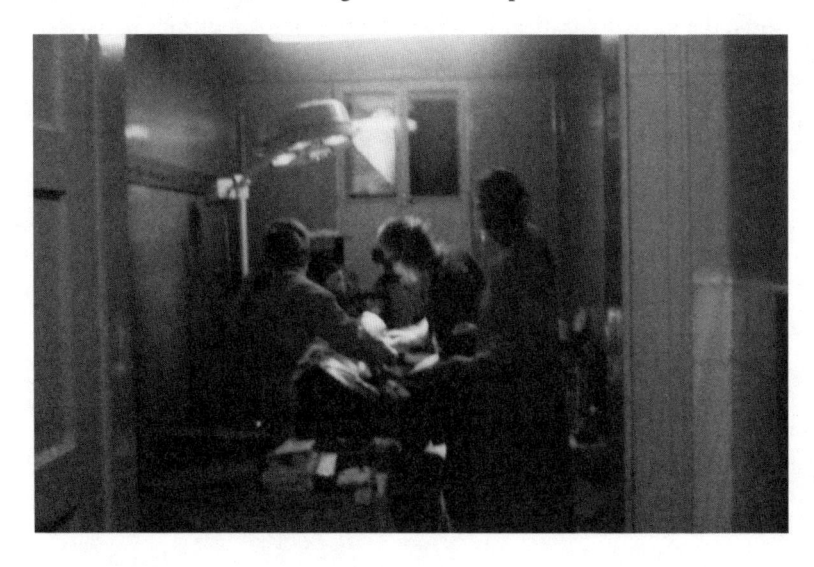

Ich fotografierte ausgiebig das Krankenhaus, während Lovric vier Stunden operierte. Wir verabredeten, uns später in einem Café zu treffen. Ich saß dort und wartete auf Dr. Lovric. Er kam und wir fanden endlich Zeit, uns zu unterhalten. Zu vorgerückter Stunde beschlossen wir, der Diskothek Yellow Submarine einen Besuch abzustatten. Die Disco liegt in einem alten Fort fast direkt an der Frontlinie. Früher diente die Örtlichkeit als Munitionslager und hatte deshalb zwei Meter dicke Wände. Granaten konnten uns hier also nichts anhaben. Dr. Lovric bot mir wie schon einmal zuvor an, dass ich in seiner Wohnung übernachten könnte. Im Tanztempel herrschte zu dieser Zeit bereits Hochbetrieb, lauter schöne Frauen in netten Minis. Es war herrlich. Ich dachte an Sue. Wenn die wüsste, das gäbe Ärger. Ich aber nutzte jetzt erst einmal die Gelegenheit und tanzte mit den hübchen Krankenschwestern, die sich um Dr. Lovric und mich scharten. Auf Tuchfühlung wurde mir ganz schwummerig, aber das störte die Damen gar nicht. Und mir sollte es recht sein. In einer Tanzpause saßen wir an einer Wand und sahen dem wilden Treiben zu. Ich hatte von meinem Platz aus einen exzellenten Blick über das Geschehen. Und so entging mir dann auch nicht, dass zwei Männer hereinkamen, die sich seltsam benahmen. Sie sprachen mehrere Kroaten an, die sich aber alle unisono ohne zu antworten wegdrehten. Ich hatte genug gesehen, das war etwas für mich. Ich stand auf, ging in Richtung Toilette, stoppte bei den beiden und sagte zum Test „Heil Hitler, Kameraden." Dr. Müller hätte seine helle Freude gehabt, wenn er gehört hätte, wie die Männer mit dem gleichen Gruß begeistert zurücksalutierten. Ich hatte mich nicht getäuscht. Das waren reinrassige Neonazis. Ich kam mir vor, als wäre ich im Zweiten Weltkrieg gelandet. Wie die aussahen, Reiterhosen, blankpolierte hohe Stiefel, SS-Uniform, echt verrückt.

Anschließend vereinbarte ich ein Treffen für den nächsten Monat und versprach, den Soldaten der IB etwas mitzubringen. Die IB war eine internationale Brigade. „Wie heißen Sie denn?", fragte einer der beiden Nazis. „Meyer. Mit Ypsilon." Dann versuchte ich mich im Kasernenhofton: „Meine Herren, Sie können jetzt wegtreten." „Jawohl", antworteten die ganz folgsam. Mein Alter und der Kommandoton hatten gewirkt. Ich ging weiter. Als ich von der Toilette zurückkehrte, waren sie verschwunden. Dr. Lovric fragte mich, ob ich die beiden kennen würde. „Nein", antwortete ich wahrheitsgemäß. „Die habe ich noch nie zuvor gesehen." Zwei nette Krankenschwestern machten sich gemeinsam daran, mich wieder auf die Tanzfläche zu schieben. Sie waren wild darauf, noch etwas zu erleben, bevor sie wieder zum Dienst zurück mussten. Während ich herumschwofte, hielt ich Ausschau nach Tamara. Ich erinnerte mich an das hübsche Gesicht, das Lächeln und die wunderschönen Augen. Leider war sie nicht hier – dachte ich zumindest. Als die Musik wechselte, begab ich mich wieder zu Dr. Lovric. Er unterhielt sich mit einer Frau, die zu mir mit dem Rücken stand. Moment mal, diese Rückenansicht kannte ich doch. Sie gehörte zu Tamara. Als ich ihr die Hand auf die Schulter legte, drehte sie sich um. „Du hier", stieß sie überrascht hervor. Lovric wandte sich ab und winkte mir verschwörerisch zu. Wir waren allein. „Blödmann, jetzt küss mich endlich zur Begrüßung." Ich stand da und war wieder einmal kurz irritiert. Klar würde ich sie küssen, aber dann würden sich meine Gedanken sehr schnell auf etwas anderes konzentrieren. Das Übliche. „Ich habe gehört, du bleibst eine Woche. Du kannst bei mir wohnen." Ich nickte. Na, das war doch mal was. Halt! Eine wohlbekannte Stimme in meinem Inneren meldete sich zu Wort. Hatte ich gerade genickt? Hatte ich wohl. Na, dann konnte ich mir jetzt attestieren, dass ich immer noch kein Quentchen dazu gelernt hatte. Ich registrierte durch einen Schleier, wie mir Dr. Lovric zum Abschied zuwinkte, als er mit den Krankenschwestern die Yellow Submarine verließ. Der Dienst rief ihn, der Krieg ging weiter – ohne Rücksicht auf Verluste. Diese Auseinandersetzung stank zum Himmel und wenn die UN nicht bald mit einem schusssicheren Mandat anrückte, würde es noch viel unerträglicher werden. Die Leichen begannen zu verwesen und ich war mir sicher, dass das Inferno bald auch auf Bosnien übergreifen würde. Dort würde es auch Tote geben und der Geruch der Fäulnis würde sich verbreiten, überschwappen über den gesamten Balkan. Erst wenn der Gestank in New York angekommen wäre, würde man dort wach. Tamara berichtete mir, dass Dr. Lovric mich eingeladen hätte, am nächsten Tag um 11 Uhr im Krankenhaus bei einer weiteren OP dabei zu sein. Ich sollte Fotos machen, darüber berichten und etwas gegen die unerträglichen Bedingungen unternehmen.

Danach, so schlug sie vor, könnten wir beide in Osijek einen Spaziergang unternehmen, einen Kaffee trinken und den berühmten Fiat 750, der von einem Panzer überfahren herumstand und vor sich hinrostete, begutachten. Ich erklärte mich einverstanden. „Lass uns noch einmal tanzen", schlug sie vor. Ich willigte ein und schmiegte mich an sie. Die Musik war langsam und ihr biegsamer Körper fühlte sich dabei himmlisch an. Mit meiner rechten Hand fasste ich in ihr dunkelbraunes Haar und streichelte sanft ihren Kopf. Mir fiel auf, dass das Haar kürzer war, als beim ersten Treffen. Ich drehte ihren Kopf leicht, um ihr in die schönen braunen Augen sehen zu können. „Don´t move", raunte sie. Und so standen wir ungefähr fünf Minuten bewegungslos auf der Tanzfläche, ein Moment des Friedens, in dem wir beide unsere angespannten Körper spürten. Als wir die Disco verließen, fuhr ich hinter Tamaras blauem Lada her. Zuvor hatte ich sie gefragt, ob Dr. Lovric wüsste, wo sie wohnt. „Klar weiß er das. Warum fragst du?" „Ich möchte nicht, dass er sich Sorgen macht." Wir fuhren zu Tamara, deren Wohnung zehn Minuten entfernt und somit fünf Kontrollpunkte weiter, am Fluss Drav lag. Sie parkte und bat mich, vor der Garageneinfahrt, die unter das Haus führte, zu warten. Die Garage ließ sich nur von innen öffnen. Während ich im Auto saß, versuchte ich den stillen Abend zu genießen. Die Frontlinie lag etwa 600 Meter von hier entfernt. Plötzlich hörte ich, wie die Schüsse der Tschetniks die abendliche Ruhe zerrissen. Auf der kroatischen Seite blieb es still. Die Kroaten durften nicht zurückschießen, die Order stammte von Präsident Franjo Tujdmann persönlich. Glavas Branimir, der Sekretär für Volksverteidigung von Osijek, war mit der Order nicht einverstanden, das wusste ich. Er befürwortete eine harte slawische Linie gegenüber den serbischen Agressoren, was häufiger zu einem Zwist mit der Führung in Zagreb führte. Die osijeksche Bevölkerung aber stand hinter Glavas. Das Garagentor öffnete sich, Tamara winkte mich hinein. Als das Tor zuging, wusste ich den Camaro in Sicherheit. Wir gingen die Treppe hinauf in den ersten Stock in dem

Tamara´s Wohnung lag. Dort angekommen, ließen wir die Rollläden im Wohnzimmer herunter und warteten fünf Minuten, bis wir das Licht anmachten. Es war eine Vorsichtsmaßnahme, da diese Seite zum Fluss Drav und zur Frontlinie hinausging. Die Einrichtung des geräumigen Raums war geschmackvoll und wies auf eine wohlhabende Familie hin. Sie entsprach auch dem Verhalten, das ich von Tamara kannte. „Komm, ich zeige dir deinen Schlafplatz." Wir gingen in einem weiteren Raum, beinahe ebenso groß wie das Wohnzimmer. Ein Schlafzimmer in dem ein großes Doppelbett stand. „Du schläfst links." Ich nickte ergeben. In allen Räumen, die ich bisher gesehen hatte, waren die Wände mit dunklem Holz getäfelt. Alles wirkte sehr edel, die Decken waren mit Stuck verziert. Man konnte den früheren Reichtum förmlich riechen. Tamara führte mich ins Badezimmer, auch dieses war beeindruckend mit einer schönen, alten Badewanne, vergoldeten Hähnen und alten Fliesen mit königsblauem Muster. „Ich bin beeindruckt." Tamara lächelte und führte mich in die Küche, ebenfalls perfekt eingerichtet und funktionierend. „Du siehst, uns wird es an nichts fehlen." Ich dachte einen Moment lang nicht an den Krieg, sondern fühlte mich in das letzte Jahrhundert versetzt. „Das hier ist nicht die Realität, morgen wirst du sie sehen. Aber jetzt essen wir erst einmal etwas." Ich wünschte mir Eier mit Speck und Brot und einen Kaffee. Doch bevor Tamara loslegen konnte, nahm ich sie in die Arme. Wir küssten uns leidenschaftlich, aber dann machte ich mich los. „Ich hole meine Sachen aus dem Wagen." Während ich in die Garage ging, bereitete Tamara das Essen zu. Als ich meinen Rucksack im Schlafzimmer ablegte, wanderten meine Gedanken zurück nach Deutschland. Ich dachte an Sue. Was tat sie gerade? Gut, es ging mich nichts an. Wenn sie wüsste, dass ich in etwa einer Stunde mit einer anderen Frau im Bett liegen würde, würde sie mich mit Sicherheit einschläfern lassen. Sie war ein Marine. Ich wischte den unangenehmen Gedanken beiseite. Tamara rief nach mir. „Komm essen." Sie war eine begnadete Köchin. Auf dem Tisch standen nicht nur die bestellten Eier und der Speck, sondern auch eine dampfende Gemüsesuppe. Mann, oh Mann, war ich beeindruckt. Wir setzten uns an den Tisch, sahen uns in die Augen, redeten Blödsinn und lachten verlegen, wie junge Verliebte. Als Tamara aufstand, um Gläser für das Osijeker Bier, auch Pivo genannt, zu holen, bemerkte ich, wie sexy sie war, in ihrem kurzen Rock. Schöne Beine, ein wohlgeformter Hintern. Trotzdem regte sich bei mir nichts. Es war 4 Uhr morgens, als wir ins Bad gingen. Gemeinsam. Ich legte mich ins Bett und Tamara kam dazu, unter meine Decke. Sie trug einen Schlafanzug, der nicht besonders sexy war und kuschelte sich in Löffelchenstellung an mich. „Stehen wir um 9 Uhr auf?" „Okay." Sie schubste ihren kleinen Hintern direkt auf meinen Schoß und die physikalische Reaktion blieb bei mir nicht aus. Was das Ganze begünstigte war, dass über dem Bett ein UV-Licht angebracht war. Dieses setzt Endorphine frei, das körpereigene Opium. Ich war in Stimmung. Mit einem Ruck zog ich Tamaras Schlafanzughose runter. Sie lachte. „Geht doch." Die Worte turnten mich ab. Ich wollte ihr zeigen, dass ich als wilder Wikinger meinen Sexualtrieb unter Kontrolle hatte. „Wird das noch was?", fragte Tamara erstaunt, als die von ihr erwartete Reaktion ausblieb. „Nö, ich bin todmüde. Tut mir leid." Ihr entgeisterter Blick freute mich, aber dann zeigte sie Verständnis. Ich nahm sie in den Arm und wir schliefen ein.

Als ich morgens gegen 9 Uhr aufwachte, musste ich dringend aufstehen. Ich schoss aus dem Bett wie ein geölter Blitz und weckte damit Tamara. Sie lachte, weil sie den Grund erriet. Als ich zurückkam, fragte sie mich, ob ich zum Bäcker gehen würde. Ich zog mich an und machte mich auf den Weg. Vorsorglich verzichtete ich auf eine Dusche. Nicht ohne Grund, denn das letzte Mal hatte ich in einem Hotel voll eingeseift unter der Dusche gestanden und als ich das Wasser aufdrehte, tröpfelte es nur müde. Vermutlich hatte eine Granate die Wasserzufuhr gestoppt, genau in dem Moment, in dem ich unter der Dusche stand. Und auf eine solche Erfahrung konnte ich in dieser Situation gut und gerne verzichten. Vor der Bäckerei traf ich einen alten Bekannten. Er überbrachte mir eine Nachricht des Government Commissioners der Republik Croatia Community of Beli Monastir. Ich sollte mich um 15 Uhr nachmittags mit ihm zu einem Geschäftsessen treffen. Meine Skepsis regte sich. „Woher weißt du, wo ich wohne und dass ich hier bin?" „Wusste ich nicht. Aber ich wusste, dass du um 11 Uhr im Krankenhaus bei Dr. Lovric bist und ich wollte nur vorher noch etwas Brot besorgen. Dabei haben wir uns jetzt getroffen." „Ich wohne im Hotel Royal", log ich. Dieses befand sich um die Ecke in der nächsten Straße. „Soll ich dich dort abholen." „Nein, vielen Dank, ich komme direkt zum Krankenhaus." „Okay, dann bis später." Ich war verunsichert. Was hatte das zu bedeuten? Ich kannte den Government Commissioner nicht. Vielleicht lag es an meiner Firma Military Police, über die ich exzellente Verbindungen in viele Staaten hatte, vielleicht aber auch an etwas anderem. Vorsorglich

wählte ich einem Umweg zurück zu Tamara's Haus, um sicherzustellen, dass mir niemand folgte. Ich konnte nichts entdecken und betrat das Haus. Als ich die Wohnung betrat, rief Tamara aus der Küche: „Hey Schatz, bist du es?" „Ich bin kein Schatz, Tamara." „Gut, dann frage ich eben, wo ist das Brot?" Ich ging in die Diele und holte es. „Setz dich. Ich mache dir einen Vorschlag. Wir fahren mit meinem Auto und der Camaro bleibt in der Garage." Ich willigte ein. „Allerdings müssen wir unsere Pläne umschmeißen, ich habe um 15 Uhr einen Termin beim Government Commissioner." Ich schlug vor, dass wir nach dem Besuch im Krankenhaus zuhause essen sollten. „Ich koche für dich." „Du kannst kochen?" „Klar doch." Wofür hatte ich eine Kochschule besucht? Ich ließ allerdings unerwähnt, dass ich diese nur besucht hatte, weil ich wusste, dass Frauen bei Männern die Kochen konnten schwach wurden. Doch Tamara hatte andere Pläne. „Ich glaube zwar nicht, dass du kochen kannst, aber wir machen es uns trotzdem gemütlich." Tamara war schon besonders. „Ich will mich nicht verstellen. Ich konnte dich schon seit unserer ersten Begegnung im letzten Herbst hier sehr gut leiden und ich hoffe, dies beruht auf Gegenseitigkeit." „Das tut es." Wir rauchten noch schweigend eine Zigarette und tranken einen Kaffee. Tamara holte einen Wohnungsschlüssel. „Hier, dann kannst du dich frei bewegen." „Danke." Ich holte meine kleine Pentax 110 Pocket Kamera, mit der ich durch das Auswechseln der Linse jede Pore auf meinem Handrücken einzeln fotografieren hätte können, und dann brachen wir auf.

Zehn Minuten später waren wir bereits im Krankenhaus. Eine nette Schwester bot uns einen starken, türkischen Kaffee an. Dann kam Dr. Lovric. Nach einer herzlichen Begrüßung gingen wir in einen OP-Raum, er war wieder provisorisch eingerichtet, wie schon der erste, den ich gestern bei meiner Ankunft gesehen hatte. Ich war geschockt. Der Raum lag im Keller, es war ein ehemaliger Lagerraum. Der Patient lag auf dem OP-Tisch, ein junger Soldat, der Granatsplitter im Unterschenkel hatte, sie waren in den großen Muskel auf der rechten Seite eingedrungen. Die Splitter hatten einen Teil der Muskelmasse fortgerissen. Lovric operierte so souverän, wie man es nach 4.000 Operationen innerhalb von zwei Jahren eben tat. Ich sah zu und dokumentierte den Vorgang mit der Kamera. Währenddessen redeten wir. Lovric erzählte eine bezeichnende Geschichte, die sich vor kurzem ereignet hatte. Soldaten hatten die Draubrücke in Osijek mit Sprengstoff versehen, um sie für den Fall, dass über diese serbische Panzer rollten, in die Luft zu sprengen. Eine Woche später allerdings traf eine Granate die Brücke und löste die Explosion aus.

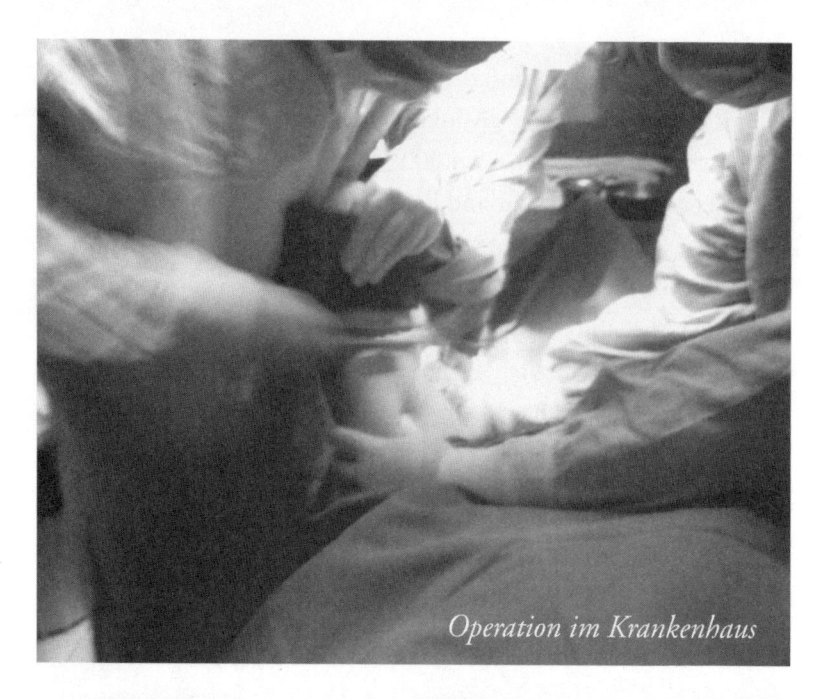

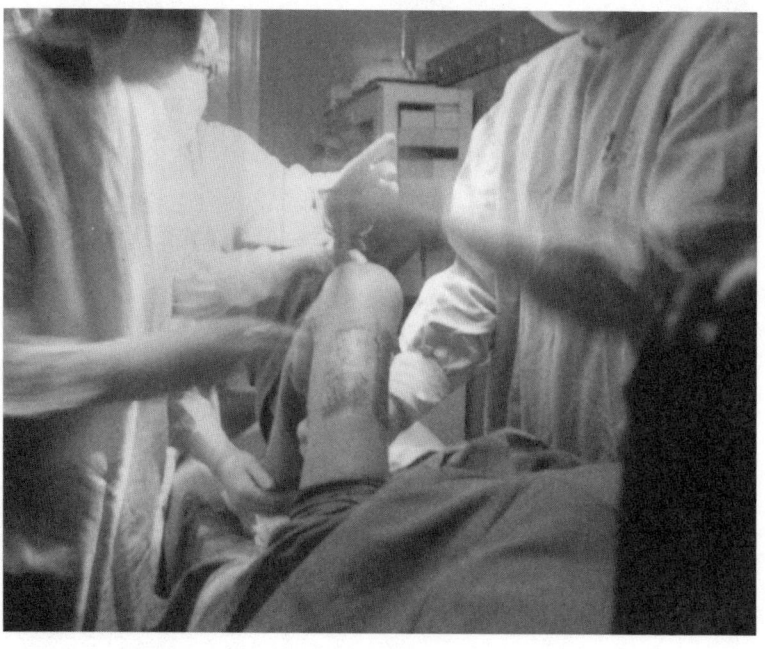

Operation im Krankenhaus

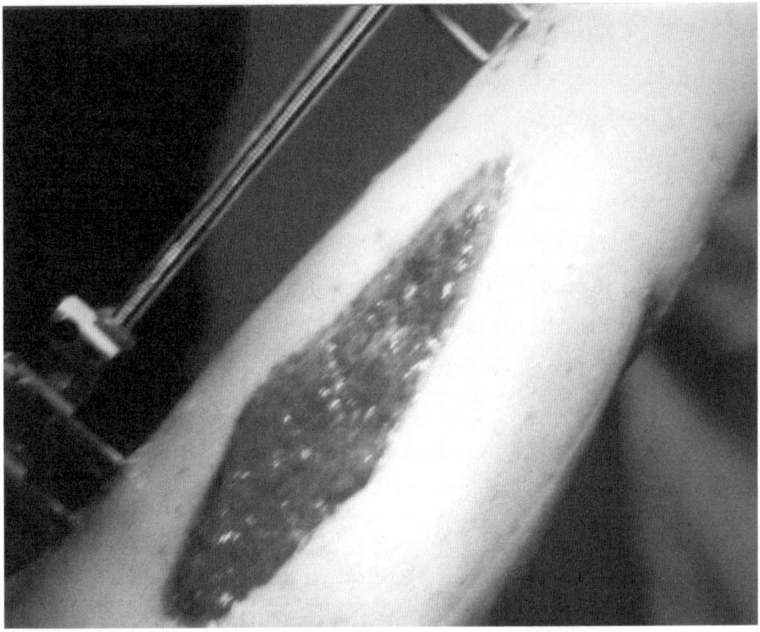

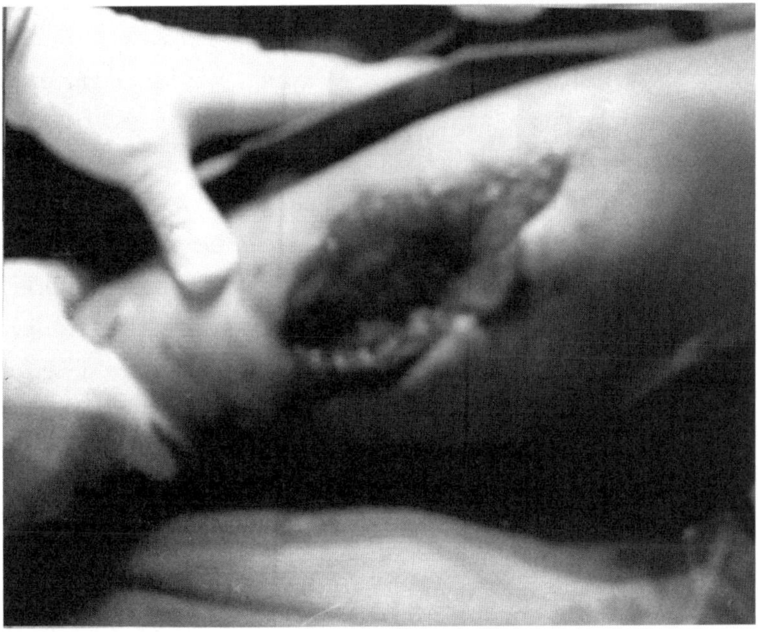

Tamara wollte davon wohl nichts mehr hören, denn nun drängte sie zum Aufbruch. „Lass uns noch einen Kaffee trinken. Noch ist Zeit dafür." „Okay, du süßes Ding." „Wie hast du mich gerade genannt? Süßes Ding?" „Blödsinn, ich bin doch kein Weichling." „Das weiß ich." Wir fuhren mit dem Lada in die Innenstadt und stellten den Wagen neben der Kathedrale ab. In einer Seitenstraße entfernt lag ein Cafe, voll mit Soldaten. Im Inneren ballte sich dichter Rauch. In der Ecke des Raums standen Pflanzen, die schon bessere Tage gesehen hatten, aber das war nicht mein Problem. Wir ließen uns an einem Tisch nieder, der meinen Sicherheitsanforderungen entsprach. Von hier aus konnte ich das ganze Geschehen beobachten, wer hereinkam und wer ging. Links neben meinem Platz befand sich die Tür zur Küche, daneben eine zu den Toiletten. Ich zog einen Stuhl für Tamara neben mich. „Oh, ein Gentleman." „Nein, das ist nur Schauspiel, bis ich dich flach gelegt habe." „Meinst du das ernst?" „Nein, natürlich nicht." Beinahe hätte ich mit meiner ehrlichen Art mal wieder alles ruiniert. Ich küsste sie. Ein notwendiges Manöver, wie ich fand, um die Situation zu retten. Tamara legte mir die Hand auf den Arm. „Ich muss dir etwas sagen." Was kam denn jetzt? Immer wenn Frauen so anfingen, stimmte etwas nicht. „Was denn?" „Ich habe mich in dich verliebt." „Das gefällt mir." „Bist du sicher?" „Weißt du, was du da redest? Ich bin fast doppelt so alt wie du. Du bist zu jung für mich. Hast Du eine ältere Schwester?" Tamara sah mich an, stand auf, holte aus und knallte mir eine. Ich lächelte unbeeindruckt. „Danke, jetzt weiß ich wenigtens, dass du Linkshänderin bist. Aber ich liebe dich trotzdem." Ihre Wut brach in sich zusammen und sie setzte sich wieder. Ich tröstete sie: „Was ich sage, ist mein voller Ernst. Ich möchte dich nicht verlieren, Tamara." „Ich dich auch nicht", erwiderte sie. „Und ich muss dir noch etwas Wichtiges mitteilen, etwas, das mit dem Termin, den du jetzt gleich hast, zusammenhängt. Komm heute Abend um 18 Uhr zu mir, ein paar Freunde von mir werden da sein. Dann reden wir." Glücklicherweise war sie nicht mehr sauer auf mich.

Um kurz vor 15 Uhr betrat ich das Restaurant, dass der Government Commissioner als Treffpunkt gewählt hatte. Das Restaurant war gut besucht, aber es gab mehrere freie Tische, die meinen Anforderungen entsprachen. Ich ließ mich an einem Ecktisch nieder. Von hier aus hatte ich den perfekten Überblick. Ich scannte die Anwesenden um mich herum, doch es sah nicht so aus, dass meine Gesprächspartner darunter waren. Dann öffnete sich die Tür und zwei gut gekleidete Männer kamen herein, kurz darauf folgte Ihnen ein sportlicher 1,90 Meter Hüne, der ebenfalls elegant gekleidet war. Zielstrebig kam er an meinen Tisch und nannte seinen Namen. Die Begleiter des Government Commissioners hielten sich im Hintergrund, sie waren so etwas wie eine Sicherungsgruppe, nach dem Prinzip 1:2. Nach zwei Stunden hatten wir gegessen und waren beim Kaffee angelangt. Als Krönung bot ich ihm eine meiner besten Zigarren an. Rauchend saßen wir da und sprachen über den Krieg. Am Ende kam der Governer auf das zu sprechen, was ihm am Herzen lag. Er überreichte mir einen Umschlag mit einem Brief. Dieser Brief enthielt die Anschrift für mein Büro in Osijek. (HILFSGÜTERBÜRO)

Ich machte mich auf den Weg zu Tamara. Als ich in einer kleinen Nebenstraße an einem Blumenladen vorbeikam, ging ich hinein und kaufte drei rote Rosen und eine dunkelrot gefärbte Straußenfeder. Tamara freute sich sehr darüber, als ich ihr den Strauß überreichte. In der Küche saßen am Tisch bereits die drei Gäste, die sie angekündigt hatte. Es handelte sich um drei Männer, zwei in Polizeiuniform und ein weiterer in der Camouflage-Uniform des MAD, Militärischer Abschirmdienst. Wir stellten uns einander vor und begannen das Gespräch. Der Mann vom MAD bat mich, ihn am nächsten Tag zur Vukovar Brigade nach Vinkovci zu begleiten, der Brigardier Ivan K. wollte mit mir sprechen. Ich fragte ihn, worüber. Dabei kam heraus, dass es auch um die HVO in Bosnien ging, denn auch dort erwartete man den Ausbruch der militärischen Auseinandersetzung. Mit meiner Erfahrung als Hilfgüter-

Lieferant könnte ich eine große Hilfe sein. Ich sagte zu, denn wer meine Hilfe brauchte, sollte sie auch bekommen. Der MAD-Mann stand auf und ging. Die beiden Polizisten blieben noch eine kurze Weile. Die beiden stammten von der Spezialpolizei Beli Monastir, einem Gebiet, das derzeit von den Serben besetzt gehalten wurde. Konkret wollten sie wissen, ob ich einige von ihnen und auch einige Zivilisten militärisch trainieren könnte. Es ging im wesentlichen um Grundbegriffe der Ausbildung, die manchmal ja schon halfen. Ich willigte ein – wir besprachen, uns morgen um 13.00 Uhr mit den Ausbildungswilligen vor der alten Kirche zu treffen, die sich bei der Festung neben der Diskothek Yellow Submarine befand. Die beiden Polizisten bedankten sich. Dann waren Tamara und ich alleine. Sie hatte schon gekocht und eine Flasche Rotwein geöffnet. Egal was mir morgen bevorstand, der heutige Abend würde schön werden.

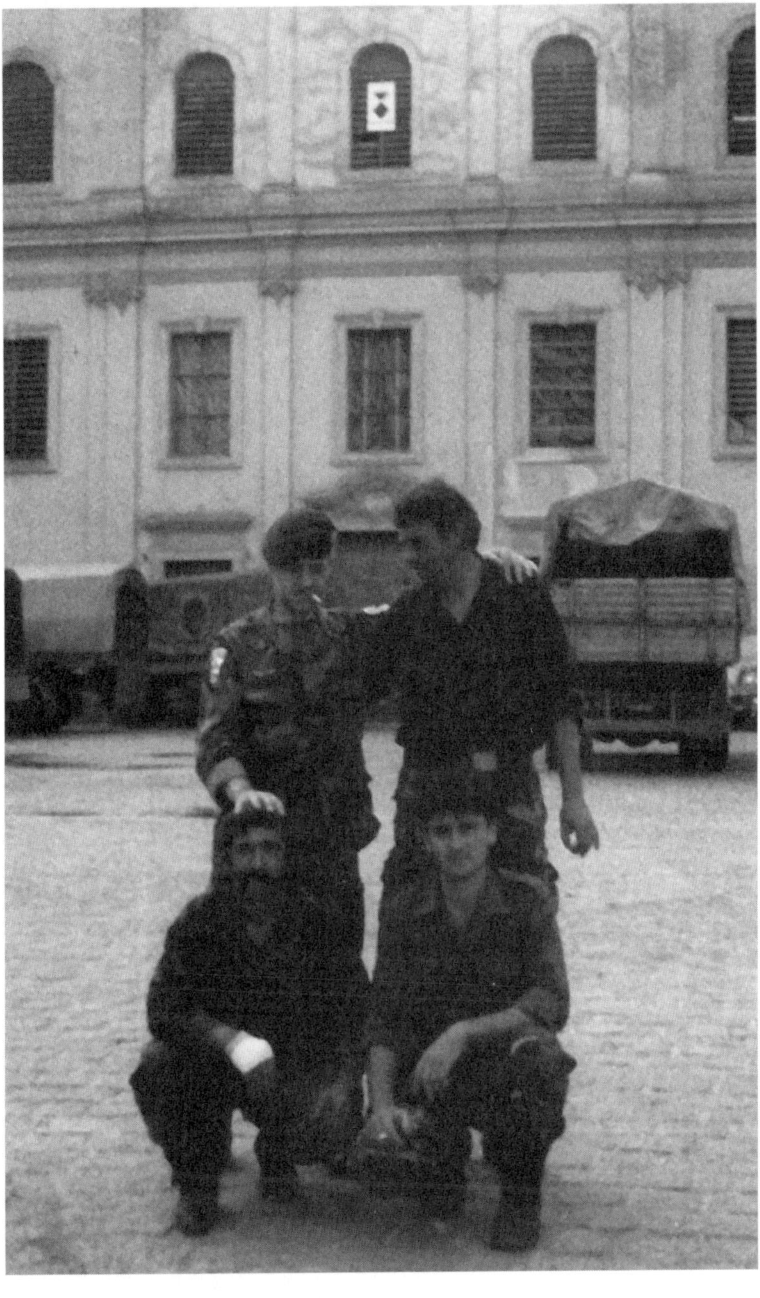

REPUBLIC CROATIA
COMMUNITY OF BELI MANASTIR
GOVERMENT COMMISSIONER

Bilje, 8th July, 1992

Mr Helge Meyer
Police and Military
Technic

Dear Sir!

The Commission of the Republic Croatia Goverment for the community Beli Manastir is interested in bussines co-operation with You, so we make use of this letter to recommend ouselves.

Since we have information about the possibilities of collecting donations for this part of Croatia, we are strongly interested in doing those donations through our Commission, in terms of which we offer You bussines accomodation in our headquarters: Gundulićeva Str. 61 f, Osijek.

At the same time, we would like to inform you that we are interested in the future economic co-operation after the war and after the legal state of Croatia is been re-established in the area of Baranja.

Yours faithfully!

Goverment Commissioner

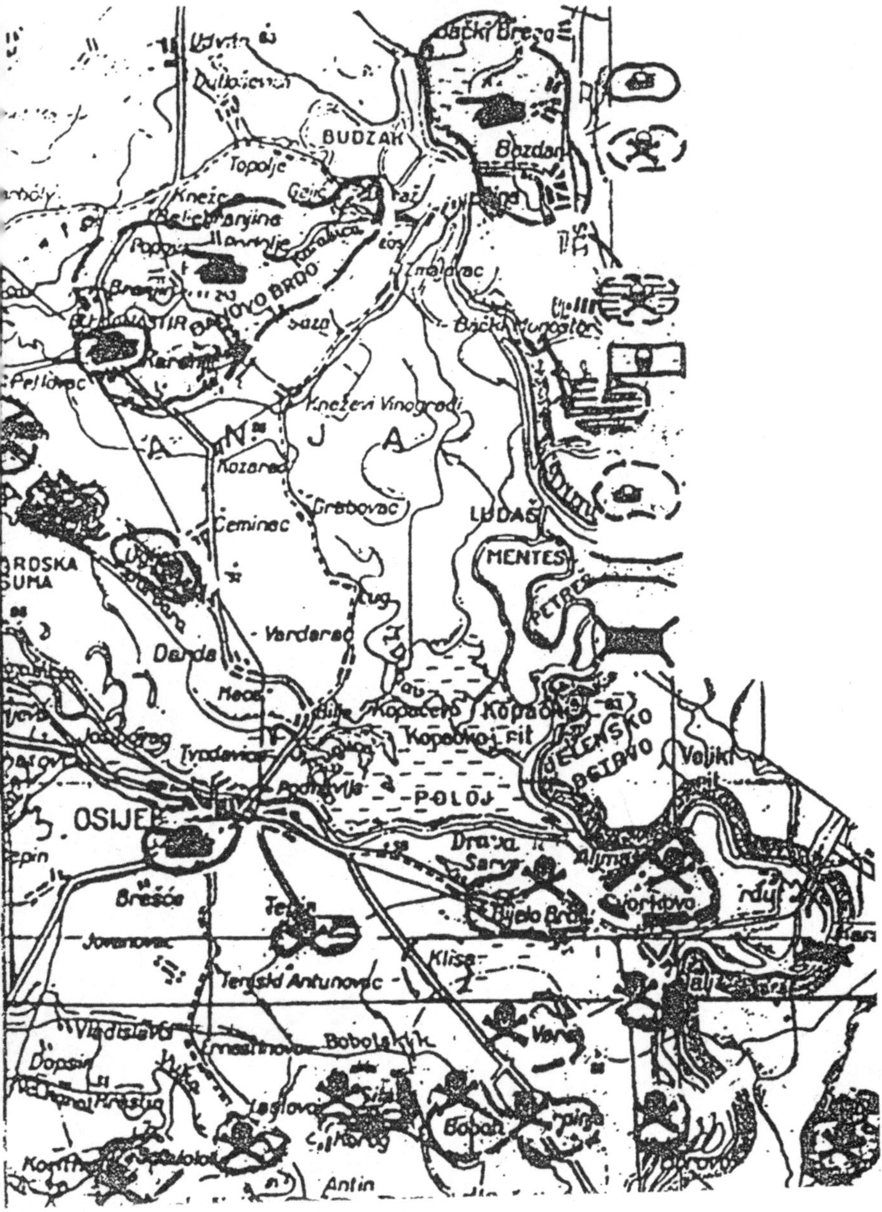

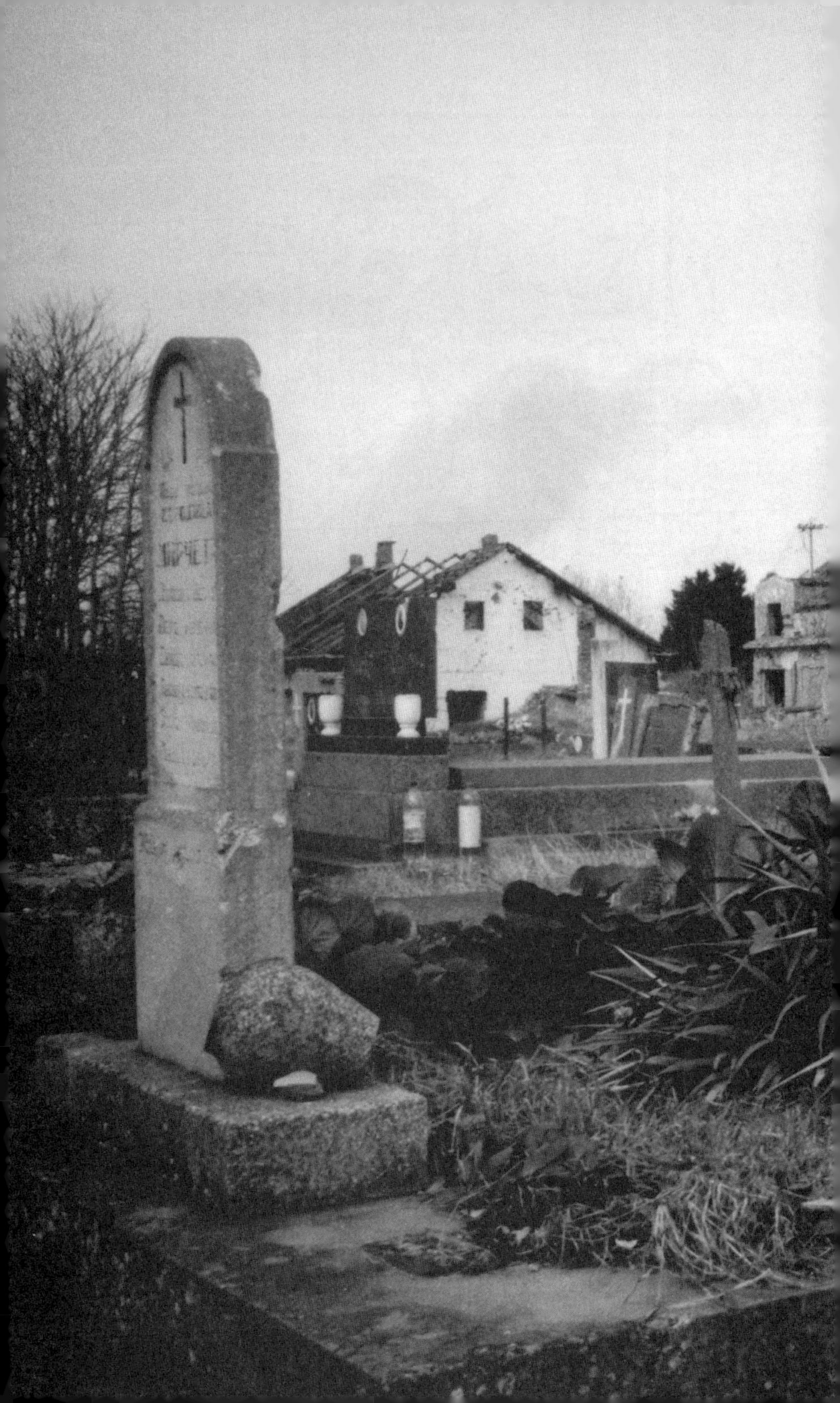

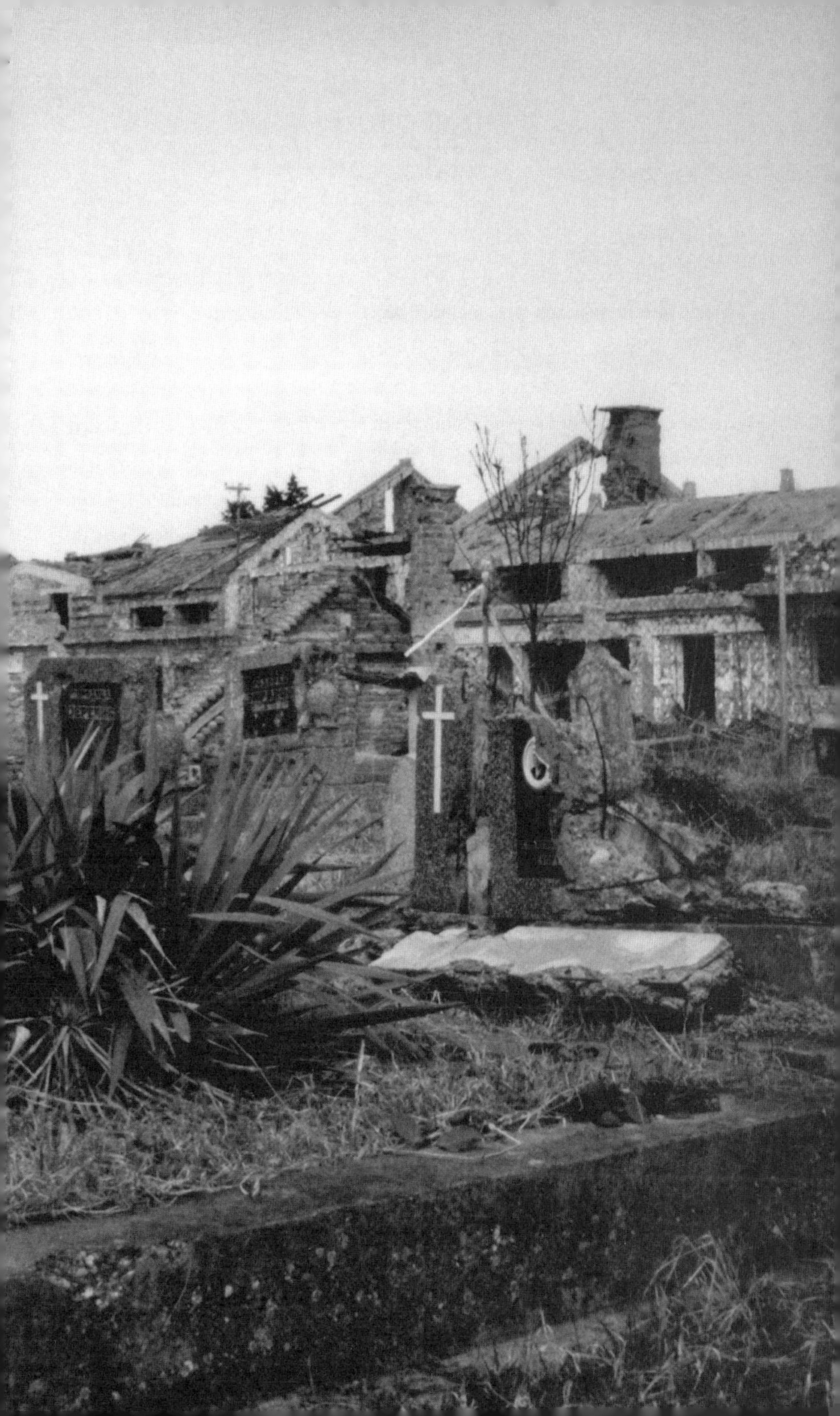

Schlusswort I

Für meine Frau

Liebe Nina,

ich möchte dir danken. Dafür, dass du immer noch zu mir hältst. Nach allem, was ich dir angetan habe. Wir kennen uns jetzt seit 41 Jahren und wir sind seit 38 Jahren verheiratet, weit mehr als die Hälfte unseres Lebens. Manchmal habe ich dich zum Weinen gebracht, durch mein Verhalten und meine Eskapaden. Ich war starrköpfig, uneinsichtig und wollte mit dem Kopf durch die Wand. Du bist hingegen die Liebe in Person geblieben, in all den Jahren. Ich habe manchmal das Gold nicht gewürdigt, das ich in den Händen hielt und nicht gesehen, was du für eine feinfühlige und herzensgute Ehefrau bist. Es ist nicht Sex, der eine gute Ehe ausmacht, sondern die Liebe, die zwei Herzen zu einem werden lässt. Ich habe keine Ader für Romantik und ich vermute, ich habe deinen Sinn für ebendiese erkalten lassen, indem ich erklärte, dass Romantik eine Eigenschaft von Waschlappen sei. Du hast mir entgegnet, dass ich die Wärme einer Handgranate besäße. Und ich Idiot war auch noch stolz darauf. Doch Stolz kommt vor dem Fall. Dennoch habe ich in der Bibel einen Spruch gefunden, der hundertprozentig passt – zu dir:

Wer liebt, ist geduldig und gütig. Wer liebt, der ereifert sich nicht, er prahlt nicht und spielt sich nicht auf. Wer liebt, der verhält sich nicht taktlos. Der sucht nicht den eigenen Vorteil und lässt sich nicht zum Zorn erregen. Wer liebt, der trägt keinem etwas nach, es freut ihn nicht, wenn ein anderer Fehler begeht, sondern wenn er das Rechte tut. Wer liebt, der gibt niemals jemanden auf, in allem vertraut er und hofft er für ihn. Alles erträgt er mit großer Geduld. Niemals wird die Liebe vergehen.

(KORINTHER 12.13.)

Im gleichen Atemzug passt der folgende Spruch hingegen auf mich: Die Ehe soll von allen geachtet werden. Mann und Frau sollen sich gegenseitig treu sein. Gott wird alle verurteilen, die Unzucht treiben und Ehebruch begehen.
(HEBRÄER 12.13.)

Soviel ist sicher, ich werde niemals von deiner Seite weichen. Für keine Frau der Welt. Unsere Liebe ist von Gott vorgesehen und ich werde mich bemühen, deine Liebe zurück zu gewinnen. In meiner Hoffnung halte ich mich an die Korinther 15. Der Vers besagt folgendes: Auch wenn alles einmal aufhört, GLAUBE, HOFFUNG und LIEBE nicht. Diese werden immer bleiben, doch am höchsten steht die Liebe. Bemüht euch darum, dass euch Liebe geschenkt wird.

Vor dem Tod habe ich keine Angst, wohl aber davor, dich zu verlieren. An dieser Stelle möchte ich dich wissen lassen, was ich denke:

1. Liebe ist, was du fühlst. 2. Liebe ist nicht, wie du denkst, sondern wie du lenkst. 3. Liebe ist wie der Wind, sie kommt und geht ohne Vorwarnung. 4. Liebe umschlingt den Kopf und dann den ganzen Körper wie ein Nebel. 5. Liebe ist wie der Duft einer Rose, den man einmal schnuppert und dann noch einmal, bis die Seele betört ist. 6. Liebe zwischen zwei Herzen ist schön, wenn beide Herzen eines werden. 7. Lang anhaltende Liebe tut der Seele gut wie die Sonne Afrikas. 8. Das Leben ist zu kurz, um neue Liebe zu suchen, wenn man die Liebe gefunden hat. Hat man sie gefunden, so halte daran fest, denn das Gras auf der anderen Seite ist nicht grüner. 9. Sex ist keine Vorstufe von Liebe, echte Liebe erfährt man ohne Sex. 10. Ist ein Orgasmus Liebe? Nein, ein physikalischer Vorgang, den man selbst hervorrufen kann, im Gegensatz zur Liebe. 11. Liebe ist das höchste Gut auf Erden, wirf sie nicht fort, wenn sie nicht sofort klappt. 12. Liebe ist Doping für die

Seele. 13. Wer sich gegen die Liebe wehrt, wehrt sich gegen das Leben. Gott will, dass ihm euer ganzes Leben gehört. Das bedeutet, dass ihr euch von Unzucht reinhalten sollt. Jeder von euch Männern soll lernen, mit seiner Frau so zusammen zu leben, wie es Gott und den Menschen gefällt. Ihr sollt nicht blind eurer Leidenschaft folgen wie jene, die Gott nicht kennen. Es soll auch keiner in die Ehe eines Bruders einbrechen und ihm Unzucht antun. Wir haben euch das schon früher gesagt und wir haben euch gewarnt. Wer solche Dinge tut, den wird der Herr bestrafen. Gott hat uns nicht berufen, damit wir ein zuchtloses Leben führen, sondern damit wir ihm durch unsere Lebensführung Ehre erweisen. Wer also diese Anweisungen in den Wind schlägt, lehnt sich nicht gegen einen Menschen auf, sondern gegen Gott, der euch seinen Heiligen Geist gegeben hat.
(1. TESSALONIKER 3.4.)

Dies alles ist nur ein kleiner Teil meiner Gedanken. Ich hoffe nicht, dass du mich nun als Weichei ansiehst, denn ich bin nur eine Handgranate, die nicht explodiert. Du solltest die Dimensionen meiner Liebe zu dir kennen, die über alles geht. Und dies ist zugleich eine Warnung an alle, die meine Familie bedrohen oder verletzen. Ich werde euch jagen und erlegen. So oder so. Keiner kann mich dabei stoppen. 1.800 Meter sind für mich wie für euch 300 Meter. Diejenigen auf dem Balkan, an die ich diese Worte richte, werden wissen, dass sie gemeint sind.

PLUS ESSE QUAM SIMULTATUR. (Mehr Sein als Schein.)

Schlusswort II

Für meine Söhne

Ich wusste lange nicht, wie ich mich euch erklären soll. Henrik und Kennet, ihr seid beide Wunschkinder. Eure Mutter hatte sich immer auch ein Mädchen gewünscht, so wie es sich fast alle Mütter wünschen, ich als Vater hingegen wollte Söhne haben. So ist es auch gekommen, der Trick war ganz einfach: Von hinten mit Anlauf. Das ist aber nicht die Wahrheit, denn das Leben verläuft nicht so, wie man es sich wünscht, auch mein Leben ist nicht so verlaufen. Ich bin euer Vater, aber ich habe viele Gesichter, viele davon kennt ihr, aber manche auch nicht. Vielleicht liegt es an meinem Alter oder meinem Gewissen oder an einer Kombination aus beidem, dass ich euch die folgenden Worte sagen möchte. Ich bewege mich auf ein Alter von 63 Jahren zu, das Lebensdurchschnittsalter eines Mannes beträgt heute 74-75 Jahre, also denke ich, ist dies der passende Zeitpunkt, reinen Tisch zu machen. Ich bin mit 16 Jahren zur Army gegangen, mit 17 habe ich mein erstes Haus gekauft durch einen Bonus, den ich von der Armee bekam. Es war das in Vestergade 16 in Ringköbing. Mit 18 kaufte ich mein erstes Auto, es war ein Jaguar MK8 mit allem drum und dran, in königsblau, Kennzeichen DP 27 129. Aber ich muss noch einmal zurückspringen, in die Zeit, in der ich 14 Jahre alt war. Es war die Zeit, als ich entdeckte, dass ich mit meinem Gemächt mehr anfangen konnte als pissen. Von diesem Zeitpunkt an war mein Kopf ein paar Etagen tiefer, man kann sagen, in die Hose gerutscht. Zu der Zeit galt es allerdings noch als anstößig, etwas mit dem anderen Geschlecht anzufangen, ohne wenigstens verlobt zu sein. Jungs und Mädels, die so etwas taten, waren Straßenjungs und Straßenmädchen. Trotzdem betrachtete ich Frauen damals schon als Gabe Gottes, die ich brauchte.

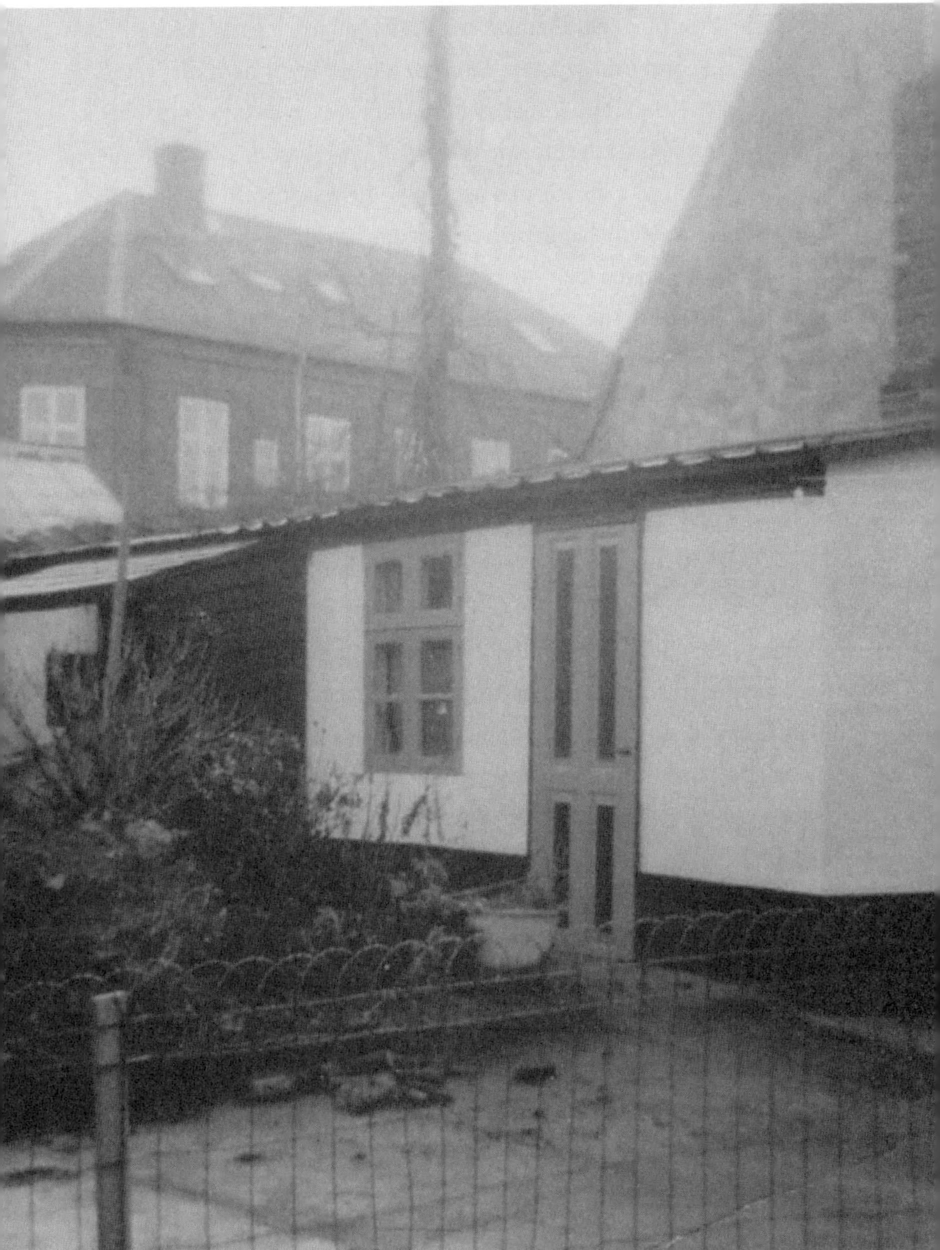

Liebe war für mich ein Fremdwort, Poesie setzte ich gezielt ein, um den Frauen den Slip auszuziehen. Danach hängte ich ihn an die Wand als Trophäe, wie ein Großwildjäger. Jahrelang war ich so unterwegs, bis ich eure Mutter kennen lernte. Sie war ein „Leckerbraten", verzeiht diesen Ausdruck. Sie trug als wir uns begegneten einen kurzen Rock und war sehr schlank. Mein Jagdinstinkt war geweckt und nicht nur meiner. Nina und ich trafen uns das erste Mal in Vestergade – aber wir waren nicht allein. Ich hatte eine andere weibliche Beute im Schlepptau und war so frech, sie zu fragen, ob sie mit mir Kaffeetrinken würde. Eure Mutter antwortete nicht, sie war ein anständiges Mädchen. Sie zeigte mir die kalte Schulter, alle meine Annäherungsversuche scheiterten. Doch gegen die Versuchung war kein Kraut gewachsen, ich gab mir weiterhin alle Mühe, aber ich bekam sie nicht in meine Trophäensammlung. Sie blieb standhaft. Normalerweise dauerte es 15 Minuten und der Slip hing an meiner Wand. Nicht bei Nina. Mein Wunsch nach körperlicher Nähe verschwand und machte anderen Gefühlen Platz, die ich vorher nicht gekannt hatte. Das machte mir Angst. Ich fürchtete mich davor, sie nicht für mich gewinnen zu können. Nach sage und schreibe einem Jahr des Werbens war eure Mutter endlich doch bereit, mich einmal zu besuchen. Ich war hin und weg, total verwirrt. Hinter meinem Haus, in dem meine Eltern wohnten, lag ein Nebengebäude, in dem ich lebte. Dort hatte ich eine Bar und ein Sofa direkt gegenüber von einem offenen Kamin. Na ja, ich übertreibe, der offene Kamin war eine Art Schornstein, der sein Unterteil verloren hatte, durch einige harte Hammerschläge hatte ich das Unterteil entfernt. Das Ambiente war jedenfalls sehr gemütlich und wenn Frauenbesuch anstand, heizte ich ihn an... Und so hatte ich mich auch auf den Besuch eurer Mutter vorbereitet, nach einem Jahr Enthaltsamkeit. Doch eure Mutter machte mir einen gehörigen Strich durch die Rechnung. Als sie eintrat, schlug ihr die Hitze entgegen, trotzdem lächelte sie mich an und trat auf mich zu. Sie fasste mich an, zaghaft. Als ich sie auf den Mund küssen wollte, drehte sie das Gesicht weg. Sie taxierte das Zimmer, die Bar, das Sofa. Dann fragte sie mich, was da an der Wand hing. Ich war sprachlos, zum ersten Mal in meinem Leben. Da hingen in etwa 40 Slips und ein paar BHs, die eigentlich eine deutliche Sprache sprachen. Ihre Message war klar, ich musste das Zeug verbrennen. Alles, was sie sagte war, dass sie am nächsten Tag kommen würde, um die Aktion zu beaufsichtigen. Sie drehte sich um und ging ohne ein weiteres Wort. Ich stand da wie ein begossener Pudel zwischen Himmel und Hölle und wusste nicht, was ich tun sollte. Zwei Jahre Arbeit und Spaß hingen an der Wand und nun sollte damit Schluss sein. Ich fragte mich, was Sex eigentlich war und beschloss, mit der Vergangenheit zu brechen. Ich fing an, die Sachen zu verbrennen, es war ein eigenartiges Gefühl, die Liebe. Nach einer weiteren Woche hatten wir dann unser erstes Date, kurze Zeit später verlobten wir uns. Dummerweise wurde ich rückfällig – mit einem jungen Mädchen und ihrer attraktiven Mutter in Kopenhagen. Ich schrieb danach heiße Briefe mit einer falschen Adressangabe, in denen stand, dass ich Nina nur für den Winter hatte, im folgenden Sommer aber würde ich zu beiden zurückkehren. Nina fand den Brief und weinte. Sie gab mir den Verlobungsring zurück und zog nach Arhus an die Ostküste. Das alles machte mich fertig und ich wusste nicht mehr, was ich tun sollte. Ich konnte meine Liebe nicht artikulieren. Ein gemeinsamer Freund, Peter Möller, erklärte sich schließlich bereit, zu vermitteln. Es dauerte ein weiteres Jahr, bis eure Mutter mir vergeben hatte. Wir waren zusammen, aber es spielte sich ein halbes Jahr nichts Körperliches ab zwischen uns. Danach lief alles wunderbar, bis nach der Geburt von dir, Kennet, dann wurde ich wieder mal rückfällig.

Nach der Geburt war Sex nicht schön für eure Mutter. Wir hatten alles, was wir uns wünschten, ein schönes Haus, Kinder, einen Schäferhund, keine Probleme und sogar einen neuen Mercedes 350 SE V8. Alles prima. Nur keinen Sex. Das war dann doch ein Problem, für mich. Es

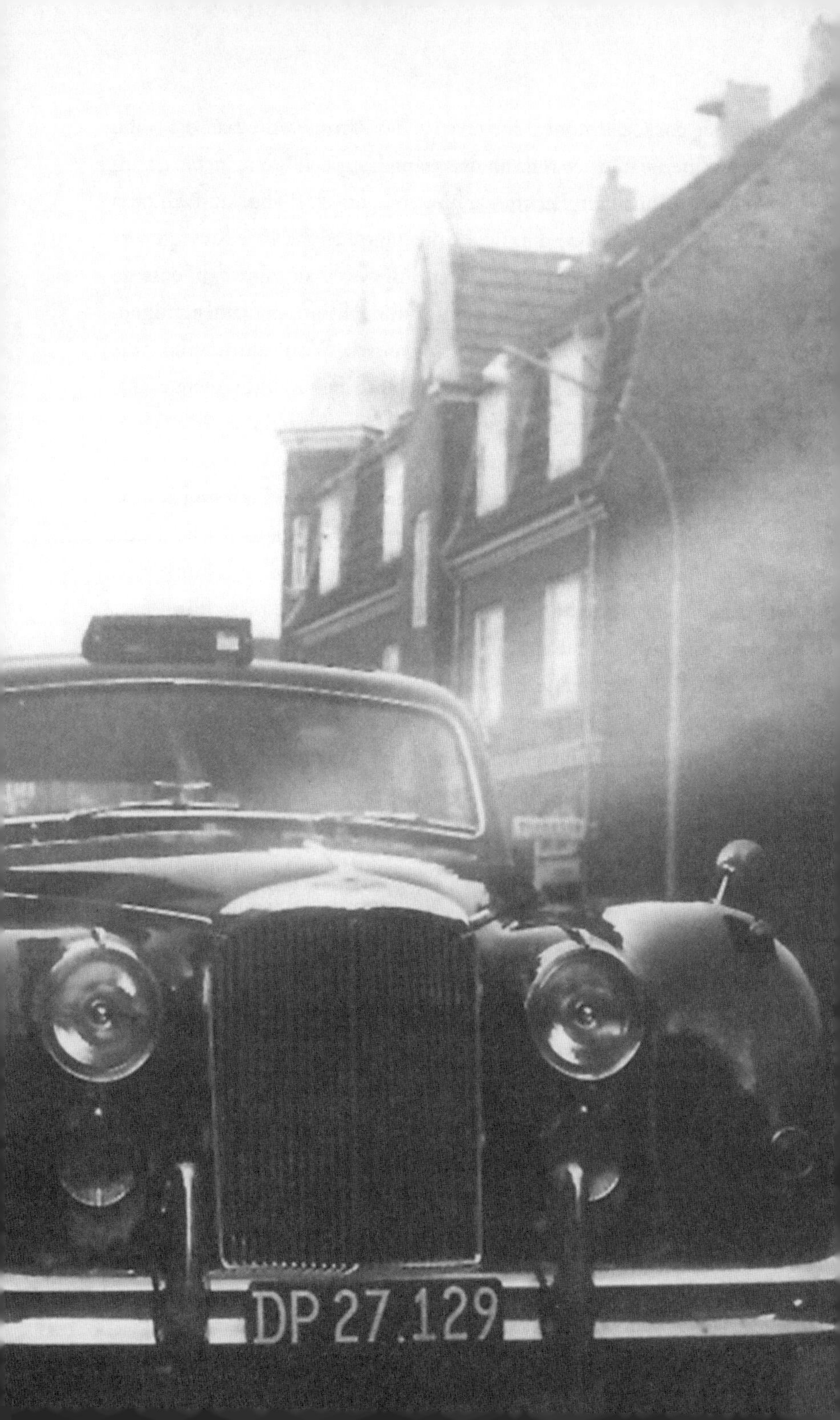
DP 27.129

kam aber noch schlimmer, Weihnachten im Jahr 1979 überraschte ich mich und eure Mutter mit einem Geschenk, von dessen Existenz ich bisher nur gehört hatte: Echte Filzläuse. Na, das Geschenk kam an, kann ich euch sagen. Trotzdem hat mir eure Mutter wieder vergeben, sie ist eben eine wunderbare Frau. Ich weinte aus Scham und wegen meiner Eskapaden. Danach kam der erste Golfkrieg, ich verschwieg meinen Einsatz. Das war ungefähr die Zeit, als mir eure Mutter mitteilte, dass sie zwar weiter mit mir leben würde, aber ohne Sex. Das war die Strafe für mein Verhalten in der Vergangenheit. Für körperliche Betätigung sollte ich mir andere Frauen suchen. Ich habe das akzeptiert. Eure Mutter lebt nach der Bibel, ohne sie zu kennen. Manchmal hat man die Hand voller Gold, aber man sieht den Wald vor lauter Bäumen nicht. Ich war mit Blindheit geschlagen. Im folgenden Jahr begann der nächste Krieg, ich musste ausrücken. Die Lügen kamen auf leisen Sohlen, denn eure Mutter war gegen den Einsatz. Ich musste losziehen, es war ein innerer Zwang. Gleichermaßen verhielt es sich bei meinen ersten Einsätzen auf dem Balkan. Ich verschwieg meine Hilfsgütertransporte nach Zagreb, Jugoslawien und erzählte nebulös, dass ich an der Front gebraucht wurde. Ich ließ euch und eure Mutter alleine und machte mir Vorwürfe, dass ich fremden Menschen half, dabei mein Leben riskierte und meine eigene Familie darüber im Unklaren ließ. Es war weder mein Land noch waren es meine Leute. Aber sie brauchten mich trotzdem und ich konnte helfen – trotzdem hatte ich ein schlechtes Gewissen euch gegenüber und liebte euch so noch mehr. Ich weiß, dass ich meine Informationspflicht sträflich vernachlässigt habe, darüber besteht kein Zweifel. Das, was ich für eure Mutter geschrieben habe, gilt auch für meine Liebe zu euch. Liebe ist, was du fühlst. Aber ich liebe eure Mutter auch dafür, dass sie immer für euch da war, während ich mich anderen Dingen widmete. Dennoch solltet ihr wissen, dass ich euch immer beschützen werde, wie ein Löwe. Wer euch etwas antut, darf hoffen, dass ihn die Polizei eher in die Hände bekommt als ich. Ich fürchte mich nicht vor den

Menschen, wohl aber vor Gott. Denn Gott kann deinen Körper töten und deinen Geist. Möge Gott euch schützen. Seid vorsichtig im Krieg, Soldaten der ARMY AIRFORCE. Ich möchte euch nicht begraben, sondern ihr sollt mich begraben.

Wer zieht denn schon auf eigene Kosten in den Krieg.
    (1.Korinther 8.9)

Ich habe es getan. Auf eure Kosten. Verzeiht mir.

In Liebe, Euer Faderen.

PLUS ESSE QUAM SIMULTATUR.
(Mehr Sein als Schein)

Nichts geht über die Liebe

Ich zeige Euch jetzt etwas, dass noch wichtiger ist, als all diese Fähigkeiten: Wenn ich die Sprachen aller Menschen spräche und sogar die Sprache der Engel beherrschen würde, aber keine Liebe hätte – dann wäre ich doch nur ein dröhnender Gong, nicht mehr als eine lärmende Pauke. Auch wenn ich göttliche Eingebungen hätte und alle Geheimnisse Gottes wüsste und einen Glauben besäße, der Berge versetzt – aber ich wäre ohne Liebe, dann hätte alles keinen Wert. Und wenn ich all meinen Besitz verteilte und nähme den Tod in den Flammen auf mich, aber ich hätte keine Liebe, dann wäre alles umsonst.

Wer liebt, ist geduldig und gütig. Wer liebt, der ereifert sich nicht, er prahlt nicht und spielt sich nicht auf. Wer liebt, der verhält sich nicht taktlos, er sucht nicht den eigenen Vorteil und lässt sich nicht zum Zorn erregen. Wer liebt, der trägt keinem etwas nach, es freut ihn nicht, wenn einer Fehler macht, sondern wenn einer das Rechte tut. Wer liebt, der gibt niemals jemand auf, in allem vertraut er und hofft er für ihn. Alles erträgt er mit großer Geduld.

Niemals wird die Liebe vergehen. Prophetische Weisung hört einmal auf, das Reden in den Sprachen des Geistes verstummt, auch das Wissen um die Geheimnisse Gottes wird einmal ein Ende nehmen. Denn unser Wissen von Gott ist Stückwerk und unser prophetisches Reden ist Stückwerk. Doch wenn sich die ganze Wahrheit zeigt, dann ist es mit dem Stückwerk vorbei. Anfangs, als ich noch ein Kind war, da redete ich wie ein Kind, ich fühlte und dachte wie ein Kind. Dann aber wurde ich ein Mann und legte die kindlichen Vorstellungen ab. Jetzt sehen wir nur ein unklares Bild wie in einem trüben Spiegel, dann aber stehen wir Gott gegenüber. Jetzt kennen wir ihn nur unvollkommen, dann aber werden wir ihn völlig kennen, so wie er uns jetzt schon kennt. Auch wenn alles einmal aufhört – Glaube, Hoffnung und Liebe nicht. Diese drei werden immer bleiben, am höchsten steht die Liebe.
(1.Korinther 12.13)

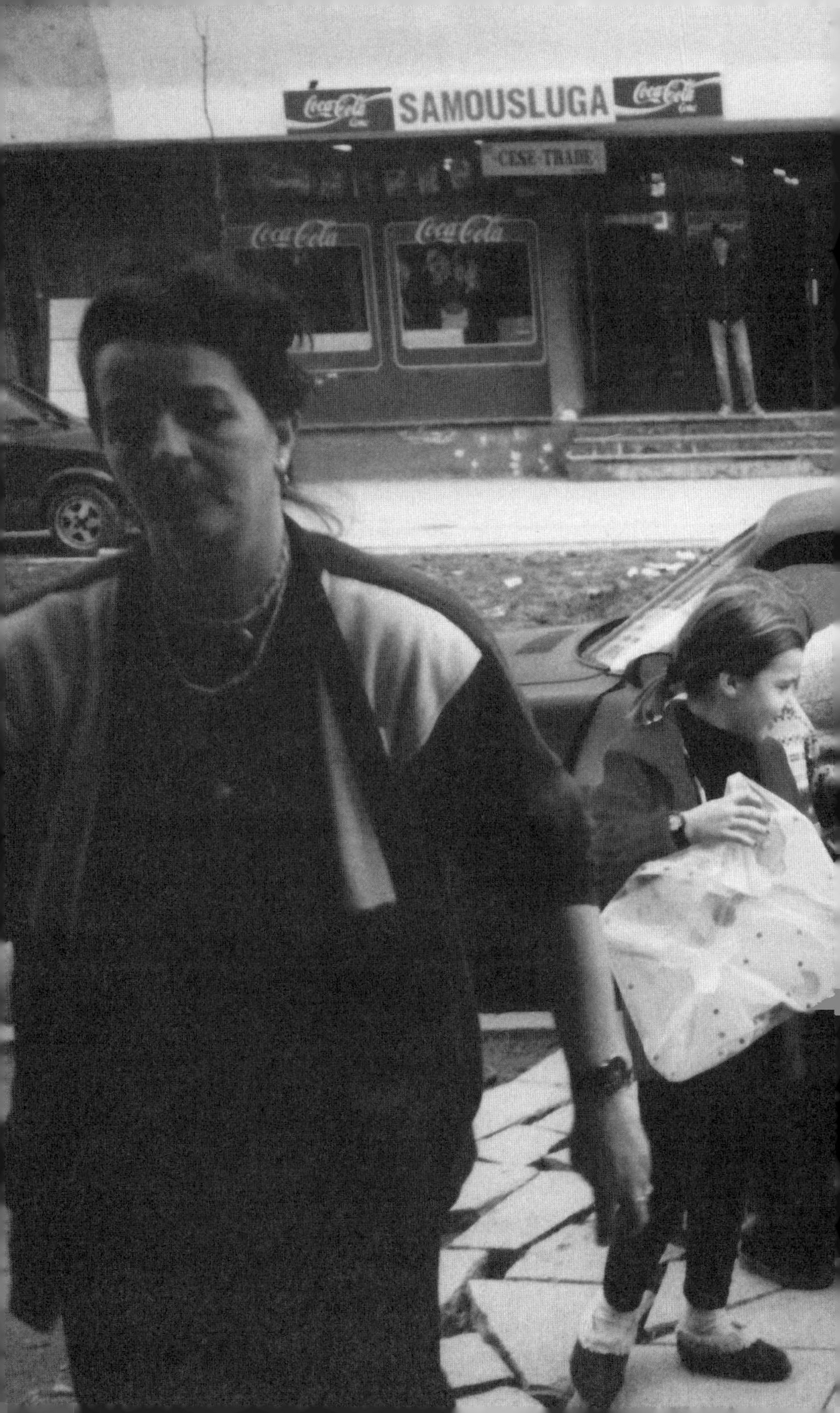
Coca-Cola
SAMOUSLUGA
Coca-Cola
Coca-Cola
Coca-Cola

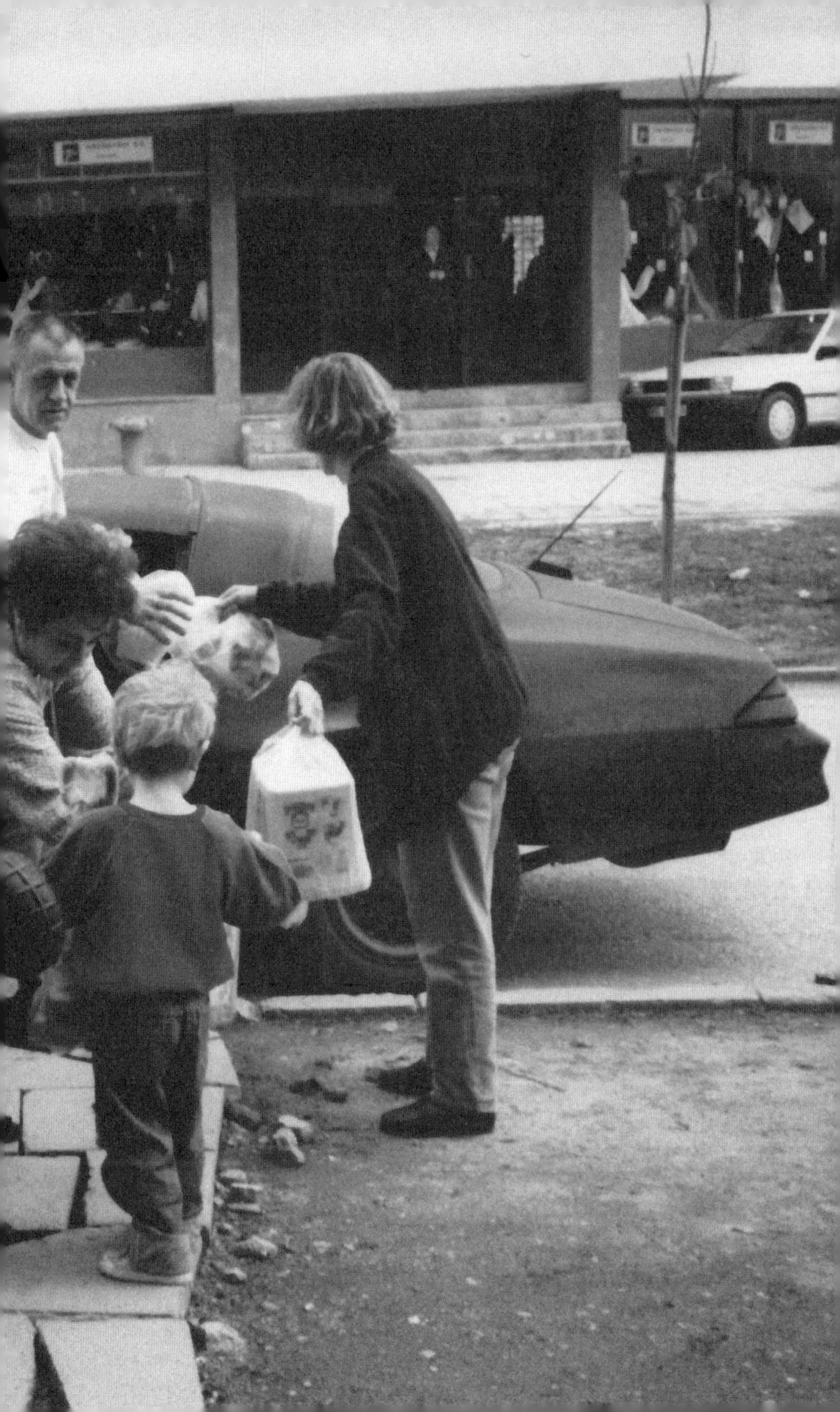

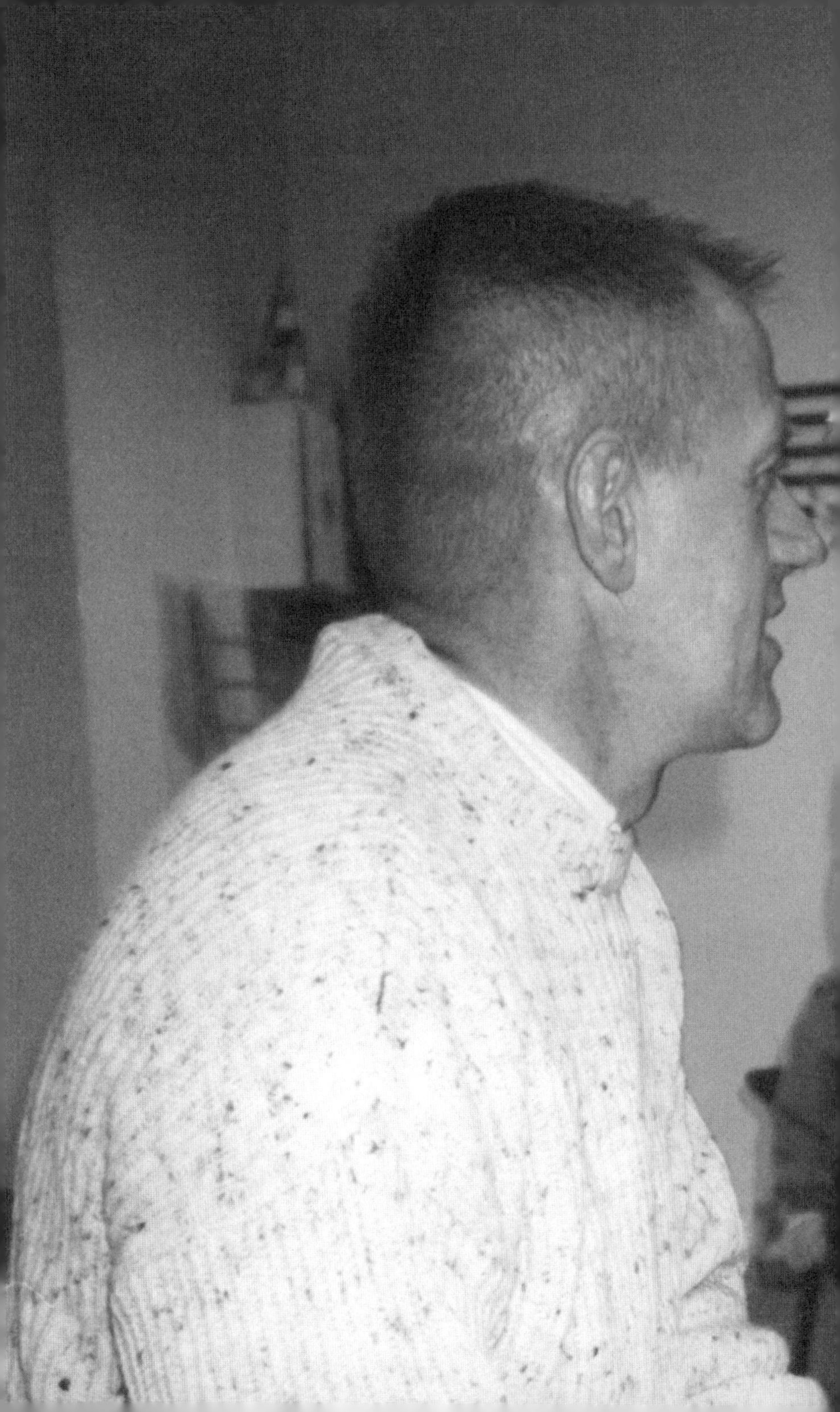

Foto: Julia Baier

Die Schriftstellerin Tanja Kürten sammelt Geschichten - von und über Persönlichkeiten, die außergewöhnlich sind und ein besonderes Schicksal haben. Besonders fasziniert ist sie von den Selfmade-Helden, die oftmals innerlich zerrissen und schwer zu ergründen sind.

Gottes Rambo steht am Beginn einer neuen Buchserie, der zweite Teil befindet sich in der Fertigstellung und kommt zum Jahresende 2009 auf den Markt. Der Stoff dieser spannenden Geschichte soll außerdem demnächst verfilmt werden.